品牌运营与管理研究

苌丽萍 崔玉艳 张 扬◎著

吉林出版集团股份有限公司

图书在版编目（CIP）数据

品牌运营与管理研究 / 苌丽萍，崔玉艳，张扬著
. 一 长春：吉林出版集团股份有限公司，2020.4
ISBN 978-7-5581-8333-1

Ⅰ.①品… Ⅱ.①苌… ②崔… ③张… Ⅲ.①企业管
理－品牌营销－研究 Ⅳ.① F272.3

中国版本图书馆 CIP 数据核字 (2020) 第 047775 号

品牌运营与管理研究

著　　者　苌丽萍　崔玉艳　张　扬
责任编辑　齐　琳　姚利福
封面设计　李宁宁
开　　本　787mm×1092mm　1/16
字　　数　225 千
印　　张　12.25
版　　次　2020 年 5 月第 1 版
印　　次　2020 年 5 月第 1 次印刷

出　　版　吉林出版集团股份有限公司
电　　话　010–63109269
印　　刷　炫彩（天津）印刷有限责任公司

ISBN 978-7-5581-8333-1　　　　　定价：68.00 元

前　言

21 世纪给我们带来了新的机遇与挑战。对于众多中国企业而言，既面临着来自国内企业和国外跨国公司日益严峻的市场竞争，同时也面临着我国加入世贸组织及经济全球化带来的机遇。那么，如何迎接挑战抓住机遇是当前企业必须要解决的问题。从当前我国经济发展的大背景看，我们已经进入需求导向型经济时代，企业在追求产品精良、性能先进、质量稳定、功能完善的同时，也需要关注消费市场，积极进行调研、实施营销策划、差异化营销及个性化服务、制定品牌战略、开展国际营销等，这就需要企业树立现代营销理念。现代营销理念对于当今企业发展十分重要，它不仅关系着企业的生存与发展，而且还关系着我国市场秩序、市场繁荣度及整体经济的可持续发展。因此，无论是生产企业还是商业企业，都需要抓住市场机遇，巧妙地运用营销策略与技巧，最大限度地满足和适应瞬息万变的市场需求，以求在激烈的市场竞争中一举获胜。否则，在营销博弈中，一旦对市场判断把握不准、策略失当，将会对企业产生致命打击。在商场中摸爬滚打的经营者们，为了趋利避害，在商战中胜出免遭淘汰，殚精竭虑，用心智、血汗不断创造着一个又一个的营销神话，也以苦涩和无奈演绎着"你方唱罢我登场"的营销话剧！

随着社会经济发展，企业想要更好的生存发展便必须做好市场营销工作。而做好市场营销，便需要科学有效的营销策略。通过品牌文化，能够帮助企业市场营销更好地进行，能够增加消费者对产品的认同感。品牌文化是指通过赋予品牌深刻而丰富的文化内涵，建立鲜明的品牌定位，并充分利用各种强有效的内外部传播途径形成消费者对品牌在精神上的高度认同，创造品牌信仰，最终形成强烈的品牌忠诚。通过品牌文化的树立，能够推动市场营销的进行。

由于本人水平有限，加之时间仓促，书中瑕疵在所难免，真诚欢迎广大读者批评指正、不吝赐教！

编　者

目　录

第一章 绪 论

第一节 品牌管理概述

一、品牌的内涵

在当今时代，品牌因其具有巨大的资产价值，已成为一个国家综合实力的体现。

实施品牌战略是国家增强其经济实力的发动机和助推器。从当前国际市场竞争现状看，国与国之间的竞争、企业与企业之间的竞争，无不反映出品牌与品牌的较量和竞争。当今世界活跃在经济社会和占据市场主导地位的无不是著名品牌：零售业中的"大哥大"沃尔玛、"世界饮料之王"可口可乐……凡此种种，使企业品牌的竞争表露无遗。可以毫不夸张地说，谁拥有著名品牌，谁就拥有市场。

那么，什么是品牌？如何实施品牌战略？如何创建强势品牌？如何管理品牌？要回答这些问题，首先要了解品牌的概念。

（一）品牌的界定

1. 品牌的由来

品牌源自古挪威文 brandr，英文单词 brand，意思是"烧灼"。最初是人们为了标记家畜等需要以与其他人的私有财产区别开来的标志。到了中世纪的欧洲，发展成为手工艺品上烙下标记，以便顾客识别产品的产地和生产者，这就是最初的商标。16 世纪早期，蒸馏威士忌酒的生产商将威士忌装入烙有生产者名字的木桶中，以防不法商人偷梁换柱。到了 1835 年，苏格兰的酿酒者使用了"old Smuggler"这一品牌，以维护采用特殊蒸馏程序酿制的酒的质量和声誉。之后有关品牌概念的争论一直持续不断。20 世纪 90 年代以来，"品牌"更成为营销界的热门话题。

2.品牌的定义

关于品牌的定义，不同的学者站在不同的视角，提出了自己的看法，具体见表1-1：

表 1-1 品牌的内涵

学者	内涵
大卫·奥格威	品牌是一种错综复杂的象征，它是品牌属性、名称、包装、价格、历史、经营、广告方式的无形总和。品牌同时也因消费者对其使用的印象，以及自身的经验而有所界定。
美国著名的品牌学家大卫·艾克	品牌像人一样具有个性，而且具有感情效果和资产价值；品牌是产品、企业、人和社会文化象征的综合。
美国市场营销协会	品牌是一个名称、术语、标记或设计，或是它们的组合运用，其目的是借以辨认某个销售者或某群销售者的产品或劳务，并使之同竞争对手的产品和劳务区别开来。
英国营销专家	品牌是感官、理性和感性这三种诉求要素混杂而成的结果。感官诉求是产品或服务外在的展现方式，是可直接感觉到的方式。理性诉求则是品牌提供的心理报偿，以及品牌所激起的心境、所引发的联想等。品牌就是一个名称、术语、标记、象征或设计，或者它们的联合体，目的在于确定一个卖方或一群卖方的产品或服务，并将其与竞争者的产品或服务区分开来。品牌的概念源自两个方面：产品或服务提供给消费者满意的使用价值；消费者则通过耳闻目睹、接触、使用等途径，形成对产品或服务的认识、情感和行动，这样就完成了品牌的概念。
《牛津大辞典》	品牌被解释为用来证明所有权、作为质量的标志或其他用途，即用以区别和证明品质。

以上学者观点从不同角度和方面反映了品牌的实质，但都没有给品牌下一个完整的定义。无论如何，一个具体的品牌至少包含三个方面的内容：

第一，品牌是以一定的产品和服务的功能质量为基础的；

第二，品牌能给消费者带来额外的情感满足；

第三，品牌具有特定的名称、文字、符号、图案和语音等特征。

品牌的定义是：品牌是指企业为满足消费者需要、维护与消费者的良好关系、培养消费者忠诚、参与市场竞争而为其生产的产品（若无特别说明或指出，本书所指"产品"涵盖产品和服务）确定的名称、图案、文字、象征、设计或其互相协调的组合。这个定义扩展了品牌的内涵，突出了品牌在现代市场营销中的新发展。通过对品牌的重新定义，品牌营销成为现代市场营销的焦点有了一定的理论依据。

（二）品牌的内涵与外延

1.品牌的内涵

品牌能给企业带来高于平均利润的收益，它也使越来越多的企业开始重视品牌。

中国的 CEO 们对"品牌"这个名词耳熟能详，但是仍有一些人未必能真正理解它的内涵。他们中的一些人将菲利普·科特勒（Philip Kotler）的营销理论当成圣经，但运用于企业实践时却往往水土不服。因此许多人恳请营销大师编写一本如何在中国市场做营销的书，以使他们免去"少年维特式"的烦恼。世界上哪有真正能放之四海而皆准的真理呢？面对中国 CEO 们热切期待的目光，菲利普·科特勒博士一脸的无奈。他说，他正在中国寻找合作伙伴，写一本有关中国营销的书。

品牌是企业的无形资产，包含复杂、多样化的元素。据有关研究表明，因品牌内涵具有丰富的特征。因此，要成功创建品牌，必须了解它的内涵。

中山大学卢泰宏教授对品牌的内涵理解为：品牌不仅仅是一个名称、符号，它是一个综合概念，被赋予了鲜活的生命、个性、形象。品牌的目标是整体的、战略的，品牌的内涵是综合的，它包含许多要素，具体包括：

（1）品牌是一种商标

这主要是从法律方面来讲，指商标的注册、所有权、使用权和转让权等。当品牌变为商标其就具有了法律的意义，具有保护性、排他性等。因此，给产品注册商标是非常有必要的。

（2）品牌是一个金字招牌

这主要是从其经济价值上说的，主要是指消费者用于区别于其他品牌的标志，便于消费者购买产品，同时，它代表着这个产品的品质、性能、满足效用的程度，以及品牌本身所代表的产品的市场定位等。这时品牌所表征的是产品的市场含义。

（3）品牌是一种口碑，是一种格调

这是从文化角度或心理意义上说的，强调品牌带给人们精神价值，如地位、名声、美誉度等。这个层面通常用形象和传媒来传递，传播时编码（传播学中的专有术语，指用文字、音符、乐曲、图像、数字、身体动作、面部表情和色彩等表达某种意义的过程）必须反映品牌的独特品格，从视觉上让受众感受到其人格性，想象出品牌的人格化形象。如西门子家电（SIEMENS）代表实用、可靠和信任，看见它，人们就能想象到一丝不苟、兢兢业业的德国工人；通用电气（GE）代表实用、方便，就像一位老朋友一样和蔼可亲。品牌的人格性产生于品牌的战略构想和对消费者的人文关怀，是品牌名下产品的共有特性，只要粘贴上该品牌标志，就具有这些特征。

（4）品牌是消费者与产品有关的全部体验

品牌是消费者辨别产品的标志，消费者通常以自己特有的方式理解品牌，但有时这种理解不同于商家的主观愿望。商家赋予品牌一定的价值意义，消费者依据自己的理解选择购买或者不够买产品。一般来说，如果消费者对于产品的认识、情感是积极的、友好的，消费者便会采取相应的行动，品牌就有可能转化为一种无形资产。

菲利普·科特勒博士在《营销管理》一书中指出："品牌的要点，是销售者向购买者长期提供一组特定的特点、利益和服务。"具体包括：①品牌个性，是指品牌代表了一定的个性特征；②利益，品牌能够带给人们一定的功能价值和情感利益；③文化价值，品牌体现了企业一定的文化价值；④属性，一个品牌能给人带来特定的属性；⑤使用者，品牌还传递出购买该产品的消费者特征。

在阐述上述观点时，科特勒博士多次以奔驰为例，说明品牌含义之间的关系，即它们之间的关系可以归结为三个层次。

一是从消费者的认知过程来看，往往是从品牌的利益、属性体验到品牌的功能定位，之后才意识到品牌在文化、个性上的独特和对消费者的影响，最后才领悟到品牌的核心价值。例如，奔驰汽车，消费者熟知奔驰汽车高性能之后才认同它的市场定位，之后了解它的文化和品牌个性，最终做出的价值承诺"世界上工艺最佳的汽车"。

二是从企业对品牌的塑造过程来看，应该以其做出的价值承诺为核心，建立品牌文化，树立品牌个性，定位目标市场，去设计品牌的属性。

科特勒博士指出，营销人员常犯的错误之一是只促销品牌的属性。而消费者感兴趣的是品牌提供的利益而不是属性。另外，有些品牌的属性复制比较容易。最后，品牌的价值会随着时代的变化而变化。

三是从品牌关系来看，品牌通常由企业拥有，但实质上品牌更是属于消费者。因为一旦消费者放弃你的品牌，你也就失去了品牌。当然，企业与消费者对品牌拥有的形态是截然不同的。当企业拥有品牌时，拥有的是品牌的有形和无形的价值；而消费者购买该产品更多地认同品牌传递出来的情感、文化等。

2. 品牌的核心价值

品牌的核心价值是品牌资产的主体部分，它能够使消费者非常易容的在众多产品中辨认出该企业的产品，且它传递着品牌属性、个性、文化以及带给消费者的利益，是驱动消费者购买的巨大动力。例如，海飞丝能够"有效去除头屑"，好奇铂金能够使"宝宝安睡一整晚"，沃尔玛定位于"便宜"。因为有了清晰地核心价值与个性，品牌才可以凭借其差异化特征，在目标市场占据较高的市场份额。

　　然而，也有人在理解品牌核心价值时侧重向消费者传递品牌的功能利益，即产品卖点。实际上，品牌核心价值也能是情感性利益，也许就是一种审美体验、快乐感觉。品牌核心价值还可能是自我表现（社会）性利益，可以表现出消费者的权利、地位、自我个性、生活品位等。

　　随着时代的进步，人们生活水平的提高，消费者对产品的追求不在只停留在物质层面，更多地趋于精神层面，此时张扬情感性利益与自我表现性利益的品牌核心价值变得越来越凸出，品牌被赋予了更多地内涵，如身份、地位、荣誉、成功、成熟、活力等。因此，一个具有极高品牌资产的品牌往往具有让消费者十分心动的情感性利益和自我表现性利益。例如"南方黑芝麻糊"是无数人心头最难忘的童年。而对于只有功能性利益而没有情感性利益的品牌，会显得十分苍白无力。如果"丽珠得乐"仅仅是高科技的胃药，没有"其实男人更需要关怀"的情感性利益去感动人们的内心世界。

　　然而这并不是说，功能性价值不重要或可有可无，只是具体到某些产品或行业，情感性利益与自我表达利益是消费者认同品牌的主要驱动力，如食品行业。但它们都是以卓越的功能性利益基础的，也有很多品牌的核心价值就是这三种利益的和谐统一。对于某一个具体品牌而言，究竟以哪一种为主，这主要取决于目标消费者偏好。品牌的核心价值可能是三种利益中的一种，也可能是两种乃至三种都有。

　　3.品牌的外延

　　品牌的外延包括构成品牌的一切内容，如品牌名称、品牌标志物、品牌标志字、品牌标志色以及品牌标志性包装。

　　（1）品牌名称

　　顾名思义是品牌的文字符号，是从字符、符号、语音、字形等方面对品牌信息内容的表征。这种表征准确与否，直接影响着品牌的宣传和产品的销售。品牌名称体现了企业的经营文化，反映了企业的价值观念。品牌注册后成为商标，具有专用性，属于其所有者，属于知识产权范畴，未经品牌所有人许可，他人无权使用。

　　（2）品牌标志物

　　品牌标志物是指品牌中可以被识别、但不能用语言表达的部分，常常为某种符号、图案或其他独特的设计。如可爱的动物、植物、图案、艺术造型等。例如，可口可乐的红色圆柱曲线、海尔的两个小兄弟、标致汽车的狮子、骆驼香烟的骆驼、奔驰汽车的三叉星、劳斯莱斯张着翅膀的小天使塑像、苹果系列产品的苹果图案、富士胶卷的富士山峰、古井贡酒的大树与老井等。品牌标志物是构成品牌概念的第一要素，也是消费者认牌购买的主要依据。

（3）品牌标志字

品牌标志字主要指品牌中的中外文字。它可以是品牌名称、企业的口号、广告语等，如佐丹奴的口号"没有陌生人的世界"。在品牌概念中，如果说品牌名称是品牌内容的体现，那么品牌标志字就是品牌名称的具体表现形式。为了使品牌能口头传播，几乎所有的品牌都包含有文字部分，因此设计品牌标志字是创立品牌的第一步。

（4）品牌标志色

品牌标志色是指品牌中的特殊色彩体系，是品牌标志的重要组成部分，用以体现自我个性，区别其他产品。它通过强烈的视觉效果所形成的色彩冲击，使消费者产生强烈的心理反应与联想，使品牌的主题乃至整体形象得到强化。例如，麦当劳的黄色与红色组合、可口可乐的红色与白色组合、北京蓝鸟商业大厦的蓝色、北京翠微大厦的绿色等，无不给人以深刻的印象。

（5）品牌标志性包装

品牌标志性包装是指产品的包装设计，包括包装物的大小、形状、材料、色彩、文字说明等具体内容。进入市场的许多产品都应该进行具有个性的包装，但对于价格并不昂贵的产品来说，包装所发挥的作用非常小，而对于价格不菲的产品来说，包装无疑也会在一定程度上决定产品的销售。一些世界著名品牌的产品，如可口可乐的瓶子、格蕾丝女用连裤袜的蛋形包装、喜之郎"水晶之恋"果冻的心形外壳等，其包装已经成为产品的一种标志，成为消费者认购产品的一个重要依据。

二、品牌的特征

（一）品牌的基本特征

有关品牌特征的论述有很多，我们在充分注意各家之言的基础上，根据长期对品牌的研究，认为品牌的特征主要体现在以方面：

1. 识别性特征

这通常是一种外在特征，主要通过通过一系列物质媒体，如文字、图案、符号和质量、价格等来表现自己。品牌是一种标记、符号和名称，但如果无人辨识得出来，又难以记忆，那么该品牌就没有什么意义了。所以，企业要通过整体规划来创建自己的品牌符号，以凸显其独有的个性，彰显其强烈的视觉冲击力，最终区别于其他产品。此外，品牌所传递的隐喻式感情也能够显示一个品牌的功能并传达该品牌的内部信息，帮助消费者从情感信息上加以区分。如可口可乐的包装是鲜艳的红色，百事可乐的包装则是天蓝色加上其特别的图案，娃哈哈纯净水有一个红色的似彩旗飘扬的包装。

品牌识别给产品带来了三个有利方面：一是可以让满意顾客对企业的产品保持忠诚，给企业带来源源不断的利益；二是可以掌握顾客对产品的意见和建议，更好地提高顾客的满意度；三是不会使自己的产品与竞争对手的产品混淆。

2. 价值性特征

品牌因其背后代表的优质性能及服务，使其成为企业的一种外在形象和消费者认可的信誉，并给企业带来巨大的经济利益。此外，品牌因其自身具有的知名度、美誉度等社会因素，又可以独立于产品之外存在，并形成一种无形资产价值，而这种价值要比它给企业带来的有形资产价值更重要。如美国通用电气公司和日本索尼公司合资成立了一家电视机生产企业，完全相同的电视机打上索尼品牌的比通用电气品牌的每台贵 65 美元，但索尼的销售量是通用电气的两倍。之所以出现这种情况，是因为英国的消费者相信日本品牌的产品具有更高的质量，因而愿意支付溢价。在国内，一些奄奄一息的品牌产品，被国内外知名品牌企业并购后，换了一块牌子，同样的产品马上变得热销起来，其根本原因在于名牌可以获得顾客的信任，顾客也愿意为此支付相对高的价格。

3. 领导性特征

名牌的一个特征是在市场上拥有很高的市场份额，当今企业的经营已经从产品输出走到了品牌输出的时代。在产品同质化的情况下，品牌已经成为吸引老客户，开发新客户，提高市场的占有率，树立品牌的形象，增加企业的利润的巨大法宝。

品牌产品和普通产品不同，它不仅仅只是靠广告和包装来打动消费者，它在消费者心目中无可替代的地位是由其高质量、高价值、高信誉来决定的。品牌是企业的核心要素，是企业向目标市场传输信息的主要媒介。它代表了一定的理念与企业文化，影响着消费群体的价值观，这是普通产品所难以企及的。如英特尔公司的奔腾芯片、微软的视窗操作系统，在市场上拥有很大的份额，几乎处于垄断地位。

在这里还想强调一点，即所谓高市场占有率，并不是指在某类产品的全部市场上的占有份额，而是指在特定目标市场上的市场占有率。例如，可口可乐是世界级名牌，在可乐市场上，其市场份额高达 40% 以上，在饮料类（包含可乐、汽水、纯净水、果汁、奶类等）综合市场上的份额却十分有限。

因此，高市场份额是一个相对的概念。

4. 品牌的双重特性

品牌的双重特性是指品牌具有自然属性和社会文化属性。罗纳德（Ronald）认为，品牌的自然属性是指该品牌所表征的产品显著区别于其他产品的特性。品牌的社会文化属性是指消费者对品牌差异化的心理体验，如消费者购买使用某产品后的心理满足感。因此，品牌是其产品自然属性和社会文化属性的统一体。企业可以根据品牌所具有的自然属性和社会文化属性开展品牌管理活动。一方面，企业可以依据产品的自然属性来发展品牌；另一方面，企业必须考虑消费者对品牌的社会文化属性的需要以及这种属性对消费者消费观念的作用。

5. 明显的排他性

品牌具有明显的排他性（即专有性），即企业通过各种法律或自身保密措施来维护品牌，通过在国家有关部门登记注册、申请专利等形式防止品牌被侵害，保障自己的品牌权益。品牌是企业一项最宝贵的无形资产，它的创造包含着创建者和企业员工的创造性劳动。这样，品牌在本质上就是排他的，否则人们也就不会对盗用、仿冒他人品牌的行为深恶痛绝了。不过，在品牌发展初期，品牌的排他性的确没有得到社会程序性上的承认与保护，直到有了相应的法律法规，情况才有所改变。通常，对品牌排他性的保护手段主要是注册商标、申请专利、授权经营等。

（二）品牌与其他概念的区别

1. 产品与品牌

（1）产品的概念

美国营销专家科特勒认为："产品是能够提供给市场以满足需要和欲望的任何东西。"产品的外延包括实体商品、服务、经验、事件、人、地点、财产、信息和创意。按此观点，产品包含三个方面的内容：第一，核心产品，回答购买者真正需要的是什么；第二，产品的表现形式，即有形产品，包括式样、品牌名称以及包装等；第三方面的内容是产品的附加值，如附加服务和附加利益。对产品概念的准确理解有助于企业制定的产品发展策略，参与激烈的市场竞争。产品是实现消费者需求的媒介，而不是需求本身，企业的重点也在于满足消费者需求，只有根据这种需求提供的产品才是有价值的。让产品为这种需求服务，由需求派生出许多为满足这种需求的企业行为都构成产品的主要内容。所以产品的质量、功能、服务、内容、形式都关系到需求被满足的程度。

（2）产品与品牌的区别

现代企划鼻祖斯蒂芬·金（Stephen King）说过，产品是工厂里生产的东西，品牌是由消费者带来的东西；产品可以被竞争者模仿或者落后于时代发展，而品牌却是独一无二的。他的话阐明了品牌和产品的区别：

首先，产品是具体的，而品牌是抽象的。产品具有某种特定功能，用于满足消费者的使用需求，消费者可以通过感官系统来辨认、体会。品牌则是传达给消费者的情感属性，包含消费者对产品的认知、态度。特定的品牌消费体现了消费的情感化。如一件休闲 T 恤，当它被冠以真维斯这个品牌时，往往会给消费者带来一种流行、时尚的感觉。实际上，品牌的外延很广，它不仅指具有包装或标志的产品，如海尔等，还包含提供的相应服务，如外婆家等；名人本身也品牌化了，如体育明星李宁等；活动也有品牌，如 NBA、奥运会等；甚至连娱乐、媒体、国家、城市都在品牌化。

其次，两者产生的环节不同。产品产生于生产环节（工厂、车间等），而品牌则形成于流通环节。每一个品牌之下都会有相应的产品，而每一个产品之下未必有知名品牌。由产品到品牌，除了要受企业内部环境的制约，还受企业外部环境，如供应商、消费者、资本市场、政府、法律等多种因素的制约。企业生产部要做的是保证产品的品质，而营销部和广告部负责产品信息的传播，消费者通过对产品的感受、认知而形成对产品的一种信任、情感，然后将这些信息反馈给生产者，产品才完成了向品牌的转化。

2. 商标与品牌

（1）商标的概念

由商标法教程编写组编写、法律出版社出版的《商标法教程》（第 3 版）对商标的定义是：商标是指商品生产者或经营者用于区别其他商品生产者或经营者的商品，而使用于商品或其包装上的，由文字、图案或文字和图案的组合所构成的一种标记。

商标是企业用文字、语音、色彩、字形、图案等元素来表征自己品牌的法律界定。一般经过国家商标管理机构审核注册后，其商标所有人就有了使用该商标的各项权利，具体包括专用权、转让权、使用许可权、继承权和法律诉讼权等。商标未经许可人许可其他人无权使用，具有排他性。商标专用权是指商标所有人有权在核定的商品上使用其注册商标，未经所有人同意，他人无权使用该商标。商标专用权是商标权的基本内容和核心内容，其他权利都是由它派生的。

商标是向政府注册的受法律保障的拥有专有权的标志。可见，商标与品牌是有区别的两个概念，它们不可混淆使用。

（2）商标与品牌的区别

品牌是产品或商品的牌子，而商标是商家和商品的标志，是商品经济发展到一定阶段的产物。为保护商品生产者或经营者的利益和消费者的权益，随着人们商标意识的逐渐强化，最终用法律形式确立了商标的法律地位及其不可侵犯性。

①商标的构件小于或等于品牌的构件。根据前述商标的定义，商标法核准注册的商标形式可以是文字，也可以是图案，当然还包括两者的结合。注册商标通过形象、独特的视觉符号将产品的信息传达给消费者，以区别不同生产者或经营者的产品，但品牌的构件是造型单纯、含义明确、标准统一的视觉符号，将企业或营销特有的经营理念、企业规模、经营内容等信息，传达给目标市场，使消费者据以识别和认同。商标所有权是经过国家权威机关依法定程序审核通过后获得的，是国家依法授予的一种权利。商标具有资产的一般特征，但比一般有形资产更容易受到侵犯，在现实经济生活中主要表现为对商标信誉造成侵害。为了使市场竞争有序进行，保护商标专有权的工作尤为迫切和重要。

就个别品牌而言，一个企业在申请注册时，可能发生其中某一部分被核准注册、另一部分却未能批复下来的情况；也有企业文字注册成功，但其图案因与别的企业相似，而未能注册；还有一些产品，由于其品牌名就是其产品名，因而也未能成功注册。

②商标权有国界，品牌使用无国界。商标具有专用性：第一，在同一国家，同一商标，只能有一个商标注册人在指定的商品上注册并持所有权，不能有多个注册人。第二，商标获得注册后，商标注册人依法取得商标所有权，其他人未经商标所有人同意不准使用，否则构成侵权。对于侵权者，商标所有人可依法追究其法律责任。现实中，由于我国的一些著名商标没有及时到出口国注册，在当地市场赢得一定声誉后，被国外的一些投机商人捷足先登，抢先注册。这些产品如还要出口，就需更换商标，重新注册，重新开拓市场；或者向这些投机商人交付商标使用费后才能出口销售。韩国的 LG 公司在中国市场也碰到类似的问题。由于 LG 商标已被我国一家电梯公司率先注册，韩国 LG 商标就失去了在中国电梯产品上的使用权。因此，商标只有在注册国家是商标，在未注册的国家就不是商标，不受保护，商标权的取得上就已决定了这一点。世界各国都有自己的商标法律，在一国注册的商标仅在该国内有排他性使用权，超越国界后就失去了排他性使用权。一个国家的法律权利只在本国发生效力，不可能延伸到其他国家，所以商标的国际保护非常重要。一般有两种方法：一是逐国注册；二是通过《马德里协定》办理国际注

册。该协定的宗旨是在协定成员国之间办理马德里商标国际注册，注册人可根据自己的需要在协定成员国中任意挑选自己需要注册的国家和地区。

品牌与商标具有很大不同。如"凤凰"及其图案是品牌，在不同国家都可以使用。另外，某一个品牌可能没有注册或注册失败，但却被长期使用，具有很强的识别性。这样的例子也是存在的。例如，浙江五芳斋粽子公司，早年其注册商标是"鸡"牌。然而，"鸡"牌鲜有人知，"五芳斋"作为粽子的标志作用却很强，数年的使用已使它成为远近闻名的品牌。1988 年，该公司终于意识到了这一点，赶紧去注册了"五芳斋"这一商标。

③商标须经法律程序审批，而企业可以自己决定对品牌的使用。商标在这里指的是注册商标，必须经过法定程序才能取得，在注册成功之前称为商标，宣称有独占性权利是不恰当的。一个标志、一个名称或两者组合能否成为商标，不是取决于企业，而是取决于国家的商标管理机构，在我国就是商标局商标评审委员会。

品牌则不同，企业随便取一个名称，请人画个图案，就可以宣称这就是我的品牌，而且用不用、怎么用都不需要进行批准。未经注册使用的品牌在没有名气之前，一般人不会去关注它；但一旦小有名气，其品牌的价值上去了，如果再不去注册，就有可能被别人注册，从而失去了使用权。另一种可能的问题是，你的品牌不错，别的企业也看中了，取了相同或相似的名称。市场分隔清晰也就罢了，若是相同行业，麻烦可能就来了。例如，某市有两家"大富豪"酒店，在一次食品卫生检查中，其中的一家厨房卫生条件极差，被当地电视台、电台、报纸公开曝光。然而，一般消费者只记住了"大富豪"，分不清是这家大富豪，还是那家大富豪，都不敢光顾，两家"大富豪"最终一起倒闭。

因此，尽管品牌选择和使用是企业可以决定的，但为了安全起见，选了品牌之后，去注册是必要的。注册成功了，品牌变成了商标，这样品牌开发者的利益才能得到有效保护。

④从时效上讲，商标和品牌也不同。商标的有效性取决于法律，世界各国的商标法的规定不尽相同。有的国家规定得长些，如 20 年，有的国家短一些，如 7 年。商标核准注册后一般有法定保护期，在该保护期内商标所有人依法享有对商标的各项权利，超过这个时期则必须依法续展并可以无限次地续注下去。我国商标法规定的商标有效期为 10 年，每次续展的有效期也是 10 年。因此，商标权实际上是一种永久性权利。但品牌则不同，法律上有效不等于市场有效，品牌角逐场上的走马灯现象非常普遍。一个品牌的寿命可能远短于其法律有效期。

⑤品牌可以延伸，商标则需重新申请注册。如从娃哈哈营养液，到娃哈哈果奶，再到娃哈哈纯净水等，就是品牌的延伸。品牌延伸并没有改变品牌，因为品牌的名称不变，品牌的标志、图案没有变。但按照法律规定，当品牌延伸到一种新产品时，必须作为一件新商标重新办理商标登记注册。因此，商标注册时必须严格注明用于什么产品。如可口可乐在美国申请商标时要注明是用于碳酸气软饮料。

商标是从法律的角度对品牌进行的界定。商标是品牌法律特征的集中体现，是品牌自我保护的有力武器。商标是品牌及其产品获得保护的法律依据。有了商标就能够使他人对品牌和产品的冒充与仿制承担一定的法律责任，商标所有人的合法权益通过法律的手段得到了保护。

三、品牌的种类

（一）产品品牌

产品品牌是指有实物形态的产品品牌，该品牌往往与某种文化、价值、观念等具有一定紧密。人们在购买该产品的时候，购买的不仅仅是该品牌的实物形态，还购买了该品牌体现出的价值观、文化内涵、企业家精神等品牌个性。比如，海飞丝与洗发水，由品牌海飞丝联想到去头屑、飞扬的头发、神采奕奕的形象。同时，海飞丝只与洗发水（产品）建立联想。这种品牌就是产品品牌。

所有的品牌，一开始均表现为产品品牌，如可口可乐、娃哈哈、长虹、海尔等。根据传统的产品品牌经营观点，一个品牌是一整套不同的认知。品牌的优势取决于这些认知的一致性、主动性以及和所有消费者分享的程度。为了加强品牌，管理者需要塑造消费者的认知，以便使他们正确看待品牌。

采用产品品牌策略有两种模式。

一种模式是宝洁模式。在同类产品中推出多种品牌，如在洗发水市场上推出了海飞丝、飘柔和潘婷等不同品牌，在洗衣物产品中推出了汰渍、碧浪等品牌。我国上海牙膏厂生产的牙膏系列产品也是采用这种单独的产品商标的。该厂对自己的牙膏产品分别采用中华、美加净、留兰香、白玉等商标。这些产品商标把不同等级的牙膏区别开来，也迎合了不同地区、不同市场、不同阶层的消费者对不同品牌的偏好。但该种模式广告费用支出会比较大，而广告的效果使一个积累的过程，一旦停止广告宣传，品牌可能很快会被消费者遗忘。

另一种模式是菲利普·莫里斯（Philip Moris）模式。该种模式是在不同产品类中推出不同品牌，如在饼干市场推出的是卡夫，在烟草市场推出的是万宝路，在啤酒市场推出的是米勒，在饮料市场推出的是 Tang 果珍。又如我国北京同仁堂集团公司，同仁堂是总商标，其系列药品又有李时珍、旭日、京药、山花等产品商标。这样做，既能使消费者对企业总商标产生强烈印象，又能把不同产品的特性区别开来，也便于广告宣传。产品品牌在一定的历史时期可以非常成功，如当红的手机品牌苹果、芯片品牌奔腾等。当然，也有些经久不衰的产品品牌，如金华火腿、景德镇瓷器等。但在企业长期发展过程中，许多企业会放弃产品品牌的经营理念，转而选择共有品牌策略或共有品牌与产品品牌组合应用的策略。

（二）服务品牌

服务品牌是以无形的服务为主要产品的品牌，如餐饮服务品牌、金融服务品牌、旅游服务品牌等。但是，有时无形的服务又是以有形的产品为基础，并与之共同形成品牌要件。如今很多人认为所有的行业都属于服务业范畴，就算是制造业，绝大部分的企业也都在同时提供有形产品和无形产品，即除了生产有形产品外也同样提供服务，因而服务要素变得越来越重要了。售前和售后服务、可靠的供给、按时送货、对顾客要求的快速反应、电子数据交换系统的发展等，这些都是服务，而且越来越多的制造业企业利用服务来树立自己的形象。

服务不同于产品，其具有以下特征：

（1）不可感知性

人们不能感觉、触摸或用肉眼看见服务存在。如果是一辆富康车、一套索尼立体声音响或是一块德芙巧克力，都实实在在地存在，能让我们切实地看到或感受到它们是什么样的，但服务却不能。

（2）不可储存性

一项服务不可能像有形产品那样储存，当天的飞机航班和剧院的空位未被卖掉，就会成为永远的遗憾。

（3）不可分离性

服务产生的时候也是服务被消费的时候，两者具有不可分离性。

（4）可变性

服务是由人提供的，而人是不能被精确地控制的。服务和产品不一样，产品通过制订统一规格达到相应标准，而不同人员提供的服务由于所处不同时期、不同时间、不同地点提供的服务不一样，即使同一人员也可能由于时间、地点、心情、环境等不一样而有所不同。

服务是无形的。但是，服务业也有它们一些特别的经营武器，与通常的 4Ps 营销要素组合相比，服务业有七个主要的营销要素，即在传统 4Ps 的基础上，再加上 3Ps。即产品（product）、定价（price）、促销（promotion）、地点（place）之外，加上了人员（people）；过程（process）、有形展示（performance）。

人的行为是服务的中心，员工的挑选和培训能保证服务承诺实施的连续性。新加坡航空公司决定在服务上使自己与众不同，并通过长期进行的"新加坡小姐"的广告活动来表现它的服务质量。通过这一活动，以周到、迷人、细致的个人服务作为核心价值的公司服务得到了充分的体现，新加坡航空公司服务水平高的形象在消费者的心中牢牢树立起来。

（三）其他种类品牌

1. 企业品牌

企业品牌主要指以企业整体形象作为标识而被消费者认可。产品品牌是企业品牌的基础，企业品牌高于产品品牌。企业品牌与产品品牌可以是相同的，如索尼、奔驰等；也可以是不相同的，如宝洁、通用等。

许多人会有一种疑问，企业、产品与品牌之间到底存在着怎样的关系？可以肯定，就一个企业来讲，可以存在企业品牌，也可以存在产品品牌，企业品牌之下可以有一个或多个产品品牌组成的品牌家族。当企业品牌只有一个产品品牌时，企业名与产品名常常合二为一。无论是企业品牌还是产品品牌，都遵循着品牌建设的基本守则，即核心利益承诺及其行为的一致性。如日本丰田汽车公司的汽车产品，分别有丰田登丰、丰田卡姆利、丰田皇冠等。我国很多企业也有不少使用总商标的，如广州万宝电器公司的万宝商标、杭州娃哈哈食品公司的娃哈哈商标、扬子电器公司的扬子商标等。使用企业品牌所带来的明显优势有：制造商或经营者将其生产的若干产品全部使用同一商标，表明其品质的一致性或类似性，使消费者有强烈的印象，能迅速提高企业的声誉；同时，对企业推销新产品、节省商标的设计费和广告费、消除用户对新产品的不信任感等方面，都极为有利。但采用企业品牌的方法也有它的局限和风险。如难以强调系列产品中的某种重要产品特性，会使消费者认为该产品并不比系列产品中的其他产品有突出品质。而且，使用企业品牌，每一种产品的质量都必须可靠，否则其中一种产品质量不稳定，就会影响整个系列产品的信誉，其风险性也较大。

2. 商店品牌

关于商店品牌未来实力的争论随着经济状况的发展而衰落或兴起。经济状况良好时，国家级或世界级品牌通常用溢价价格统治市场。而在经济状况不稳定或衰退时，商店品牌可以因为有力的价格而赢得市场。商店品牌实际上总是以较低价格或相同价格出售大量商品的方式经营。把商品置于名牌产品的附近，用相似的容器进行包装，这实际上是零售商在力求用名牌产品的威望增加自己商店品牌的价值。因为没有人知道包装在里面的东西是否相同，或许仅仅因为品牌名称所代表的品牌资产、形象、标志和声誉不同，消费者就会为相同的产品付出更高的价格。

在超市和药店里，商店品牌的出售是一种普遍存在的现象。几乎所有的大食品杂货店和药品连锁店都有自己畅销的商店品牌。

在美国和欧洲的主要市场上，大型连锁店的兴起是一种普遍存在的现象。在美国，折扣商店连锁店沃尔玛、塔吉特和凯马特占有所有普通商品销售额的70%之多。事实上，商店品牌为了能在今天的市场中参与竞争，开始改进质量，扩展花色品种，甚至开始经营高价产品。

商店品牌的成长在某种程度上可以看作是一种经过巧妙设计的品牌战略。商店不仅代表品牌，而且是该品牌产品唯一的供应地。商店名称和这种独家专有形式的结合具有强大的销售号召力。经营它们的零售商通过促销、广告或在零售货架上的反复出现变得拥有越来越大的影响力了。

3. 联合品牌

联合品牌（又称为品牌束或品牌联盟）是指两个或两个以上现有品牌合并为一个联合产品，或以某种方式共同销售。在一个竞争压力极大的时期，品牌仍不失为在消费者心中区分彼此的最好办法。成功品牌已经揭示了品牌联合在竞争、生存以及发展方面的优势。美国麻省理工学院管理学院营销研究室副教授桑迪·萨普认为，我们正在步入商业合作的新时代，考虑问题的基础是"我们"，而不再是"我"个人。联合的概念和精神是创造战略联盟的基础。联合品牌策略也是一种复合品牌策略，是一种伴随着市场激烈竞争而出现的新型品牌策略，它体现了企业间的相互合作。

联合品牌策略的优点在于它结合了不同企业的优势，使定位更独特、更有说服力，可增强产品的竞争力，降低促销费用。对于一些行业，如计算机、汽车等，消费者往往会认为产品的主要部件是某个企业生产的更好，此时注明计算机芯片品牌、汽车发动机的生产品牌，就可以借助这些品牌的知名度很快打开市场。概括地说，使用联合品牌策略最大的优点在于双方可以互利对方品牌优势，提高品牌知名度，同时，节约了广告费用和进入市场的时间。联合品牌策略的使用也存在着很大的风险。在长期的使用中，双方企业可能受益不均，借助他人力量也可能产生为他人作嫁衣的结果，甚至产生危及一方长期利益的现象。另外，两家联合企业的品牌知名度不同，信誉有高有低，高信誉度的品牌有可能因为低信誉度的企业出现的问题而影响到其在消费者心目中的形象。换言之，联合品牌策略使合作企业相互影响，从而降低了企业抗风险的能力。

联合品牌形成强强优势需要合作双方具备较高的知名度和良好的品牌联想。这就要求两个联合品牌各有自己品牌，同时，两个品牌在逻辑上具有一致性，合并后的品牌在传达信息时都能使有利于自己的因素最大化，不利因素最小化。

总的来说，各种品牌策略各有利弊，只有综合掌握其优缺点，才能灵活应用，在市场竞争中占据有利地位。

四、品牌管理的研究对象与体系

（一）品牌管理的概念

品牌管理是指针对企业产品的品牌，综合运用企业各种资源，通过计划、组织、实施、控制来实现企业品牌战略目标的经营管理过程。

在当今的时代，品牌无处不在，尤其在产品同质化的现状下，市场的竞争无一不体现品牌之间的竞争，例如可口可乐与百事可乐；华为与苹果、VIVO；格力与美的、奥克斯；在运动场上，火箭队与爵士队，刘翔与杜库里；在文化市场上，好莱坞与宝莱坞，等等。正如品牌研究者所言，任何组织和个人都可以成为品牌，都有塑造成为品牌的机会。

（二）品牌管理的研究对象和内容

品牌管理作为一门学科，它主要研究个人和组织机构实施品牌战略的目标、计划、执行和评估等一系列相关活动及其规律。对品牌进行管理主要是为了提升品牌的知名度和美誉度，增强品牌竞争力，提升顾客满意度，促进企业产量销量的提升，同时，促进品牌资产的保值增值。具体包括品牌管理概述、品牌发展史、品牌定位与设计、品牌个性与品牌传播、品牌文化、品牌组合战略与延伸战略、品牌资产评估与保护、品牌危机管理、强势品牌建立以及品牌国际化的发展趋势等。

在品牌管理概述中，主要介绍品牌的概念、基本特征及种类，以及品牌管理的研究对象、内容和体系。

在品牌产生的历史中，主要介绍"品牌"一词的演化，以及品牌在各个发展阶段的特征和相关的研究方向。

在品牌定位中主要论述定位理论的来源、品牌定位的程序和品牌定位的策略。

在品牌设计中主要讨论品牌名称设计、品牌标志设计、品牌理念设计以及设计的原则。

在论述品牌形象时，本书侧重探讨品牌形象的概念、品牌形象的构成和品牌形象的塑造。品牌形象塑造的原则、品牌形象塑造的过程以及品牌形象的维护也是本书关注的重点，本书还分析了品牌偏好指数。

品牌个性是品牌管理中讨论的重点之一。关于品牌个性的概念、品牌个性的特征与价值、品牌个性测量维度、品牌个性的心理学基础和来源，以及如何塑造鲜明的品牌个性，在本书中都有精彩的论述。

品牌形象的建立离不开品牌传播，包括广告传播、公共关系传播、销售促进传播以及品牌的整合营销传播。

品牌是以文化为支撑的，或者说品牌只有建立在文化基础之上才会有长久的生命力。品牌战略是品牌管理的前提，没有品牌战略，品牌管理就无从谈起。不同层面的战略对企业品牌管理机构、管理人员提出了不同的要求。品牌资产管理是品牌管理中的又一重点。品牌资产的建立、评估、保护以及品牌危机管理都与品牌资产的保值增值相关。建立品牌资产的评估指标和模型是品牌研究人员的重要任务，本书对这些问题做了有益的探索。

在全球范围内，企业要保持竞争优势，就必须建立强势品牌，同时强势品牌要不断创新，才能永葆其领导地位。经济全球化的后果将是品牌的国际化。跨国公司的品牌管理实践已为我国企业拉开了品牌国际化的序幕。

第二节 品牌管理发展

一、品牌发展史：西方国家

广为人知的肯德基、可口可乐等品牌都有几十年甚至几百年的悠久历史。它们的故事广为流传。引例中品牌的产生本身就是经济活动的时代产物，自然会随着时代的变迁而变化，无论品牌的内容还是品牌的形式都会趋于多样化。企业也会随着时代变迁和经营环境的变化而不断调整自己，使其品牌在内容和形式上更符合时代需要。从企业的角度看，不存在一劳永逸的品牌；从时代发展的角度看，品牌的内涵和形式都是在不断变化的。了解历史是为了更好地把握未来，每个时代都有其时代的精神与主题，而品牌从某种意义上就是从商业、经济和社会的角度对这一精神与主题的认识和把握。

（一）西方品牌的发展阶段

纵观西方社会经济文化和消费观念的发展变化，可以看出品牌建设经历了五个发展阶段。在早期阶段，品牌拥有者将消费者看作是信息的消极接受者，忽视了消费者在品牌创立中的积极作用。

正如古德伊尔所指出的，每一种社会环境都会在品牌上印有一种当地消费观念的烙印，反映商品供应商和顾客之间有关品牌的对话层次和关系类型。随着时代发展社会进步，市场从以生产者为中心转向以消费者为中心。

1. 由制造商与销售者主导市场的阶段

在品牌发展的第一阶段，由于生产力发展比较落后，生产效率低下，产品供给严重不足，此时市场由生产者决定，市场需求足够大，生产者提供什么，消费者购买什么。在这种情况下，生产者不需要强有力的品牌吸引，也不需要花费大量金钱做广告，就能非常容易的销售全部产品。品牌的功能只在于区别产品，很少用来区别竞争对手。大多数产品都是以散装形式销售，这个时候没有品牌，或者说没有真正意义上的品牌。当时多数商品是一些无区别的食品蔬菜之类，加工制成品不多，品牌对它们的作用不太明显。如烟草就是烟草，面粉就是面粉，并没有名称之分，对于购买它们的消费者来说，品牌没有什么意义。即使有些商品有名称，这种名称对顾客来说也是无关紧要的。这种情况类似于早期牧场主使用的标志，当标志烙在牲畜身上时，它只表明牲畜是属于谁的。

2. 产品物质差异营销的阶段

在这一阶段，进入市场有利可图，许多的制造商纷纷进入市场，竞争对手增加，营销工作也随之开始。同时，消费者也有了选择产品的机会，开始评价与挑选产品。制造商被迫寻找创造产品物质差异的方法——用独特的和有吸引力的方法使他的产品与众不同、脱颖而出。这个时候，品牌开始与它所代表的产品分离，并对其起保护作用。

此时，广告变成了一种强大的力量，围绕品牌产品种类开始延伸。品牌成为公司有价值的资产（如可口可乐、万宝路等品牌）。有些消费者甚至为了地位、价值和身份而购买品牌，但是同时消费者也变得更容易转换品牌。

就全球范围来说，真正大规模的商品品牌化始于19世纪中叶。在美国，大规模全国性品牌的出现是和当时社会经济发展分不开的。19世纪的美国正处于历史上影响最深远的工业革命进程中，社会发展迅猛，科技日新月异，商品大量生产。中世纪以后出现的很多品牌现在仍活跃在市场上。一些老牌子的产品当中酒类特别多，原因在于这类商品由于有酒精的缘故不易变质，与其他易变质的食品和饮料相比，可以销售到更远的地方。许多品牌商品，最早是为满足一小部分消费群体的需要而出现的。这种情况在中世纪结束后持续了很长一段时间，农业仍是人们收入和就业的主要来源，多数"消费者"依然过着自给自足的生活。1830 年以后出现了明显的变化，然后许多品牌在工业革命时代诞生了，原因可以归结为以下四点：

（1）生活水平的提升，人们对产品的追求不在限于质量，也开始追求产品的外在形式，如包装、环境、促销等。

（2）科技的进步，促使地方与地方的距离变得更近，商品可以销到更远的地方。

（3）零售业的快速发展，夫妻店、便利店、超市、百货的增多使人们可以更加便利的买到更多地品牌商品。

（4）生产工艺的提高使商品可以低成本、高质量地生产出来。

商品包装技术的发展使得很多商品可以小包装的形式出现，并且包装上可以很清楚地显示商品的商标。桂格（Quaker）麦片最早采用了小包装而不是散装，这样有利于树立品牌的形象和创建品牌。

工业革命期间及之后，品牌商品的市场与今天的情况很不一样，区别在于多数制造商的产品没有品牌，也不做广告。当时经销的主动权掌握在批发商的手里。批发商控制着制造商，并在很大程度上决定商店所售商品的种类。

进入 19 世纪，美国商标法的几次修改使得企业更容易保护其商标，绝大多数企业都注册了商标。广告已成为企业推销商品的重要手段，消费者也比较相信广告，当时的报纸、杂志都热心于广告收入，很多公司在当时就已经进行全国范围内的广告宣传（如柯达相机）。广告除了宣传商品外，对品牌名称的宣传也极为重视。另外，广告公司的崛起也大大促进了品牌的宣传；零售商的兴起不仅促进了商品的销售，也为人们购买商品提供了便利，促进了品牌的流通。19 世纪美国移民大量涌入，在客观上也产生了更大的消费者市场。工业化和城市化提高了人们的生活质量和标准，勇于尝试新产品成为新消费观念的标志。

在一般消费品品牌兴起之前，美国商品品牌化的先驱是专利药品生产商，他们早在 19 世纪初期就给药品命名，用瓶子把药品装起来并贴上标签，起一些奇怪的名称以吸引顾客，如 Hamilton's Grand Restorative（哈密尔顿的神奇恢复膏）、Robertson's Worm-Destroying Lozenges（罗伯逊的杀虫糖衣片）等。随后对商品采用品牌化的是烟草商，如 Cherry Ripe、Rock Candy 等。但这些品牌只是昙花一现，没有流传到今天。

接下来对商品进行品牌化的主要是食品生产商和面粉商。食品生产商给食品品牌命名并开始采用小纸袋包装食品，而不是散装。当时出现的著名食品品牌在今天已成为全球性品牌，如桂格。

19世纪下半期，交通条件大大改善，铁路和航空的开通使商品可以更廉价快捷地运到远方，制造商的影响大为增强，消费者的选择范围扩大了。由于生产上的规模优势以及销售地域更加宽广，制造商在资金和技术上的主动权越来越大。这时不管是生产何种商品的制造商都意识到，如果商品有一个响亮的名称和漂亮的包装，既能够与同类其他商品相区分，还可能使它在同类商品中处于竞争优势，从而以较高的价格出售。

今天一些著名的国际品牌也诞生于19世纪的欧洲国家。因此，19世纪下半叶是全球品牌化思想成熟与发展的时期。当时，很多品牌已经具有坚实的国内基础和强劲实力，这为它们日后成长为国际品牌铺平了道路。

19世纪结束以前，批发商占着主动权。杂货商的供应品种主要由批发商决定。杂货商从批发商那里购买了大宗产品，如香料和调味品，然后再打包、标价并出售。杂货商品牌由此而来，即"经销商品牌"（DOB）或"商家品牌"。经销商品牌使商家拥有对品牌的控制权，而产品成品的制造仍由独立的厂家负责。

19世纪末20世纪初，在世界范围内资本主义国家过渡到垄断资本主义阶段，市场经济渐渐成熟，以开拓世界市场为目标的大企业大批涌现，市场竞争日益激烈，为品牌的普遍形成和发展提供了条件。

在进入第三阶段——传统的品牌营销之前，制造商被迫采用下列策略。

第一种策略是制造优良的产品。这种策略只有在竞争对手反应迟缓、还在沉睡的时候实施才会取得长期的成功。当产品质量与功能趋于成熟和高度模仿，在整个市场上达到同质化时，制造商就需要采取进一步的行动。

第二种策略是在一些国家的某一市场上垄断原材料的供应或控制分销渠道，如宝石市场。政府的干预（如传统计划经济国家的行政垄断）和产业网络（如日本与韩国）也可以保护制造商所从事的产业免受竞争。

第三种策略是价格竞争。在一些较少干预的国家，制造商会把价格作为他们的武器，通过价格战来消灭竞争对手。一些美国公司已经采用了这种对抗性的方式。第四种策略是制造产品功能上的差异或者开发新产品，使得某种产品没有直接的竞争对手。

3. 传统的品牌营销阶段

第三阶段是传统的品牌营销阶段。这一阶段首先在食品行业开始。由动机研究和情感性广告支持。因为消费者购买商品时往往难以选择，所以品牌的引入在一定程度上影响着消费者的行为。这时品牌越来越具有独立性，它为企业进军国际市场提供的手段。品牌开始演变并被信息、娱乐、经验、形象和感情的混合物所强化（如英特尔、迪斯尼等）。广告分工越来越细，市场调查变得越来越重要，盖洛普民意调查已被广泛地用于品牌、广告与市场调查中，尼尔森创立了他的市场调查公司。一些世界级的广告公司也于这一时期在纽约第五大道设立了他们的办公室，如 BBDO、McCann Erickson。J.W. 汤普生的广告收入在 1913 年就已超过 1000 万美元。克劳德·霍普金斯（Claude Hopkins）写出了《科学的广告》一书。全国性的广告组织也在这段时期里成立。如 1899 年，美国广告主协会单方面成立了一个组织，专门核查报刊的发行量，标志着稽核制度产生；1917 年成立了美国广告代理商协会。哈佛大学、波士顿大学等名校首先开设了广告学课程。广告的数量和重要性不断增加：1950 年在世界范围内花费 390 亿美元；1990 年在世界范围内花去了 2560 亿美元。

20 世纪初期，广告和销售代表等手段成为制造商避开批发商控制的途径。当时"独特卖点"（USP）一直是被广泛而且是主要采用的广告策略。同时，制造商采用销售代表，直接与零售商交易，使批发商的地位由强变弱。还为杂货商和零售商的销售价格定价。20 世纪上半叶，制造商因其技术和资金方面的优势，加上商品能保证质量、规格统一，价格也便宜，促使制造商品牌凸显。

19 世纪中后期，世界技术发展突飞猛进，资本主义由自由竞争阶段向帝国主义阶段过渡。一批著名的品牌伴随着资本的流动走向世界的各个角落并茁壮成长。"肯德基"于 20 世纪 30 年代问世；"麦当劳"创立于 20 世纪 40 年代；日本的一些品牌，如丰田、日立、松下、索尼等在 20 世纪中期就已成为世界知名品牌。

这时的大企业开始意识到，在同一类产品成本中，只利用一个品牌通常并不能足以保证长期战胜竞争对手。企业开始重视品牌组合。为了避免品牌间相互蚕食，这种组合必须能满足消费者的不同需求和愿望，以达到很好的平衡。在不同市场采用不同品牌的企业开始考虑如何协调这些品牌间的关系，因此出现了"类别经理"这一职务，来同时负责多个品牌。

1931 年，宝洁公司首创了品牌经理制，并在宝洁树立了"将品牌当作一项事业来经营"的信念。

品牌经理制的要点是：①企业为其所辖的每一子品牌都专门配备一名具有高度组织能力的品牌经理；②品牌经理对其所负责品牌的产品开发、产品销售以及产品的利润负全部责任；③品牌经理统一协调产品开发部门、生产部门及销售部门的工作，负责品牌管理影响产品的所有方面以及整个过程。随着宝洁"品牌经理制"的成功，越来越多的企业也采取了这一品牌制度。

其中有一些是生产汽车的公司，但大部分是生产日用消费品的公司。在品牌经理制中，一个品牌经理负责一个品牌，即使是同一公司的同类产品的品牌也互相竞争。这种制度对维护品牌不同形象有很大的好处，因而受到全球企业界的青睐。

20 世纪 50 年代，市场结构又一次出现了变化，厂家拥有的控制权开始渐渐向商家转移；而商家拥有的控制权不在批发商手里，而是在零售商手中。而零售商因其具有世界范围内的采购能力，使其在竞争中具有更大的话语权。

4. 以偶像来驱动的品牌营销阶段

第四阶段是以偶像来驱动的品牌营销阶段。由于品牌之间的竞争更加激烈，为了吸引消费者购买自己的产品，制造商开始花费大量的金钱采用偶像来宣传品牌，以增加产品的价值。而偶像在当前社会已经具备识别功能和联想意义的象征。将偶像与品牌、产品相连，从而激发消费者购买动机。乔丹代言了耐克鞋（Nike），西部牛仔代言万宝路香烟（Marlboro），这些偶像在一定程度上很好地地传递了品牌价值，促使它们成为畅销品。在这一阶段，品牌已经成为一种载体，成为消费者所喜欢的一种生活方式的代表。1985 年，为了战胜百事可乐的挑战，由于在盲测中消费者对味道更甜的"新可乐"表示偏爱，可口可乐公司决定放弃生产老可乐，推出了"新可乐"品牌。然而，这一举动遭到了消费者的强烈反对，愤怒的消费者甚至举行了游行示威。三个月后，可口可乐公司不得不恢复老可乐的生产，并改称"经典可乐"。1985 年底，"经典可乐"的销售远超过"新可乐"。这一"历史上最大的营销失误"表明，在传统的可口可乐品牌中所蕴含的情感性利益使消费者感觉到，失去老可乐不仅仅是失去了一个老品牌，更是失去了一个伙伴，失去了一种生活方式，所以不能接受对它的改变。消费者对品牌商品的感受与对一般产品的感受大为不同。这一例子从根本上说明，品牌带给消费者的某些价值是无法从产品的实体本身中获得的。20 世纪后半期，可以说是品牌的竞争时代，品牌越受追捧，消费者越容易接受品牌。

1970 年以后，制造商品牌最重要的变化是小品牌与大品牌之间的差距越来越明显。约翰·娄顿（John Loden）在其《超大品牌：如何建立，如何打败它们》一书中称超大品牌已经出现。超大品牌商品采用国际营销战略，在世界上任何地方都能买到该产品，每个角落都能看到它的广告。如可口可乐、IBM 和吉列。在这些商品的广告中，品牌所蕴含的情感因素也被极力渲染着。随着美国品牌全面进入欧洲市场，出口带来的经济效益与海外品牌带来的激烈竞争相比，已变得越来越微不足道了。在国外充分发挥品牌效益活动的企图具有战略意义。换言之，人们不再只是想着如何提高自己品牌产品的市场占有率。本土企业如果希望在本土市场保持长期的稳固地位，就必须从根本上做好与海外竞争对手决一雌雄的准备。娄顿认为，20世纪七八十年代小品牌与大品牌之间的差距初露端倪，并日渐明显。大企业可以为自己的品牌投入大量的资金，创新产品，而小企业由于资金的压力，尚不具备条件。另一原因是大企业具有规模优势，而小企业却望尘莫及。这种规模效应，随着大品牌的标准化得到进一步加强。这段时期，零售商品牌已占据了市场一部分。它之所以能够成功，原因在于在销售终端它可以以多种方式对消费者购买行为施加影响。零售商品牌通常会摆在货架上容易被消费者看到的位置，且获得更多地摆放空间，价格标签令消费者对零售商品牌的价格优势一目了然。此外，它还能更快、更准确地获得销售情况。尽管零售商品牌的影响与日俱增，但制造商品牌对于零售商来说仍十分重要，其强烈地影响着零售商在消费者心目中的形象。

20世纪80年代之前，零售商品牌只不过是制造商品牌的廉价替代品。常被冠名为"仿制品"。20世纪90年代，零售商也开始致力于自有品牌建设，不仅在包装上焕然一新，价格也提高了。同制造商一样，一些零售企业开始在同类产品中建立零售商品牌组合。零售商品牌越来越给知名的制造商品牌带来威胁。

5. 品牌购并渐成趋势与消费者成熟阶段

第五个阶段是品牌购并渐成趋势与消费者成熟阶段，亦可称后现代化阶段。金融界于20世纪80年代兴起了合并、收购的狂潮，这股狂潮对企业界影响至深。1988年，雀巢公司（Nestle）以25亿英镑的价格收购了旗下拥有奇巧巧克力、After Eight、宝路薄荷糖等子品牌的英国朗特里公司（Rowntree）。在这一阶段，消费者已经渐渐成熟，对品牌归属问题有了更深刻的理解，对任何机构都失去了无保留的信任。消费者开始对产品的信息进行甄别、挑选，进而根据自己的理解对品牌进行分析。

这个阶段的消费者的特点：一是信息满天飞。此时，消费者的时间精力有限，注意力变得更加稀缺，出现了眼球经济，此时要突出企业整体品牌，品牌个性就变得更加重要，这就要求采用一种新的方式创建品牌，以提升创建品牌形象的信息资料的质量而不是单纯地增加信息的数量。因此，创建有吸引力的品牌形象，强化品牌在精神与情感上的轻松与欢乐的价值，对后现代化时期的品牌建设更加重要。二是消费者更加关注品牌政策。现在是消费者选择并决定品牌的时代，品牌形象良好与否是消费者选择的重要因素之一，因此，品牌宣传要综合考虑社会环境、政治环境、经济环境等因素，企业对社会及政治问题的态度和企业的社会形象对消费者的影响很大。当今世界，品牌比任何时候都受到了更多地重视，因为它是企业的无形资产，能为企业提供源源不断的利润和财富。

这一时期内，高科技的发展导致新产品不断出现，全球诞生了无数的高科技品牌，如 IBM、Dell、Microsoft 等。广告已进入成熟阶段，许多广告大师就是在这一时期内树立起他们的权威和影响的。各种学说也层出不穷，如奥格威（David Ogilvy）的品牌形象学、瑞维斯（Rosser Reeves）的定位学等，对品牌的广告宣传也偏重于品牌形象和个性化，如万宝路的牛仔形象、七喜的"非可乐"定位等。品牌的推广也变得越来越专业化，由专门广告人才来进行品牌的推广。这种专业化使得广告营销手段和技巧有了极大的提高。

（二）西方品牌发展的特点

纵观西方品牌发展的历程，有其自身的特点。

1. 知名品牌历史悠久

从国外知名品牌的发展来看，大部分品牌都有着悠久的历史，如可口可乐（始于 1886 年）、吉列（始于 1901 年）、万宝路（始于 1908 年）、雀巢（始于 1938 年）等。

入选财富 500 强的跨国企业的平均寿命约 40 年。

2. 在同类产品中拥有核心利益和均衡的理性与感性

保护企业信息和宣扬企业品牌核心价值，已经成为一流企业创建和保护品牌的共识。可口可乐、雪碧的品牌个性承载着美国文化中"乐观奔放、积极向上、勇于面对困难"的精神内涵与价值观。尽管可口可乐、雪碧的广告经常变化，但任何一个广告都会体现其品牌个性。

3. 注重质量而非价格

品质是品牌的根本。品质不能狭义地理解为产品的质量，品质所包含的内容很多，其中三大要素为质量、价格和服务。"质量是企业生存的基础"，这一观念已被很多企业所接受和采纳。品牌发展战略最基础的还是抓质量，在质量的基础上发展品牌。产品质量较高、价格合理、服务周到是赢得消费者和社会承认的前提。品质的提升永无止境，它会随需求的变化而不断提升其标准。性能也可理解为设计水平及产品的技术含量、性能特征等。产品性能越符合消费者需求，其品牌价值就会越高。品牌定位的关键是发掘出具体产品的理念，它通过产品的具体形式、性能和可观察性的特征，定位于不同的市场，满足消费者的具体需要，体现着品牌的基本理念和品牌的共有特征，更具体地阐释着品牌的内涵。

4. 充分利用营销技巧巩固自己的地位

品牌个性是品牌成功的法宝，是品牌形象的关键点。借助公关来表现品牌个性，是创建与维护品牌美好形象的手段之一。例如 20 世纪 70 年代，美国克莱斯勒汽车公司的业务急转直下，市场份额从 25% 下滑到了 11%，克莱斯勒面临着破产的危机。1978 年，新上任的总裁艾柯卡的演讲、自传等公关活动，为克莱斯勒建立一个全新胜利者的形象起到了关键性作用，使克莱斯勒重振旗鼓、起死回生。

二、品牌发展史：中国

回顾我国品牌的发展历史，展望我国品牌的未来是我国发展品牌、实施国家品牌战略的前提。我国品牌的总体发展水平与西方发达国家相比是存在一定差距的，这主要是由于我国商品经济发展相对滞后、生产力水平不高所造成的。但是，从目前我国企业品牌发展的情况来看，已初步形成了像青岛海尔这样的国际著名品牌，我国的名牌工程也正在发挥着越来越明显的作用。整个国家的经济实力不断壮大，"中国制造"正成为世界市场上最具竞争力品牌的标志。

（一）中国品牌的发展进程

1. 古代中国品牌的发展概况

如同最初的商品来源于劳动产品一样，在原始社会的一些产品上，我们的祖先也曾有过区别器物的标志符号，如铭文、年号等。后来人们在日常使用的陶器上面绘图作画，使用各种标志符号，如在陶钵口沿、底部用竖、横、斜、叉、涡纹、三角纹、条纹和圆点纹以及一些不规则的图文组成二三十种符号，在陶器底部还印着精致的席纹、麻布纹或同心圆线条的割断痕迹。历史证明，它们能作为区别器物所有人、制造人的标志解释，算是中国品牌历史的源头。但是这些原始符号只起到表明制造人、所有人或仅起装饰、纪念的作用，而不是商业性的标志。

战国时期的楚国铜器的铭文里就已发现有"工""顾客""冶师"等几种称呼，可见当时已经出现用某种名称去标志谁的物品或谁生产的物品的客观事实。这些标志还不具有现代商标的含义，但是它们确实是商品上区别生产者的标志。这时的商品标志，仅仅具有区别生产者的单一属性，还没有其他属性，如宣传和质量保证等，所以它们仍然不能算是品牌。

汉朝时期，中国经济文化发展异常繁荣，当时的长安是世界贸易中心，北有丝绸之路，南有通商之城。这个时期的商品上有各种饰纹、图画、鸟兽或几何图案，以及"延年益寿""长乐光明"等祝福吉祥的文字或画图。

在南北朝后期的北周文物中，曾出土了以陶器工匠"郭彦"署名的"土定"（粗质陶器）。

到了 8 世纪，民间生产的纸张已普遍使用水印暗纹标记。随着唐朝生产力的发展和商品经济的扩大，很多不同的手工业者、店铺或作坊制造同样的商品，同一行业的商品品种也逐渐增多。商品交换进一步发展，商品上的标志也渐渐趋向复杂。例如在同一地区，手工业者的布料，式样各异，花纹不同，质量也不一样。此时生产商或商贩为了使自己生产、加工、制造或经营的商品尽快卖出去，就要进行宣传推广，人们也逐渐开始通过认牌来购货。这时，商业性标志的作用越来越显著，使用范围越来越广泛，产品上的标志也越来越完备。有的采用图案，有的采用文字，或者既有文字又有图案，这些都是商标的雏形。

宋朝时期，现代品牌的基本要素基本已经具备，如刘家针铺所用的"白兔"标志，图案是一只白兔，上端刻有"济南刘家功夫针铺"，旁边刻有"认门前白兔儿为记"，图下的文字是"收买上等钢条，造功夫细针，不误宅院使用"。

明清时期，我国商品经济发展缓慢，因此品牌发展也极为缓慢。明清时期的"六必居""内联升""泥人张"等字号，仍然是汉唐以后商业性标记的延续，品牌内涵没有实质性的发展，只不过数量增多而已。但是一些著名的手工业产品品牌，如张小泉剪刀、王麻子剪刀、曹正兴菜刀等也在这一时期先后出现。

清朝对品牌没有什么法令，日常的品牌管理一般是由商人行会办理的。如当时的上海布商差不多各家都有几个牌子（商标），由行会管理，牌号的登记不能相同，这些都是行业性的品牌制度，以保护行会商人的利益，防止品牌仿冒伪造，客观上也起到了维护消费者利益的作用，因为行会商人为了维护品牌会更关心商品质量。但是，这种品牌制度不是由政府推行的，而是由商人行会来管理的，在行业、地区等方面都存在其局限性，如品牌发生纠纷，还需要到官府去打官司，由封建官府来决断。而且由于中国商品经济始终不发达，这些品牌建立在家庭式企业和手工业生产的基础上，因此，品牌只是处于萌芽和初步形成状态之中且很不完善。

2. 近代中国品牌的发展概况

鸦片战争以后，中国的大门被外国列强的大炮强行打开，西方的商品和品牌也随之进入中国，一时间洋货充斥市场，除了一些老字号中药铺的品牌在苦苦挣扎外，其他品牌逐渐淹没在历史潮流之中，国人也开始慢慢接受西方品牌。第一次世界大战期间，帝国主义忙于战事，无暇顾及中国，中国民族工业出现了短暂的繁荣局面。但战事结束后，洋货再次卷土重来，先是美、英产品大肆倾销，后来日本货渐渐占了上风。以法国白兰地"轩尼诗"为代表的酒类品牌 1872 年就在上海登陆，并受到国人的认可。1928 年，作为当今世界第一品牌的可口可乐进军中国市场，在上海建立了生产基地，产品销往上海本地和天津，到了 1948 年，上海可口可乐装瓶厂成为美国境外最大规模的生产厂家。洋货的倾销使中国的民族企业受到较大打击，国货日衰。

3. 新中国成立后至改革开放前中国品牌的发展概况

1949 年，中华人民共和国成立后，废除了帝国主义在中国的商标特权和国民党政府的商标法令。1950 年 7 月，《商标注册暂行条例》颁布，这是中华人民共和国第一个商标法规，规定实行商标全国统一注册制度，商标由当时的贸易部商标局统一注册。政务院财政经济委员会则颁布了其施行细则，9 月，政务院财政经济委员会还公布了《各地方人民政府商标注册证更换办法》。1963 年，第二届全国人民代表大会常务委员会第九十一次会议批准公布《商标管理条例》。新中国成立后，新的品牌制度基本形成。

4. 改革开放至今中国品牌的发展概况

改革开放以后，我国经济得到迅猛发展，社会主义市场经济体制逐步建立并完善。国内外商品在中国市场上演了激烈的品牌大战，从而推动和促进了我国品牌的发展。一些国外品牌凭借着大量广告，在人们心中树立起了良好形象，从而取得较高的市场占有率。这时中国的企业和消费者也开始逐步意识到品牌的重要作用。特别是 20 世纪 80 年代初，以索尼、松下、日立等品牌为代表的日本家用电器捷足先登，进入中国消费品市场，随之各种世界名牌开始纷纷进入中国，抢占巨大的消费市场。与之同时，由于境外品牌与合资品牌对中国民族品牌的兼并与蚕食，导致大批民族品牌在竞争中纷纷败下阵来，中国企业开始真正认识到，品牌是企业最宝贵的财富之一。

1978 年 9 月，国务院决定成立国家工商行政管理局，下设商标局。随后对全国商标进行了全面的清理，恢复了商标统一注册，重新着手制定新的商标法。1982 年 8 月 23 日，通过了《商标法》，自 1983 年 3 月 1 日起施行。1983 年 3 月 10 日，国务院发布了《商标法实施细则》，在此之前，1979 年《刑法》规定了假冒注册商标罪，同时在通过的《中外合资经营企业法》中规定了包括商标在内的工业产权可以作为投资入股。我国的《商标法》是随着"社会主义商品经济"理论的提出而产生的。《商标法》的制定实施，标志着我国新的品牌制度和知识产权保护制度的正式诞生。这时，我国的品牌意识才逐渐树立，但还仅仅停留在商标层面。

随着社会主义市场经济体制的逐步确立，企业发展成为自主经营、自负盈亏、自我约束、自我发展的经济实体，竞争意识贯穿于企业所有的经营决策过程中，品牌意识也渐渐形成。伴随着大量新产品的出现，各类品牌纷纷登台亮相，品牌观念也慢慢进入了人们的思想意识中。部分企业开始在报纸和电视台投放收录机广告，如江苏盐城无线电厂。

我国企业真正拉开品牌营销的序幕是在 1990 年北京亚运会上。当时的广东健力宝集团出资 1600 万元赞助了这次亚运会，获得该次运动会冠名饮料的专用权，成为当时国内最大的运动会赞助商。健力宝的公关赞助活动对我国市场营销的发展具有里程碑的意义，它使我国企业和国民开始树立了品牌意识。随即一大批国产品牌也纷纷登台亮相，有的品牌已获得了较高的知晓度。例如：彩电行业的长虹、熊猫、黄河、牡丹等；服装行业的顺美、杉杉、绅士、富豪等；饮料行业的健力宝、山海关、北冰洋、八王寺、正广和等；洗涤剂行业的活力 28、白猫、金鱼等；电冰箱行业的雪花、科龙、海尔等；照相机行业的海鸥、华光、长城等。随着国产品牌的大量涌现，产品质量也得到了较大提高。短短的 10 年过后，中国企业依靠技术转让，使产品质量的整体水平又上了一个新台阶。中国出口的消费品和机器设备的质量可与日本货相媲美，甚至有过之而无不及。

虽然中国品牌得到迅猛发展，但在某些方面仍无法与国际名牌相比。时至今日，品牌在中国的发展和认知仍然存在较大落差。据北大经济管理学院一项统计显示，中国在 2006 年生产的商品的平均价值只有全球商品平均价值的六分之一，用北京大学经济学院副院长曹和平的话来说，"这就代表中国每生产一件商品，从价值上看是买一送五"。

特别是在出口贸易方面，中国出口商品品牌的现状有人总结了"三少三多"，即出口商品品牌少，有名气的品牌少，能称为名牌的出口商品更少；外贸企业中无品牌企业多，出口业务中贴牌的商品多，"三资"企业产品使用外商品牌多。这"三少三多"，反映出中国名牌产品比较少，国际市场竞争力弱。如中国服装每年出口数以万种，可至今还没有一个在国际市场上叫得响的名牌。原因在于中国服装业整体自主创新能力不高，还基本处于劳动密集型和成衣加工阶段。许多企业为他人做嫁妆，只赚取加工费，如北京衬衫厂一直为世界十大名牌衬衫当中的几个牌子进行加工。但是，同为服装出口大国的意大利，其服装出口在相当程度上靠名牌和附加值，90 年代初，换汇额每吨比中国高 5 倍多。中国由于没有世界级名牌，尽管款式、花色、品种等并不落后于人，但价格就是上不去。

20 世纪末以来，国外品牌再次大举进入，让国人认识了国际品牌的威力。

20 世纪 90 年代中期，香港《信报》曾经发表过一篇题为"外商收编中国名牌国货面临严峻挑战"的文章。文章指出：随着外资不断地进入中国，海外投资者由中小企业向国际大财团转化，洋名牌通过合资方式排挤民族工业中一批国货名牌产品，国货市场的前景令人忧虑。中国轻工业产品有不少名牌已经纷纷被外商收购、控股，有些甚至从市场上消失。品牌竞争是一场隐蔽的竞争，是一场生死攸关的竞争。随着我国加入 WTO 组织，中国经济全球化进程正在加速。该过程对中国品牌而言，既是机遇更是挑战。一是中国市场可以吸引更多地外商投资，同时吸收国外先进的品牌创建和管理理念，为自身品牌的建设打下良好基础，二是市场变得异常激烈，尤其对于中国企业来说，面对国外成熟品牌的严重排挤，市场份额日益萎缩，甚至有些企业的品牌被外资并购。2007 年 7 月，达能收购娃哈哈的事件引起了国内外的广泛关注，使中国本土品牌开始重视品牌的发展与维护。面对达能公司的"强购"行为，娃哈哈集团董事长宗庆后对媒体披露表示要破釜沉舟，为保护品牌斗争到底。在汽车市场上，国家规划的"三大三小"，都是外国品牌的一统天下。天津与日本合资生产夏利，上汽与德国大众公司合资生产桑塔纳，东风与法国雪铁龙公司合资生产富康。在中国销量颇大的捷达汽车，并不归合资公司所有，而是归德国大众所有。由此看出，跨国公司的深谋远虑可见一斑。

惨痛的教训让中国企业意识到品牌绝不是商标，创建'名牌'才是出路"。从 2000 年开始，有些学者提出，和平期间国与国之间的竞争实质上是品牌与品牌之间的较量。这促使中国企业家开始认识到，没有自己的品牌，已经不是一个企业的问题，而是关系到一个民族的尊严问题。另一方面，我国政府和企业也开始关注品牌的发展、名牌的塑造。我国政府对创立有自己特色的品牌和名牌给予了极大的支持，提出了发展品牌、创立名牌的战略，形成了良好的品牌发展的外部环境。同时企业界也以品牌作为市场竞争的武器，培养消费者对所喜爱品牌的忠诚，开展市场营销活动。品牌在企业创业初期作为企业的标志符号，作为帮助消费者区别产品和识别企业价值、展示企业信誉的载体，是生产者或者经营者在自己的产品上用来表明产品的来源、信誉、质量、服务的标志，它代表着企业的个性。但随着时间的推移，品牌已逐渐地变成企业精神和企业文化的市场代表了。在当今市场化社会文明的形成与发展过程中，品牌是重要的组成部分与推动力量，也出现了一批知名品牌。

的老字号品牌，扶持一批具有广泛影响力的国内知名品牌，培育一批具有较强竞争力的国际知名品牌，并力争到 2010 年，使自主知名品牌的国内、国际市场份额显著提高，初步改变我国"制造大国、品牌小国"的面貌。一些中国企业家已设法复兴传统品牌，并围绕这些品牌建立现代企业。例如，北京全聚德烤鸭店已扩张至上海和香港，永久牌自行车则推出了自有品牌的电动自行车。

中国加入 WTO 之后，国内品牌与国外品牌之间的竞争更加激烈，市场份额正在进行着重新分配。中国著名营销专家李光斗曾预言"中国是世界上品牌快速成长的最后一块处女地。"社会发展的不同时期，都面临着一批著名名牌的诞生，现在你无论走到哪里都能买到中国制造的产品，"中国制造"的品牌日益响亮起来，中国制造也是世界制造。许多国外品牌在中国激烈的市场竞争中，有的已被挤压到市场低端，其品牌的"含金量"也正在贬值；而"美加净""中华"等我国的老品牌得以恢复。近几年，中国企业的品牌意识逐渐增强，每年都有一批品牌进入世界 500 强，虽然其品牌价值与世界知名品牌还有差距，但这说明中国的企业在品牌创建与维护方面的意识逐渐增强，品牌价值正在增加。

品牌竞争是市场竞争的一个重要组成部分。竞争过程是一个切磋、学习的过程，也是品牌的形成、发展、维护或消亡的过程。创造品牌、发展品牌是企业立足之本，是振兴民族工业的重要步骤，也是我国企业积极参与国际市场竞争的必由之路。品牌化作为一种社会发展的趋势，它已经不再仅仅局限于企业的营销意义了，而是扩展到了对社会进步的促进作用。无论在国外还是国内，人们已经赋予品牌更多地含义。品牌已成为国家意识、民族意识、消费意识和资源意识的象征。品牌战略的实行有助于提高和扩大社会效益，有利于资源配置和经济效益的提高。一些管理专家指出，世界资源为适应名牌商品和名牌企业的需要而流动、分割，品牌在生产、流通、消费的社会再生产过程中起着犹如核聚变的强大作用。品牌发展战略和名牌战略是我国未来经济发展和消费水平提高的重要因素，是一项重大的经济发展战略和社会发展战略。

（二）中国品牌发展的特点

综上所述，我们可以看到，我国品牌建设经历了漫长的历史，但其真正快速发展是在近几十年，尤其是在改革开放以后。纵观我国品牌发展的历史进程，可以总结出如下特点。

1. 品牌发展受制于经济文化的发展

我国品牌的创建和管理受经济社会发展影响十分明显。在经济不发达的农业社会，如明清以前，我国基本上没有品牌，有据可查的仅有宋代刘家针铺的"白兔"品牌。明清期间只有"六必居""泥人张""内联升"等字号，品牌内涵没有实质性的发展。

这种状况是与我国封建社会的农耕经济紧密相连的。农业经济条件下产品生产数量有限，供不应求，使品牌成为多余的东西。另外，自给自足的农业经济的特点，使产品无须区分就可以被充分消费，创建品牌无疑是多此一举。但即便以上分析是事实，作为商品经济标志之一的品牌还是在农业社会中缓慢地、艰难地发展起来了。

在计划经济条件下，由于产品生产、供应、分配和消费全部由国家统一调配，不存在市场，不存在企业，因而也不存在竞争。产品供需平衡，甚至供不应求，因此也不需要品牌。品牌战略受到制约也就在情理之中了。

2. 品牌管理以西方品牌理论为指导

由于经济、政治等各方面的原因，我国学者对于品牌方面的理论研究与发达国家相比还有一段差距。当我们提倡大力发展品牌、实施品牌战略的时候才发现，我们在品牌建设方面的知识极其贫乏，我们不知什么是品牌，不知如何去做品牌，只能借鉴西方学者有关品牌管理方面的理论知识和实践。这就造成没有结合我国国情，全盘照搬照抄，导致严重的水土不服，以致企业品牌战略收效甚微，有的甚至完全失败。

3. 品牌管理实践发端于实行改革开放的基本国策之后

如前所述，改革开放为我国企业实施品牌战略创造了良好的外部环境。市场经济的快速发展，使企业真正成为市场的主体，商品供大于求，形成买方市场，经济发展带来的可支配收入的提高，使消费者个性化需求得到前所未有的发展。所有这一切使品牌战略显得尤为重要，品牌不仅成为消费者区别不同厂家产品的重要依据，同时也是消费者满足个性化需求的情感载体。

改革开放促使我国经济与世界经济的联系日益密切，跨国品牌乘改革开放之风进入国内市场，使品牌竞争表现为国与国之间实力的较量。我国品牌在国际市场竞争中总体上处于劣势，这种现状使品牌战略在我国经济生活中的重要作用日益凸现。大力实践品牌战略和开展品牌战略理论的研究是改革开放国策推动的必然结果。

4. 品牌战略发展呈现不平衡状态

品牌战略发展的不平衡状态是指，从总体上看我国品牌战略发展呈现出地区发展和行业发展的不平衡状态。在地区层面上，东部及沿海经济发达地区较中西部地区更重视品牌战略，企业对品牌战略的资金支持和理论研究都较中西部的力度大。如环渤海湾、长三角地区、珠三角地区，知名品牌明显多于中西部地区；山东青岛市出现了像海尔、海信、奥克斯等在国际上具有一定知名度的知名企业和名牌产品。

在行业层面上，家用电器、食品饮料等行业名牌产品和知名企业要多于其他行业。

前面谈到的海尔、海信、奥克斯都是家电品牌，娃哈哈、乐百氏、王老吉等是食品饮料行业的知名品牌，但在汽车行业则少有知名品牌。

5. 我国品牌在与西方著名品牌的较量中成长壮大

如前所述，我国品牌发展的历史较短，企业品牌实践的经验严重不足，其成长的环境充满了荆棘和险滩。尽管我国目前还没有一个能与可口可乐较量的饮料品牌，也没有一个能和劳斯莱斯叫板的汽车品牌，但我们可以自豪地说，没有哪个国家的品牌能像我国品牌那样在市场经济发展的较短历史时期中，遭遇过如此多、如此强大的跨国品牌的挑战。而我国企业在面临这些挑战时，毫不畏惧，并尽心尽力做品牌，取得了不俗的成绩。在与强大的跨国品牌的较量中，我国企业与它们的品牌一样，不断发展和壮大。

6. 企业品牌战略存在误区

我国企业的品牌战略存在一定误区。在实践操作中，相当多的企业把品牌创建等同于广告传播，以为投入大手笔广告就能建成知名品牌。他们热衷于竞投广告"标王"，沉醉于品牌表面的浓墨重彩，很少深入研究品牌文化的底蕴，深挖品牌的核心价值。具体表现为对品牌进行战略实施时，不是采用"运营"，而是"炒作"。这就可能造成品牌得发展使短期的，达不到长远的效果，更谈不上品牌价值。

在理论研究和认识上，同样存在误区。有的企业认为，品牌即是高档、高价，有产品定价方面一味地标榜"高价""精品""极品"，因而在产品包装上讲究"高端大气""贵族气派"，完全脱离了产品的本质，也忽略了居民的消费水平。一些不注重品牌战略的中小企业认为，品牌是大企业操心的事，只要我的商品有人买就行了。这种消极的想法短期看会使企业缺乏激情与进取心，长期看将不可避免地被竞争的巨浪所吞没。

7. 与发达国家相比，我国品牌发展还存在差距

从理论和实践中看，我国品牌的研究与发展与西方发达国家相比还存在着一定的差距，都显得不够成熟。具体表现为：（1）品牌知名度不高；（2）品牌资产价值有待提升；（3）品牌国际化进程缓慢；（4）品牌自主创新能力有待加强；（5）缺乏先进的品牌理念；（6）缺乏品牌经营的长远战略；（7）品牌经营策略有待完善；（8）品牌资产运作不够成熟；（9）缺乏品牌危机的管理经验。

三、品牌理论研究史

（一）国外对品牌的研究

1. 品牌管理的研究

严格地说，最早对品牌管理的理论进行研究的是伯利·B·加德纳（Burleigh B.Gardner）和西德尼·J·利维（SidneyJ.Levy），他们在《产品与品牌》一文中强调要认识品牌的性质，即品牌不仅具有功能性利益，而且具有情感性利益。当时进行数量研究是一种范式，但他们提倡采用定性研究的方法来挖掘购买品牌产品背后的理由。然而，当时的管理者认为，从事品牌研究只是一种成本支出，而不是一项具有经济效益的事业，因此没有支持开展对品牌的全面研究，导致他们不能正确认识品牌的全部意义。加德纳和利维阐明品牌要具有满足消费者理性和情感需要的价值，尤其应该注重开发个性价值。品牌个性是有利于区别竞争对手产品，帮助消费者快速识别产品。

2. 品牌价值理论研究

1980 年以后，部分学者发现，品牌一旦建立起来，在某种程度上代表了企业的一部分价值，是企业的无形资产。起初，这种观念只存在于金融分析家中，他们认为，良好的品牌是企业未来收入的保证。80 年代后期，品牌价值受到营销界的关注。在营销界看来，即使成功的品牌不能算作是企业最有价值的财富，也可算作是最有价值的财富之一。品牌对企业来说，不仅具有经济价值，也具有战略价值。

兰能（J.Lannon）和库珀（P.Cooper）运用人类学与心理学的理论对品牌创建中的情感主题进行研究研究并作出了巨大贡献。兰能和库珀的论文分析了美国广告方式与欧洲广告方式的不同特点。欧洲的广告形式是丰富多彩的，它印证了品牌是如何随着国家文化的发展而发展的，并且他还利用人类学来探索品牌作为一种象征性阶段所增加的价值。

品牌的情感诉求，高于产品的功能，直接针对消费者的心理诉求进行满足，其带给消费者的满意度更加强烈，品牌内涵的发展空间也更加宽阔。1988 年，雀巢公司以 25 亿英镑的价格买下了英国朗特里公司，当时该公司的股本权益（净资产价值）接近 10 亿英镑，它们之间的差额为 15 亿英镑，这显示出了品牌的无形资产的财务价值。

这一现象引起了热烈的讨论：品牌的价值是否可以被评估出来？如果可以被评估出来的话，品牌的价值是否应该在企业的资产负债表上得到反映？这里进一步的讨论提高了人们对品牌作用与价值的认识，由此也进一步提高了学者们的研究兴趣。

1990 年以来，英国国际品牌顾问公司（Interbrand）和美国《金融世界》杂志每年发布的对国际品牌的价值评估，一般是仿照企业其他无形资产评估的方法对品牌资产的价格进行估算的。这样的评估，一方面影响和引导全球的消费者自觉或不自觉地产生对品牌商品特别是名牌商品的信任和消费需求；另一方面也对企业创造和发展品牌指明了方向，同时也推动和促进着全球品牌实践和品牌理论向名牌方向发展。

到了 21 世纪初，品牌创造的模式更加关注消费者的体验价值。兰宾（Labium）指出，当前还有许多经理只关注品牌的功能价值，而不关心品牌所带来的心理满足感。事实上，对于产品的功能价值竞争对手很够很快模仿，而品牌的核心价值及其带来的消费者心理满足感是竞争对手花大量时间难以满足的。

以美国学者大卫·奥格威和大卫·艾克等为代表的学者从各自的角度对品牌特别是品牌价值的研究，这时品牌研究理论得以提高和升华，形成了较为系统的研究理论和方法，对企业品牌发展提供了理论武器。

（二）我国对品牌的研究

20 世纪 20 年代，吴应国翻译出版了斯科特的《广告学》是我国对品牌最早的研究。之后，《中国名牌》杂志创刊，标志着我国理论界和实务界品牌研究新时代的到来，许多学者和实务工作者开始对品牌进行研究。特别是以卢泰宏教授为代表的中山大学研究团队，在品牌理论、品牌管理等方面作出了重要贡献。90 年代中后期，品牌操作模型不断涌现，例如，奥美的"360°品牌管理"理念、新格品牌管理顾问中心的"720°品牌管理"概念模型、梁中国提出的"易难 7F"品牌管理模型、陈放提出的 MBC（营销系统工程）品牌管理模式等。同时，受竞争力理论的影响，品牌竞争力理论也广受关注。

进入新千年之后，中国部分学者开始对构建品牌科学大厦，希望使其更加理论化、系统化、完整化，于是大量有关品牌的书记、著作、教材相继问世。例如，陈放立足于商业科学范畴，从咨询实证角度著述的《品牌学》；余明阳等从建设、规范本科品牌类专用教材角度整理编写的《品牌学》；年小山立足于社会科学范畴，从类比人类社会基本结构的观察视角所撰写的专著《品牌学·理论部分》；赵琛立足于商业科学范畴，撰写了专著《品牌学》等。

在品牌理论指导下，我国企业的品牌管理实践也得到了长足的发展。青岛海尔、联想、茅台等一批企业为代表的中国名牌的崛起，让国人对民族品牌在国际竞争中的前景充满了信心。

从品牌发展的历史来看，一个国家拥有名牌的多少，不仅反映这个社会文化发展水平和国际竞争力，还代表着这个国家、民族的精神和形象，昭示着这个国家在国际社会中的地位。

四、品牌发展的前景与趋势

在讨论国内外品牌发展的简短历史之后，品牌在 21 世纪的发展前景和趋势做出一定的预测。21 世纪是信息爆炸的时代，也是顾客越来越挑剔的时代，品牌如何建立、发展和维护关系着企业竞争的成败，也关系着国家的经济发展水平。

（一）未来品牌发展的可能趋势之一：品牌内涵更为丰富，竞争更为激烈

从当前时代发展来看，品牌正越来越多的向消费者传达着企业的价值观念、社会责任感及核心价值，同时也向消费者作出巨大的承诺和赋予的被信任。当企业更加注重品牌时，它们需要以品牌为中心而不是以产品或制造为中心的新型财务体系。因此，品牌力的增长对整个营销服务业都产生了巨大的作用，并使多数企业受益。

未来品牌的内涵，将不像现在的解释那样直观、简单。市场战略中品牌设计范围的拓展，将意味着品牌在企业内部经营中重要性的提升。从财务估价到商标保护，从企业的组织结构到首席执行官的管理方式等方面，品牌已经成为企业管理及策略中的重要议题。品牌已经不再是企业的营销工具，而是企业形象、信誉、业绩的标尺。与此同时，未来的品牌竞争将比现在更加激烈和残酷。知识经济时代的来临，在提升人们生活质量的同时，也带来了激烈的市场竞争，品牌的内涵将随之丰富起来。继"商标"概念出现后，现在又有了"域名"，这就使品牌不仅表现在现有的形象、个性化、服务、高新技术等视点上，还将表现在网络、信息、文化、情感等焦点上。新思想崛起迅速，使得新品牌往往能借助产业革命的浪潮，打败著名品牌，撼动寡头卖主垄断和老牌企业巨头。超级品牌之间的竞争更为残酷，大鱼吃小鱼现象时有发生，任何一个同等量级的品牌，都不能像以往那样过安逸的生活。未来品牌将受到法律、网络、文化等方面有形和无形的保护，其品牌个性、品牌管理、品牌资本、品牌战略、品牌形象、品牌文化等方面也将得到前所未有的发展。人们将从综合性、多样性、信息化、人性化的角度，更深刻地研究未来品牌的内涵、价值、效用，以及竞争方式、游戏规则和对全人类的影响等。

（二）未来品牌发展的可能趋势之二：品牌资产得到特别管理，品牌管家走上前台

虽然以品牌为重点不可能在所有情况下都产生起死回生的效果，但是品牌的发展和使用将继续产生重大回报。实际上，随着发达国家进入一种更复杂的"增值"型经济，品牌及其使用将变得日益重要。同时，我们需要学会如何更好地管理、开发和发展品牌资产。目前关注如何最佳管理品牌的知识仍是初步的，更好的品牌管理显然将会产生巨大的收益。

在 21 世纪，成功的企业将不断地调整营销方案以增加品牌资产价值。他将不断地深入研究成功品牌塑造的影响因素，及品牌建设如何与公司销售的其他品牌相辅相成。他们还将有效地利用品牌在产品开发和品牌延伸中的潜能，同时也承认品牌的边界与局限品牌，尤其是国际品牌，是一种无形资产，已经得到社会的认同。国际知名品牌学者大卫·艾克教授认为，品牌资产包括：品牌知名度、品牌忠诚度品牌联想、品牌品质认知、其他专有资产。现在人们对品牌资产的认识还仅仅局限于行有效的保护和不断地投入，而对品牌资产的运作或者对品牌资本经营还缺乏足够的识，未来将出现一批具有远见卓识的品牌资本经营者，他们将在世界范围内掀起品牌本经营高潮。这些品牌资本经营者就是品牌管家，他们将像经营现在的球星和未来的星们一样经营着已蜕变和尚未崛起的品牌。尽管这些管家并不走上竞争的第一线，他们却能有效地控制着竞争的局势。

在许多企业中，品牌管理的职能传统上已成为高层管理者的培训基地，品牌管理者的主要工作是保持企业与广告和促销代理之间的联系。管理者还需要用更职业化的眼光看待品牌，并对品牌的赢利能力、有形与无形的收益负责。

成功品牌的营销者将设计正式的评估方法和程序，确保它们能不断、全面、详地监督自身品牌资产来源和竞争者的品牌资产来源。作为这个程序的一部分，管理者对营销活动怎样影响品牌资产来源的成果进行更深入的研究。因此，21 世纪成功品的营销者将不仅进行零碎的调研活动，还将设计新的创造性的方法，以获取对品牌状精确、全面、最新的信息。管理者通过与自己的品牌密切接触，了解是什么原因导致牌进展缓慢；通过加大在营销活动和方案中的责任，使自己的品牌投资更优化。

品牌作为企业的无形资产，这就促使企业以更加全面的方式来观察品牌资产。品牌估模型可对品牌进行细致的调查分析，从而使品牌管理者清晰地从总体上观察品牌的力、弱点、发展潜力和成长前景，明确阐述品牌发展战略，并测试其是否合适。

21 世纪的强大品牌还能通过更深入地了解消费者的需求与意愿设计营销案，满足甚至超过消费者的期望。成功的品牌将有富的、内部紧密结合的品牌形象，它的联想将被消费者高度评价。营销计划将系统地过产品、定价、分销策略和沟通策略加强品牌联想。沟通策略持续地、创造性地告诉提醒消费者，品牌能为他们提供什么。消费者将清晰地知道本品牌代表着什么以及为什么某个品牌很特别。消费者会将这些品牌当作"老朋友"，并高度评价这些品牌的可性和优越性。这些品牌的管理者要与消费者对话，聆听他们从产品中感觉到的欢乐和满，与消费者建立和谐、融洽的关系，而不仅仅是商业往来。

（三）未来品牌发展趋势之三：未来市场是绿色品牌的天下

未来品牌都将是绿色品牌。即具有丰富的文化韵味、富于人性化、重环境保护、注重全球化竞争的品牌。在秋水著的《最后的商战》中，将绿色品牌的涵概括为以下四个方面。

一是有着浓郁的文化味。品牌在创建过程中要充分考虑民族文化因素，巧妙地融入和继承各民族的独特文化精华，创造民族认同的品牌核心价值。

二是融入绿色环保观念。强有力的渗透绿色文化观念，与自然共享、共存、可持续发展和持久性竞争，将是最热心的自然保护者。目前环境保护已成为与国际贸易、信贷、经济援助等经济活动密切相关的重要制约因素。

允许买卖不符合环境标准的产品已成为国际贸易的一项基本准则，而且限制越来越严格。

三是富于人性化，注重个人情感的表达。品牌不仅体现在硬件上，而是将更多地投入到软件上，并以一种富有个性的色彩，引导着情感消费，丰富着人们的精神生活。

四是竞争全球化，自由贸易得到空前的发展。商品的流动性进一步加强，竞争范围涉及整个地球村。

综上所述，可以预料，现在品牌价值居于前列的烟草、白酒等品牌，都难以发展成为绿色品牌。英国经济学家凯恩斯曾预言："有史以来，人类将首次面对一个真正的永恒的问题——如何利用工作以外的自由和时间，过快乐、智慧和美好的生活。"作为引导人类未来生活的品牌，将更早地面对这一问题，并能有效地解决这个问题。

（四）未来品牌发展趋势之四：品牌竞争进入网络化

信息时代的到来，信息超载现象越来越严重，人们的时间越来越少，也更加的碎片化，消费者的注意力更加珍贵，所以品牌提供信号的重要性日益提高。所有这些都改变了品牌原有的性质，需要企业积极引导消费者在购买决策时做出选择。品牌是未来成功的关键。"任何事情，任何时间，任何地点——没有别的地方，只有这儿，我们都在这儿。"这句话出自几年前互联网上的一则广告，那时它还没有成为世界通信公司的一部分，还不能够真正实现诺言。网络使人们无论何时何地都能与世界上其他任何地方的任何人联系。

从 1997 年起，人们就开始成为互联网上名副其实的消费者。在未来社会里，人们将有十分之一的时间在网络上度过，学习、工作和生活（如网络上将建立国际联合高等院校，颁发全世界公认的学历证书）将成为常规行为。人们不能再使用旧的衡量范围和频率的方法了，因为它们不能告诉你，你获得了多少眼球。你必须确认你已经捕获了你的目标市场。如果你想销售汉堡包，你不需要很大的范围，你只需要喜爱吃汉堡包的人并且这些人每天都需要它们，这就足够了。在互联网上，范围不是和连续性一样重要，旧原则不再有效了。任何人都可以进入，进入的壁垒已被其他手段打破。想通过网络选择你收到的新闻话题、你的有价证券一览表中的股票价格、你指定城市的天气预报……没问题，你登录网络后，它们就会出现在你的主页上。随着技术的不断更新，广告发生了巨大变化，一些新形式的广告——品牌广告也出现在网上。更多地网站正在兴起，利用数不胜数的选择和正在不断增加的数百万个网站，品牌广告开辟了一个全新的市场。但同时，提升一个品牌的经济效益也变得更加复杂。根据品牌所代表的产品以及它的目标市场，吸引目标消费者可能变得更容易，也可能变得更困难。网站首页以比网页出现速度快得多的速度显示出来，品牌在屏幕上滚动，弹出各个窗口，改变颜色，它会做任何能够引起你兴趣的事情。以往要花几年甚至几十年才能建立起来的品牌，现在只需花几个星期或几个月的时间。但这其中一些广告也会迅速地黯淡下去或消失。

互联网对于品牌来说还有一个优点，即可以通过网络社区建立品牌。因为种种地域限制，建立购物者社区在过去是昂贵得无法建立的。而现在，基于网络的营销系统的全球触及和目标的准确性，使建立这些精选的社区变得容易且更具有吸引力。如果把一群志趣相投的消费者根据国家、地区进行自然划分时，即使能够通过传统的基于地理位置的媒体使他们接触到品牌信息，那也是不切实际的。而互联网则完全不受地域的限制，它可、以把消费者集结成一个庞大的品牌社区，这样的做法既实际又有赢利前景。这种品牌购买者的新型集合对于未来建立品牌来说至关重要。

第二章 品牌识别与定位

第一节 品牌识别与定位的概述

一、品牌识别概念的由来

品牌识别概念最早来自 1986 年，法国 HEC 商学院营销战略教授、品牌权威学者卡普菲勒在他的代表作《新战略品牌管理》中首次提出了品牌识别的概念。

品牌识别理论的形成很大程度上受到此前已经风靡企业管理学界的企业形象识别的影响，可以说，企业形象识别系统的成功推广给了品牌学者很大的启发，它的基本概念和构成要素为品牌识别理论的建立提供了基本思路和参考方向。

企业形象识别系统，简称 CI（Corporate Identity System，CIS），最早在企业中得到应用，是建筑史上赫赫有名的建筑家佩特·奥伦斯，他受聘为德国 AEG 电气公司的设计顾问，为 AEG 公司设计商标，设计完之后他把这些商标顺便应用到该公司的便条纸和信封上，这可以看作是视觉识别设计的开始，但这时候还不能称为严格的 CI 设计。

CI 的正式发端是在 20 世纪 50 年代的美国。当时美国高速公路网已经形成，为了适应高速行车和复杂的路径环境需要，美国政府对所有的道路交通标志做出了统一的规定，新设置的交通标志识别符号统一、简洁、醒目，对高速公路网的顺利运行、汽车的安全行驶发挥了极大的作用。这一做法迅速启发了美国市场学研究人员，他们认为消费者犹如高速公路上行驶的司机，面对复杂的市场环境，企业要想战胜竞争对手，就应该采用一种统一简练的符号迅速抓住公众的注意力，于是这一新的理念很快转移使用到商业领域。所以说美国视觉识别的兴起，是受到了"汽车文化"的影响。

1956 年，美国计算机公司巨头国际商业机器公司（International Business

Machines Corporation），旧译万国商业机器公司，用公司名称的首字母 IBM 设计了企业新的标识，开展 CI 设计和推广工作，很快在美国众多的计算机企业中脱颖而出，成为首屈一指的霸主。随之，这一举动吸引了大量美国公司效仿，如 3M 公司、东方航空公司等，很多导入 CI 的企业纷纷刷新经营业绩，有些公司已经濒临破产，导入 CI 战略后居然起死回生。1970 年，可口可乐公司导入 CI，统一革新了全球各地的可口可乐标识，把 CI 的浪潮推向了世界。1971 年，日本第一银行和劝业银行合并，导入 CI 计划，取得了巨大的成功，引来其他日本企业纷纷仿效，结果都获得了良好的效益。①日本工商界在 CI 战略的实施过程中创造性地有所发挥，不仅深化了 CI 战略的内涵，而且成为 CI 的一个重要流派。

欧美国家的 CI 战略跟日本的 CI 有所不同。欧美国家的 CI 战略注重与市场营销和竞争导向的视觉传达与运用，尤其是美国，特别注重 CI 的视觉识别。它们认为，如果一个企业能够设立一种标志，使人很容易就辨别出来，就能够为企业扩大影响奠定基础，就能达到促销的目的。②如麦当劳的标识统一采用黄色拱形的 M，这一标记无论在世界的哪一个角落出现，人们都会一眼就认出这是麦当劳。日本型 CI 在设计上除了重视标准色、标准字、标识，它更加重视将企业经营的价值观深入其中，尤其强调企业文化与企业的价值理念。他们认为完整的 CI 战略应该由三个方面构成：一是理念识别（Mind Identity，简称 MI）；二是行为识别（Behavior Identity，简称 BI）；三是视觉识别（Visual Identity，简称 VI）。

理念识别（MI）是指企业对当前及未来一个时期的经营目标、经营思想、营销方式及企业精神所做的总体规划与决策。MI 是企业识别系统的核心与原动力，通过内在的理念塑造个性化的企业形象。如沃尔沃的核心理念"安全"、同仁堂的"诚信"、日本松下的"产业报国"、韩国三星的"创新"等。

行为识别（BI）是指以企业理念为核心，对企业经营的规范作业标准与服务方式作统一的规划。如企业内部的管理、教育、行为及社会公关活动等方面的识别形式。如"沃尔沃"的核心理念是安全，在企业行为上就表现为"沃尔沃"公司拥有全球最先进的汽车安全实验研究机构，以及世界上最大最先进的汽车安全试验场地，沃尔沃还云集了世界一流的汽车安全工程师和设计师。正是由企业经营理念的不同而产生的一系列企业经营行为上的差异化，使得企业在激烈的市场竞争中能够独树一帜。

视觉识别（VI）是以企业的名称、企业标识、标准字体、标准色彩等为基本因素，进行一体化的总体设计，并贯穿于企业文化与经营过程中。VI 最能直观地体现差别化的企业特征。它以一体化的视觉符号为原则，使公众快捷而准确地达到了解与识别的目的。比如麦当劳的金色拱形 M、苹果公司被咬掉一口的苹果等。正是 CI 战略在全球工商企业界的成功运用，20 世纪 90 年代这种营销战略被品牌管理学界借鉴引用，形成一个新的品牌识别理论。

二、品牌识别的含义

品牌识别的英文是 Brand ldentity，根据著名的《韦氏大词典》的解释，"Identity" 一词有同一性、个性、一致性、恒等式等意思，中国有些学者把 "Brand Identity" 翻译为 "品牌特性" "品牌特征" "品牌认同" "品牌身份"，但大多数学者基于 Corporate Identity 企业形象识别的翻译，把 "Identity" 翻译为识别。

关于品牌识别的含义，很多品牌学者从多方面进行过不同的表述。卡普菲勒在认为："品牌识别属于品牌设计者的业务范畴，目的是确定品牌的意义、目的和形象，品牌形象是这一设计过程的直接结果。"①我国品牌专家翁向东认为："品牌识别是指对产品、企业、人、符号等营销传播活动具体如何体现品牌核心价值进行界定从而形成了区别竞争者的品牌联想。"②美国品牌研究权威戴维·阿克认为："品牌识别就是指品牌战略者渴望创造或保持的一系列独特的品牌联想。这些联想代表着品牌所表达的事物和理念，暗示着品牌对顾客的承诺。"③比较起来戴维·阿克的观点最有代表性和影响力。

上述学者观点在提法上尽管有所出入，但有几个关键点是共同的：第一，建立品牌识别，是便于消费者认知品牌；第二，品牌识别包括内在的品牌核心价值和外在的品牌联想物；第三，品牌识别是企业所做的营销工作，不是消费者对品牌的实际印象。

三、品牌识别和品牌形象的关系

谈到品牌识别，很多人把它与品牌形象（Brand lmage）混为一谈，其实两者是不同的概念。品牌识别与品牌形象之间既有联系又有区别。

（一）两者的区别

1.品牌形象是消费者对品牌的整体印象，是针对品牌信息的接收者来谈的

品牌形象是指消费者根据自己接收到的信息，在脑中形成的对该品牌的总体印象。品牌形象是指现实中人们如何看待品牌。而品牌识别是针对品牌信息的发送者来谈的，是品牌管理者主动设计、创造、建立的，是他们借此来诱导消费者如何看待他们的品牌。

2. 品牌识别是主动的、积极的、着眼于未来

品牌识别反映了品牌管理者为品牌设定的联想，是企业的一种战略性行为，而品牌形象是被动的，着眼于过去，是过去所有品牌信息在消费者大脑中留下的印记。

如果说品牌识别是"企业希望消费者认为品牌是什么样的"，那么品牌形象就是"消费者实际上认为品牌是什么样的"，品牌形象是品牌在消费者心中的感知。品牌形象和品牌识别有可能会有出入，因为"公司希望消费者感知的"和"消费者事实上感知到的"之间总会有误差。品牌管理者需要尽力去做的，就是缩小两者之间的这个误差，尽可能让消费者感知到企业希望他们感知到的东西。

（二）两者的联系

品牌识别与品牌形象紧密联系，企业构筑品牌识别的重要目的之一就是向消费者顺利地传达企业的品牌形象，一套优异的品牌识别系统可以使企业在消费者心目中建立起正面的、强大的品牌形象。品牌识别与品牌形象的关系见图 2-1。

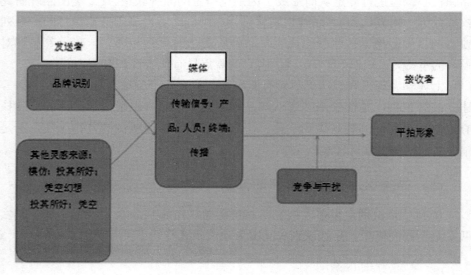

图 2-1 品牌识别与品牌形象的关系

四、品牌定位理论的由来

早期的品牌传播大多是通过广告来实现的，因此当时的品牌传播理论也多为广告理论。从演变过程来看，20 世纪的广告理论发展经过了三个发展阶

段：20 世纪 50 年代的 USP 理论、20 世纪 60 年代的品牌形象理论和 20 世纪
70 年代的定位理论。

（一）USP 理论

USP（Unique Selling Proposition）指每一个广告都必须包含一个向消费者
提出的不同于竞争者的销售主张，即"独特的销售主张"。USP 理论由美国达
彼思广告公司的董事长罗瑟·瑞夫斯于 20 世纪 50 年代首创。当时市场上还
处在产品供不应求的卖方市场状态，竞争产品并不丰富，产品的同质化现象
还不严重，人们对产品的购买主要还是受到产品功能以及质量的影响。因此，
瑞夫斯根据他多年的广告界从业经验，认为在广告中要着力强调产品的功能
性利益，通过广告让消费者明白顾客能够从产品中获得什么利益，以此来促
进产品的销售。

1961 年瑞夫斯在他出版的《实效的广告》一书中全面阐述了 USP 理论的
观点。

瑞夫斯的 USP 理论主要有以下三个要点：

1. 功效性

每个广告都应该强调产品的一项功效以及它给顾客带来的利益，例如
立白洗衣粉强调"不伤手"、海飞丝强调"去头屑"、佳洁士强调"防止蛀
牙"等。

2. 独特性

独特性是指表现竞争对手所没有的功能利益，如摩托罗拉曾经推出世
界上最薄的手机品牌"锋薄"，手机厚度仅有半英寸。还有一种情况也能表
现出独特性，比如美国的喜力啤酒声称"我们的每一个啤酒瓶都经过蒸汽
消毒"，尽管事实上所有的啤酒制造商都会对酒瓶进行蒸汽消毒，但消费者
并不了解，喜力把这个业内常规的工艺流程拿出来作为卖点，确实出奇制
胜、非常独特。

3. 相关性

瑞夫斯认为，品牌的销售主张不光要独特，还要与消费者的需求有关，
只有这样才能符合消费者利益，这种独特性才会有吸引力，才能产生作用。
比如沃尔沃突出宣传自己汽车的安全性、立白宣称自己的洗衣粉不伤手，就
满足了顾客追求安全、保护皮肤的需求。

USP 理论注重挖掘产品本身的特征，符合当时消费者注重产品实际功效
的时代背景，因此对 20 世纪 50 年代的广告界影响很大。一些经典的广告创
意都来源于这一理论的启发，如 M8&M 巧克力的"只溶于口，不溶于手"、

劳斯莱斯汽车宣称"在每小时 60 公里的劳斯莱斯车中，最大的噪音来自电子钟"等。

（二）品牌形象理论

从 20 世纪 50 年代开始，市场竞争愈发激烈，产品同质化现象更加严重，此时要挖掘产品的独特功能变得越发困难。而且消费者此时已经不满足产品仅仅能给他带来功能利益了，消费者希望通过产品的使用还能获得心理上的满足，如买手表并不完全为了计时的需要，买汽车不完全是为了代步，人们需要通过产品来表现自己的地位和个性，满足自己精神层面的需求。在这样的背景下，著名的奥美广告公司创始人大卫·奥格威在不同场合一再强调品牌的重要性，并且在 20 世纪 60 年代中期完整地提出了品牌形象（Brand Image）理论。品牌形象理论的主要观点是：

1. 广告必须以塑造品牌形象为导向

奥格威认为，广告的目的就是"建立、培育和发展品牌"，而不是谋求直接的产品销售。1955 年他在对美国广告公司协会发表讲话时强调："那些竭尽全力用广告来为他们的产品品牌建立最有利的形象的生产厂商，最终将以最大的利润获得最大的市场份额；同样那些处于困境中的生产厂家则是目光短浅的机会主义者，他们把多数广告资金用于宣传便宜的价格。"奥格威提出了一句此后几十年一直在广告界广泛流行的名言："每一个广告都必须是对品牌形象长期的贡献。"

2. 品牌形象比产品差异更重要

随着同类产品的差异性越来越小，品牌之间的同质性增大，而消费者购买产品时依靠理性思维进行决策的越来越少见，他们更多地是依据自己对品牌的感觉来进行选择，因此强调品牌的形象比强调产品的具体功能更重要。奥格威指出，企业必须要记住："不是琐细的产品差别，而是品牌的整体形象决定了企业在市场上的最终地位。"

3. 心理利益的需求

一般消费者购买时追求的是"实质利益＋心理利益"，对某些消费者来说心理利益的比重可能更大，因此，广告应该重视运用形象来满足其心理的需求。在品牌形象理论影响下，大量优秀成功的广告脱颖而出。典型的成功案例是大家熟知的万宝路品牌形象。

20 世纪 50 年代中期，经过广告大师李奥·贝纳的策划，万宝路香烟开始和"牛仔""骏马""西部草原"的形象结合在一起，粗犷豪迈的品牌形象深入人心，万宝路由此成为世界第一的香烟品牌。

（三）定位理论

随着传媒业的发展和企业广告意识的增强，消费者接受的产品和品牌信息越来越多，用一个形象的比喻，消费者的大脑像是一个浸满了水的海绵，再也吸不进去更多地水了。随着竞争的加剧，信息几乎处于爆炸状态，过多的信息形成相互干扰，即使依靠独特的销售主张和品牌形象理论也无法引起顾客的注意，因此一些广告专家开始考虑新的出路。

1969年6月，美国财经记者杰克·特劳特在美国《产业营销》杂志上发表了题为《定位：同质化市场突围之道》的文章，提出通过定位来突破同质化的瓶颈，但这一新思想当时并未引起人们的注意。1972年4至5月，杰克·特劳特和另一个年轻的记者阿尔·里斯合作，联名在《广告时代》杂志刊登了"定位新时代"的系列文章，开始引起人们的关注。1981年，里斯和特劳特把他们在系列文章中的思想和观点加以整理，出版了《定位：攻占心智》（Positioning: The Battle for Your Mind）一书，该书一经出版，立刻在美国企业界引起巨大轰动，被翻译成14种文字，畅销全球。至此，定位理论经历十多年的不断实践和发展，终于趋于完善成熟，并且超越此前的USP理论和品牌形象理论，被奉为新时代的经典理论，标志着人类营销学历史上营销理念的又一次天翻地覆的变化。

1996年，特劳特和另一位学者瑞维金联手推出《新定位》，该书再次强调"定位不在产品本身，而在消费者的心底"，同时产生新的研究成果：第一，消费者的心理是定位的目标，营销者越了解其心理，定位就越准确；第二，指出了到达消费者心灵的几种方法。至此，特劳特为定位理论画上了圆满的句号，定位理论成为一个完整的理论体系。

定位概念最初提出来时，首先在广告界和营销界引起了巨大的反响，20世纪80年代迈克尔·波特将其引入到企业战略管理领域，开创了竞争战略的新天地。

20世纪90年代摩根士丹利又将其引入到投资领域。直到今天，定位理论仍然被认为是营销学最有影响力的理论，其作用远远超出了最初的广告领域，成为继市场细分理论之后又一重要的营销战略思想。2001年，美国市场营销协会评选有史以来对美国营销影响最大的观念，结果既不是罗瑟·瑞夫斯的USP理论和大卫·奥格威的品牌形象理论，也不是科特勒的营销管理和顾客让渡价值理论、迈克尔·波特的竞争价值链理论，而是里斯和特劳特提出的定位理论。两个记者出身的年轻人一举超越有史以来所有营销学大师，奠定了他们在品牌传播与营销战略中的重要地位。

（四）USP 理论、品牌形象理论和定位理论的关系

从理论提出的时代背景来看，三个理论有一定的替代性。具体见表 2-1。

表 2-1 USP 理论、品牌形象理论和定位理论区别

理论	时代背景	关注点
USP 理论	产生于产品功能性利益盛行的时代	关注产品本身
品牌形象理论	产生于产品同质化严重、差异性功能难以挖掘的时代	关注品牌给消费者带来的精神上的满足
定位理论	产生于信息爆棚的时代	强调占据消费者的心智

然而事实上，理论也在不断演变，如今的 USP 理论已经与过去不一样了，品牌形象理论也在考虑与消费者形象的一致性，因此这三个理论实际上处于并存的状态，而不是取代的关系。

以 USP 理论为例，初期的 USP 理论由于受到当时历史条件的限制，也具有自身的缺陷：注重产品本身，以产品及传播者为中心，很少考虑到传播对象；到 20 世纪 70 年代，USP 理论从满足基本需求逐步走向追求心理和精神的满足；20 世纪 90 年代后，USP 理论的策略思考重点上升到品牌的高度，并把 USP 改为"独特销售个性"。可见，现在的 USP 理论和品牌形象理论已经差异不大了，甚至一定意义上说其范畴超过了品牌形象理论，因为 USP 理论除了涉及产品的实际功能，还包括品牌形象理论所关注的消费者心理和精神需求。尽管许多学者仍然坚持认为 USP 理论和品牌形象理论偏重于产品和品牌，定位理论偏重于消费者认知，但深圳大学品牌管理学教授周志明还是认为三者已经趋于统一了。

五、品牌定位的概述

（一）品牌定位的含义

1. 定位的含义

按照特劳特和里斯的说法，"定位是从产品开始的，可以是一件商品、一项服务、一家公司、一个机构，甚至于是一个人。但定位并不是对产品做什么事情，而是为产品在潜在消费者的脑海里确定一个合适的位置。产品的确需要配合定位来进行设计和生产，但其目的是在消费者心中得到有利的地位。""定位是指你未来在潜在顾客心中的位置。"可见，定位的焦点是消费者的心智，所以里斯和特劳特把《定位》一书的副标题定为"攻占心智"。

2. 品牌定位的含义

关于品牌定位的含义，有很多学者做出过界定，比较起来，特劳特（中国）品牌战略咨询有限公司总裁邓德隆给定位下的定义比较清晰明了。他认为，所谓定位，找到品牌在消费者心中的位置，使其成为某个类别或某种特性的代表品牌。当消费者产生相关需求时，便会将定位品牌作为首选。因此，品牌定位就是企业针对目标市场确定和建立一个独特的品牌形象。

（二）品牌定位理论的心理学基础

定位的前提是了解消费者的心智模式。1996 年，特劳特和瑞维金在《新定位》一书中列出了消费者的五大心智模式：

1. 消费者只能接收有限的信息

哈佛大学心理学教授乔治·米勒研究表明，人类智力通常不能同时处理超过七件事情。米勒曾经开玩笑说："7 是一个神奇的数字，所以一个星期只有 7 天，白雪公主只能和 7 个小矮人友好相处成为伙伴"。特劳特认为，消费者的心智中最多只能容纳 7 个品牌，而最终能够记住的只有两个——这个原则叫"二元法则"。例如快餐业的麦当劳和肯德基，饮料行业的可口可乐和百事可乐，智能手机的苹果和三星，飞机的波音和空客，德国汽车奔驰和宝马，中国通信设备企业华为和中兴，运动品牌耐克和阿迪达斯，中国名校北大和清华，方便面"康师傅"和"统一"……行业中排名第三的品牌几乎很少有人能准确回答。"二元法则"现象普遍存在。里斯和特劳特在书中形象地说，在现代商业社会中，消费者的大脑像一块浸满了水的海绵，再也装不进任何东西，只有挤出一点水来才能装进新的东西。在纷繁的信息中，消费者会按照个人的经验、喜好甚至情绪来选择接受和记忆信息。

2. 消费者喜欢简单，讨厌复杂

由于各种媒体广告的狂轰滥炸，消费者没有时间处理长篇累牍的信息，所以最希望得到简单明了的信息。广告信息只有简明扼要，才能引起消费者注意，进入消费者心中。

3. 消费者缺乏安全感

根据行为学家的研究，消费者在进行购买决策的时候会面临六个方面的风险，即功能风险、生理风险、财务风险、社交风险、心理风险和时间风险。品牌定位就是要让消费者在广告信息的汪洋大海中能迅速发现并抓住一个可靠的锚柱，增强消费者在选择购买商品时的安全感。

4. 消费者对品牌的印象不会轻易改变

品牌一旦在消费者脑海中沉淀下来，该品牌的形象就会根深蒂固，所以，第一印象总是特别重要。康师傅最早推出"红烧牛肉方便面",至今还是消费者对康师傅品牌的第一印象,尽管该品牌早已进入了饮料、饼干等其他食品领域。定位就是要成功地在消费者大脑中牢固地植入第一印象。

5. 消费者的想法容易失去焦点

现在企业在业务经营过程中越来越多地采用一个品牌同时代表多个产品;有些品牌出于产品延伸的需要,不断变换品牌的诉求点,最终结果是消费者模糊了原有的品牌印象。所以里斯和特劳特坚决反对品牌延伸,他们认为品牌延伸会产生"跷跷板效应",延伸了新的产品,就弱化了品牌在消费者心智中原有的形象,最终使消费者心智失去焦点。

六、品牌定位与市场定位、产品定位的区别

营销大师菲利普·科特勒在他的经典著作《市场营销学》中多次谈到定位问题,他说:"定位是公司设计出自己的产品、服务以及形象,从而在目标顾客心中确立与众不同的有价值的地位"但科特勒在书中对"定位"一词的使用并不确定,有时是指产品定位,有时指市场定位,有时则是指品牌定位,导致许多人经常把这几个概念混淆在一起,其实这三者有明显的区别。

那么品牌定位与市场定位、产品定位有什么关系呢?清华大学出版社出版的《品牌管理》作者张明立、任淑霞认为,市场定位是企业对目标消费者的选择。产品定位是在完成市场定位的基础上,企业对用什么样的产品来满足目标消费者。从理论上讲,应该先进行市场定位,然后才进行产品定位。在实践中,也可以先完成产品定位,再补做市场定位。一般来说,在完成市场定位和产品定位的基础上,才能顺利地进行品牌定位。

产品定位具有客观性,也就是企业的产品事实上确实跟竞争产品具有差异性。而品牌定位是一种心理空间定位,是品牌管理者刻意在消费者心智中主动打造出一个空间,然后把企业的品牌强行植入进去,是一种主观性行为。品牌定位可以以产品定位为基础,也可以不以产品定位为基础。比如,雪碧号称"晶晶亮,透心凉",其实雪碧并不比其他软饮料更凉,产品在温度上与其他饮料并没有差异,但通过强有力的品牌定位,消费者在心智中果然留下雪碧是一种特别凉爽的饮料。同样的例子,农夫山泉定位"有点甜",该公司通过广告反复宣传"农夫山泉有点甜",其实它就是一种纯净水,并没有比其他纯净水特别甜,但该公司找到消费者心智中的这个空白点,定位成功,得到了消费者的认同。

所以,不同于上面张明立等专家意见,笔者认为产品定位并不是品牌定位的基础和前提,没有产品定位未必不能做出品牌定位;反之,有了产品定

位未必一定能做到品牌定位。比如，中国河南张弓酒厂首创中国38°低度白酒，被称为中国低度白酒的始祖，而且首创瓶子盖防伪技术，可惜没有能进行品牌定位，它的广告语"东西南北中，好酒在张弓"没有标示出任何该品牌的定位是什么，跟其他白酒比起来它好在哪里，导致至今销量和知名度都不理想。

（一）品牌定位的意义

品牌定位和品牌识别一样是企业品牌建设的基础，是品牌成功的前提，在企业的品牌经营乃至整个企业经营中属于战略性工作，起着不可估量的关键作用。

1. 品牌定位有助于品牌信息进入消费者的有限心智

现代社会是信息社会，消费者被各类信息围困，应接不暇。每天各种信息、资料、新闻、广告铺天盖地。有人统计过，一个人终其一生，不吃不喝，不做任何事，也读不完全世界一天中发行的全部报纸！更何况在互联网时代，各种媒体工具种类繁多，网络、电视、杂志、广播……各种信息铺天盖地、泛滥成灾。如此多的媒体信息，消费者无所适从，企业巨额的促销努力更是付之东流，不光效果不理想，有时甚至涟漪都不泛起一个，广告信息如泥牛入海无影无踪。心理学家研究发现，人只能接受有限的信息，超过一定的范围，脑子就会一片空白，拒绝从事正常的工作。因此，在这个信息过量的时代，企业只有压缩信息，实施准确的定位，在消费者的脑海中像锚一样稳稳地扎下来，占据一片空间，才能够打动并影响消费者。定位是企业信息成功通向消费者心智的一条捷径。

2. 品牌定位是企业创建品牌成功的基础

企业要创建一个成功的品牌，必须经过品牌识别规划、品牌定位、品牌符号设计、品牌传播、品牌评估、品牌调整等一系列步骤。在这过程中，企业规划好了品牌的核心价值、品牌的特性等识别要素，怎样才能有效地把它传播出去，让消费者了解它、记住它？只有先进行定位，通过定位在消费者心智中占据一个独特的有价值的位置，才能够引起消费者的关注、赢得消费者的共鸣、获得消费者的认同与接纳，其他后续的品牌建设工作才能顺利开展。如果没有定位，企业的各项营销努力都会在竞争者信息的汪洋大海中淹没消失。

企业不仅需要定位，定位还必须正确。如果定位失误，对企业整个品牌建设工作都会产生传递效应，后续的各项环节会像多米诺骨牌一样连锁出现偏差和失误，最终品牌建设难以达到理想的效果。反之，如果品牌定位适当，即使后续的品牌建设工作出现失误，企业也可以通过品牌定位这个恒定的"锚"把品牌管理工作中的失误扭转回来。"品牌定位"就像大海中的航标灯，永远坚守着品牌的核心价值和独特个性，为品牌建设成功发挥关键性的作用。

（二）品牌定位是传递品牌核心价值的有效途径

品牌核心价值是品牌向消费者承诺的核心利益，是一个品牌最独一无二且最有价值的精髓所在。但是，核心价值还需要消费者认同。品牌定位正是这种有效地传达方式，它通过寻找目标消费者心智模式中的空白区域，把品牌核心价值植入消费者的心智，在消费者的大脑中打下深深的烙印，进而建立起强有力的品牌形象。

（三）品牌定位有助于突出品牌个性

目前科学技术的飞速发展使同类产品的质量和性能十分接近，同质化现象越来越严重，只有个性独特的品牌才能引起消费者的关注，那么如何凸显品牌个性？

一个很显而易见的做法就是品牌定位。通过定位可以进一步突出品牌独一无二的个性和特点，强化消费者对本产品与竞争产品差异点的认知。

（四）品牌定位为消费者提供了一个明确的购买理由

企业要想竞争胜利，光靠差异化是不够的，还必须提供给消费者一个明确的购买理由，因为消费者本质上需要一个能够满足他们需求的产品。品牌定位就是在消费者心智中找到一个能打动消费者的位置，并通过各种传播手段告知消费者，从而为消费者购买行动提供一个充足的理由。如原本流行于中国南方两广地区的中药凉茶"王老吉"（后改名"加多宝"），之所以风靡大江南北，成为中国饮料第一大品牌，就得益于它成功的定位——预防上火。诚如该品牌在广告中所宣传的："当你熬夜、吃火锅、工作紧张，那么喝点王老吉可以预防上火"，这个理由一下子打动了很多消费者。

第二节 品牌识别的构成与实施

一、品牌识别的构成

根据戴维·阿克的品牌识别系统模型，品牌识别是一个系统结构。一个完整的品牌识别系统可以由 12 个品牌识别要素来组成。当然，并不是所有的品牌识别系统都必须具有 12 个品牌识别要素，只从一个角度来构建品牌识别系统也是可以的。只不过品牌识别系统的构成要素越多，品牌识别就会越明确、丰富，差异性也会越强。

（一）品牌识别系统的构成要素

1. 产品识别要素

产品是品牌的载体和基础，是顾客接触的直接对象，因此，品牌的产品识别就是与产品建立相关联想。品牌的产品识别要素包括产品范围、产品属性、产品品质 / 价值、产品用途、产品使用者、产品原产地六个方面。

（1）产品范围

产品范围或产品类别是品牌的产品识别的核心要素。品牌如果能够与产品类别建立起牢固的联系，那么当某种产品被提及时，顾客就会回想起这个品牌，这种状况是品牌建立者梦寐以求的目标。一些世界著名品牌就与某些产品类别建立起了牢固的联系。如可口可乐与软饮料、IBM 与电脑、麦当劳与快餐店、米其林与轮胎、劳力士与名表、迪士尼与儿童乐园、邦迪与创可贴等就是如此。因此当人们提到软饮料时，就会想到可口可乐；提到电脑，就会想到 IBM；提到快餐店，就会想到麦当劳；提到轮胎，就会想到米其林；提到名表，就会想到劳力士；提到儿童乐园，就会想到迪士尼；提到创可贴，就会想到邦迪。

从实际情况来看，品牌要与产品类别建立起牢固的联系非常不容易，它需要品牌围绕某一核心理念和某类产品进行长年累月地打造。因此，从经营范围来看，要打造强势品牌，最好是专业化经营，而不是搞多元化经营。从多年来"世界最具价值 100 品牌"的排行情况来看，80% 以上的品牌都是搞专业化经营的。

（2）产品属性

产品属性反映了产品所具有的特点和优势，能带来优于竞争者的利益。例如，立白洗衣粉"不伤手"、云南白药牙膏"有效治疗牙龈出血"、沃尔沃汽车"最安全"、海飞丝"去头屑"、舒肤佳"有效去除细菌"等。产品属性越明确，品牌往往越容易成功。

需要指出的是，强调产品的属性或产品特色主要适用于品牌产品线比较单一的情形。如果品牌有延伸的计划或该品牌旗下产品比较多时，就不适宜突出产品的属性和特色，否则就会使品牌的延伸力大打折扣。比如，海飞丝"去头屑"的功能深入人心，但如果用海飞丝品牌再做润肤霜或其他化妆品，就很难成功。

（3）产品品质 / 价值

产品质量是品牌建设最根本的基石。所有世界知名品牌的质量都是卓越的、无可挑剔的，劳斯莱斯汽车、星巴克咖啡、欧米茄手表、佳能相机……无一不是品质卓越的优秀产品。

需要指出的是，质量是一个企业的产品成为品牌的必要条件，却不是充分条件。换句话说，一个产品并不是质量上无可挑剔就能成为品牌。这里所说的产品品质，是一种消费者认可的产品品质，即消费者感知的质量，而不是产品技术上的客观质量。比如，美国吉列品牌刀片，锋口打上一道蓝色的光，顾客就觉得吉列比其他品牌的刀片锋利，其实这道蓝光并没有什么功能性价值；飞机的椅套破旧，乘客就会对这架飞机的安全性产生疑虑……消费者感知的质量，意味着某种产品的品质从技术上来讲非常不错，但如果得不到消费者的认可，这样的品质也不能成为品牌识别的要素。因此，产品品质的好坏，要以得到消费者的认可为最终标准。

（4）产品用途

一些品牌通过强调产品的使用场合来建立品牌的识别要素，使得消费者在类似的场合就会想到该品牌。比如，脑白金通过广告宣传"送礼就送脑白金"，让人们需要送礼时就想到该品牌；"吃火锅，没川崎怎么行"的广告词使"川崎"一下成为吃火锅的标配；雀巢咖啡广告都出现在办公场合，暗示人们工作时可以喝咖啡提神；白加黑感冒药直接把药分成白天用的和晚上用的；邦迪创可贴用一个木工做广告，使很多消费者把邦迪当成家中必备品。

（5）产品使用者

把产品的使用者作为品牌识别的要素，就是将品牌与产品使用者有机地结合起来，让使用者产生一种感觉"这是我自己的品牌"。例如，"欧莱雅，专为优雅女士打造"，顾客如果希望自己优雅，就会选购欧莱雅的产品。

明确了产品的使用者群体，看起来缩小了市场规模，实际上为自己的品牌准确地找到了目标顾客，更加有利于企业品牌的推广以及营销活动的开展。

（6）产品原产地

当品牌与产地联系在一起的时候，人们通常会把对产地的评价直接带到这个品牌上。很多品牌往往不需要做太多的宣传，只要突出它的产地，就会受到消费者的青睐。如法国的香水、葡萄酒；德国的啤酒、汽车；意大利的时装；日本的电器；瑞士的手表；美国好莱坞的电影。把产品的原产地作为品牌的识别要素，效果也很好。

2. 企业识别要素

品牌的企业识别是指将品牌识别建立在组织属性的基础上，而不是产品和服务属性上。与品牌的产品识别相比，品牌的企业识别通常更持久、更有竞争力。

第一，产品容易被模仿复制，但生产产品的企业却很难被复制。例如，中国企业要生产出类似"海飞丝"这样具有去头屑功能的洗发液并不困难，但要成为像宝洁公司那样拥有雄厚的科技实力（拥有 17 个科研机构，8000 多个科学家为其服务）、极其丰富的品牌管理经验的全球化企业就非常困难了。因此，从企业组织的层面可以更好地规划出差异化的品牌识别，成为企业竞争的有力武器。

第二，企业作为一个组织，是一个整体，其特性可以涵盖多种产品类别，因此，从企业层面规划品牌识别有利于打造出整体品牌形象，提升品牌的信誉度，形成一个强势的主品牌，并且使其光芒惠及旗下的所有产品。用组织属性做识别要素最大的好处在于可以帮助旗下所有产品建立良好的"出身"和"靠山"，做到"系出名门""子承父贵"。如三菱、索尼、西门子、飞利浦、通用等企业都是全力打造企业品牌，突出企业识别要素。不过，有些公司如果产品品牌的风头胜过组织品牌，那么组织属性就要靠产品来建立了，这叫"父承子贵"。比如，乐百氏产品品牌的名气要远远大于其背后的公司今日集团，后来今日集团干脆把公司名字改为乐百氏集团。

第三，从企业层面规划品牌识别有助于提高品牌的延伸能力，从而提高品牌的规模经济和范围经济效应。如西门子品牌，通过建立组织层面的品牌识别，形成了强大的延伸能力。品牌的企业识别之所以比产品识别具有更大的延伸能力，是因为品牌的企业识别比产品识别所引发的联想更抽象、更主观，与具体的产品种类联系不那么密切，因而具有更大的包容性和延伸能力。因此，品牌的企业识别通常比产品识别具有更大的影响力。

构成品牌的企业识别要素有：

（1）企业文化

企业文化是企业核心价值观的体现，也是品牌价值观最深层的来源。强大的企业文化可以激励员工，并且通过员工的一致性行动增强品牌的稳定性，提高投资者和顾客对品牌的信任度，从而提高品牌的表现水平。因此，选择品牌的企业识别要素，首先要考虑企业文化。

（2）企业领袖

企业领导人是企业品牌价值观的高度浓缩，是品牌的感性体现。像通用电器的杰克·韦尔奇、微软的比尔·盖茨、苹果的乔布斯、联想的柳传志、海尔的张瑞敏、和记黄浦的李嘉诚、阿里巴巴的马云、万科的王石等，他们的言行举止直接代表企业的品牌形象，反映企业品牌的价值观，对企业的品牌联想起着不可估量的引导作用。在西方国家，企业领袖比影视明星、体育明星、国家领导人更受人尊敬，因此，有个性、有魅力的企业领袖应该成为品牌企业识别的重要元素。

（3）企业创新能力

消费者的需求是不断变化的，为了适应市场的变化，企业必须具有创新性，给人以一种有活力、时尚、现代、进取的品牌联想。如果企业没有创新能力，老是一副老面孔，给人一种"吃老本"的不良感觉，品牌的寿命也就不长了。我国很多"中华老字号"就是缺乏创新性，从产品到包装、理念等从来不变，一提"老字号"，就给人一种老气横秋的印象，年轻人都不肯用。其实，当今世界所有知名品牌，除了极个别企业如微软，大多数都有上百年的历史，通用、福特、可口可乐、宝洁、耐克、西门子、奔驰，甚至有些企业具有将近400年的历史，但至今活力四射，原因就是这些企业始终紧跟时代的步伐，有很强的创新意识和创新能力，不断推出新产品、新服务。

（4）企业地位

企业地位就是指企业在市场中所处的位置。企业处在不同的地位，其品牌给顾客带来的感受是不同的。在市场中处于领先地位的企业，其品牌往往也容易受到顾客的青睐。在现实生活中，大多数消费者对一些品牌的企业文化、企业领导人、企业历史与传统并不是很了解，但一旦耳闻这些企业在行业中的地位和影响力，就愿意接受它们的品牌。比如，很多人并不一定了解微软、麦当劳、雀巢等企业的文化、历史、价值观、领导人，但鉴于这些企业在全球IT行业、快餐业、食品业的领导地位，使得人们对这些品牌十分忠诚。中国改革开放以来，大批世界著名品牌进入中国市场，很多品牌事先并没有在中国做大量的宣传，但由于它们在全球市场上如雷贯耳的巨大声望，一进来就受到了中国消费者和经销商的热烈追捧。所以突出企业在行业中的领先地位也可以用作品牌的识别要素。

（5）企业的成长性

有些企业现有的产品和技术在行业中并不领先，企业规模和实力也不突出，在这种情况下，强调企业的成长性，把企业行业排名的上升、产品销量的扩大等情况作为企业识别的要素加以利用，也不失为一种可行的选择。

（6）企业的社会责任感

今天，人们越来越注重企业的社会责任感，比如热衷于环境保护、关爱弱势群体、扶助文化教育事业等，在公众看来，具有社会责任感的企业更值得尊重和信赖，因此越来越多的企业通过强调自己的社会责任感来引起公众的注意、获得公众的支持，从而打造品牌。

（7）企业的本土化与全球化

随着世界经济全球化和一体化的发展，很多企业都在走向国际化。如何处理好本土化和全球化的关系就至关重要。处理好这一问题的关键是如何处理好品牌与当地文化的关系，企业的品牌价值诉求能否跟当地的文化相互融合。目前在中国市场上本土化策略最成功的是肯德基、家乐福；采用全球化策略的品牌迪士尼、微软、苹果、星巴克等也非常成功。

3. 个性识别要素

品牌的个性识别是指从品牌人性的角度所创造的品牌联想。有学者认为，每个人都有自己的独特的性格，品牌也像人一样具有性格，品牌的这种性格称为品牌个性。在瞬息万变的世界里，随着越来越多的人追求个性化，与之相适应的是品牌也呈现出不同的个性。这是因为随着社会的发展，人们购买某一产品已经不仅仅是为了获得商品提供给他的功能性利益，而是为了追求情感性利益和自我表现性利益，即显示自己的经济地位和审美趣味、彰显自己的个性，所以，消费已经成为人们表达生活方式的一种手段，越是带有鲜明个性特征的品牌，越会受到同样偏向或喜爱这类个性特征的消费者的青睐。比如，中国移动的"动感地带"高喊"我的地盘我做主"就受到了一大群崇尚叛逆、追求个性自由、不愿被束缚的青少年的追捧。

当前品牌的竞争已经越来越变成个性的竞争。产品容易模仿，个性却无法复制。美国广告大师大卫·奥格威早在20世纪50年代就提出："未来最终决定市场地位的是品牌总体上的个性，而不是产品间微不足道的差异。"品牌个性的塑造要以满足目标顾客的需求为重点，品牌个性越是与消费者的个性相接近，消费者就越容易接受该品牌，产生购买行动，品牌忠诚度也越高。比如同样是汽车品牌，宝马的品牌个性是年轻、时髦、有点招摇过市；卡迪拉克的品牌个性是年老、权威、传统、保守；奔驰的品牌个性是成功、稳健、尊贵而低调；雪弗莱是轻柔、温和；甲壳虫则有点可爱和萌萌的。不同的品牌个性适应了不同性格特征的消费者的心理需求，也显示出了品牌之间的差异性。

4. 符号识别要素

符号不仅仅能够区隔不同的品牌，更重要的它还是品牌的载体。符号具有象征性，通过符号的传载，消费者更容易感受和记住品牌到底是什么。戴维·阿克认为任何代表品牌的事物都可以成为符号。符号识别设计的关键在于符号必须要反映品牌的内涵，否则再漂亮的品牌符号也没有意义。如耐克的标识设计堪称经典，简洁的一勾把该品牌动感、速度和果敢展现得淋漓尽致；耐克的品牌口号"想做就做"充满自信、勇于进取、富有活力；米其林轮胎的"必比登"体现了该品牌轮胎的坚固耐用、迪士尼的米老鼠则充分显示了迪士尼童话般的神奇、快乐体验；大众甲壳虫的外型设计独特而经典，可口可乐富有女性曲线美的瓶子，都使品牌具有令人难以忘怀的符号价值。

（二）品牌识别核心要素的提炼

以上从四个方面对品牌识别要素的构成范围做了介绍，当然企业构建品牌识别系统不需要把所有的要素都囊括在内，可以根据实际需要选出适当的要素进行构建即可。企业构建品牌识别系统还有一项更重要的工作就是提炼品牌识别的核心要素，即发掘并确立品牌的核心价值。

1. 品牌核心价值的含义

西方学者曾经用许多不同的词汇来表述品牌核心价值（Brand Core Value），如品牌精华（Brand Essence）、品牌咒语（Brand Mantras）、品牌代码（Brand Code）、品牌精髓（Brand Kernel）、品牌主题（Brand Themes）等，对品牌核心价值的定义也不尽相同。比较起来，凯文·凯勒的定义最为精准，得到了品牌研究学界最广泛的认同。他认为，品牌核心价值是一组抽象的能够描述品牌最基本、最重要特征的产品属性或利益的组合。

2. 品牌核心价值的构成

品牌的核心价值有三个部分组成：物理价值、情感价值和象征价值。

（1）物理价值

物理价值主要是指产品的物理效用和使用价值，它强调品牌的功能表现，如功效、性能、质量、便利等。体现品牌物理价值的品牌核心价值有：

①沃尔沃——"安全"；

②潘婷——"健康亮泽"；

③舒肤佳——"有效去除细菌，保持家人健康"；

④沃尔玛——"天天低价"。

物理价值是消费者对品牌的最基本印象，构成品牌核心价值最基础的部分。

由于消费者体验品牌首先就是从体验产品开始，所以产品的物理属性直接决定了消费者对品牌品质的感受，企业首先要通过给消费者提供物理价值来证明品牌是货真价实的、有用的，让消费者从品牌中感到实实在在的利益。

（2）情感价值

情感价值着眼于顾客在购买和使用产品过程中的感觉，强调品牌对顾客情感上的满足程度，从内心打动顾客，使顾客对品牌形成一种情感依赖。体现品牌情感价值的品牌核心价值有：

①宝马"驾驶的乐趣"；

②戴尔比斯——"钻石恒久远，一颗永流传"；

③孔府家酒——"孔府家酒，叫人想家"；

④南方黑芝麻糊——"小时候的味道"。

情感价值是给消费者构建一个生活格调、文化氛围和精神世界，为消费者拥有或使用品牌赋予更深的意义，引导人们通过移情作用在产品消费中找到精神寄托或精神慰藉。同时，品牌有了情感价值，就使原先冷冰冰的产品有了生命力。常见的品牌情感诉求一般集中在以下几个方面：一是怀旧、乡愁，爱家乡，爱国家，如"长虹，以振兴民族工业为己任"；二是亲情、母爱，以人们最本真的家庭关系作为打动顾客的心，比如，帮宝适纸尿裤"宝宝舒适，妈妈更安心"，"小天鹅，献给妈妈的爱"；三是友情、爱情等，如雅芳"做女人的知己"，等等。

（3）象征价值

人们都渴望有自己的个性，并且愿意对外表达自我，展示自己的个性，因此在购买产品时，往往乐于购买能够体现他们个性或者契合他们价值观的品牌。品牌通过传达它的价值理念来赢得持有同样价值追求的消费者对它的追捧和忠诚。反映品牌象征价值的品牌核心价值有：

①耐克——"Just do it"，想做就做；

②可口可乐——"激情、活力、自由自在"；

③百事可乐——"新一代的选择"；

④维珍——"反传统"；

⑤劳力士——"尊贵、成就、追求完美"；

⑥奔驰——"尊贵、成功、低调、严谨"；

⑦蒂凡尼——"高贵、优雅、有品位"；

⑧万宝路——"粗犷、潇洒、自由、勇敢、男子汉"。

品牌的象征价值可以是一种价值观、一种生活态度或者是一定的特性，以形成有血有肉的具体形象赢得消费者的认同，在消费者心中留下深刻的印象，成为消费者生活方式的一个表现形式，唯此，品牌才算真正抓住消费者的心，跟消费者共存共荣，消费者也就成为这个品牌的忠实拥。美国著名的品牌哈雷摩托之所以拥有一批狂热的哈雷迷，就是因为哈雷摩托的品牌个性深深吸引了美国崇尚潇洒不羁的年轻人。

（4）三种价值之间的关系

品牌核心价值的三个组成部分是一个有机的整体，它们互相匹配、相互协调，形成一个统一的、丰满的、明确的品牌核心价值。不过由于产品类别的不同，这三种价值在品牌核心价值中所占的比重会有所不同。一般日用品可能物理价值更突出，如"去头屑"就是海飞丝最重要的核心价值；而一般奢侈品可能突出品牌的情感价值和象征价值更重要，比如劳力士手表的核心价值就是显示它的使用者富有、成功、有实力，而不是强调该手表的计时精准。

3. 提炼核心价值的原则

（1）核心价值要有鲜明的个性

正如个性突出的人容易给人留下深刻印象一样，品牌个性越是鲜明，就越能引起消费者的关注，吸引消费者的眼球，抓住消费者的心。因此，品牌管理者一定要认真挖掘自己品牌最独特、最突出的特点，提炼出来作为品牌的核心价值。

（2）核心价值要能契合消费者的心理

品牌的核心价值只有契合消费者的心理，才能打动消费者。所以，企业提炼品牌核心价值时，要认真揣摩消费者的内心世界及其价值观、审美观和喜好、愿望。有个例子颇能说明这个问题：力士香皂早于舒肤佳进入中国，但舒肤佳却后来居上。究其原因，就是因为联合利华一直把力士香皂的核心价值定为"高贵"，并不断请来国际大牌影星演绎其高贵品质，而舒肤佳则请出医生、幼儿园老师或年轻的妈妈，不断强调"百分之百去除细菌"，把"除菌"作为品牌的核心价值。显然，"除菌"更能打动中国消费者的心理，因为在中国人看来，香皂主要的功能就是去污除菌。

（3）核心价值要有一定的包容性

品牌的核心价值不能确定得太狭隘，要有一定的包容性，要能为以后企业发展延伸品牌提供足够的运作空间。一般来说，核心价值越是突出情感价值和象征价值，包容性就越强，品牌就越容易延伸覆盖旗下所有的产品，甚至跨行业覆盖。

比如 Gucci，从服装、箱包延伸发展到食品、巧克力，就在于它的品牌核心价值是"时尚、精致"。而偏向把物理价值作为核心价值的品牌，延伸起来困难就比较大，比如舒肤佳要想延伸到化妆品行业要比力士困难得多，因为力士的核心价值偏向象征性，比较抽象，容易延伸。

（4）核心价值要有稳定性

企业一旦选择了某一特性作为品牌的核心价值，就应该稳定下来，坚持从各个角度不断输送传递品牌的这一信息。由于核心价值代表了品牌永恒的本质，因此，核心价值必须具有长久性，不能轻易改变，更不能朝令夕改。即使当品牌进行延伸，跨越了新产品、新市场之后，品牌的核心价值也必须加以保留和坚守。

二、品牌识别管理的实施

（一）品牌识别规划的原则

在规划品牌识别系统的时候，要遵循以下原则：

1. 战略性原则

品牌识别系统的建立是品牌管理者对品牌在消费者心目中留下预期形象的规划，属于企业品牌管理的一种战略性行为，因此事先必须做好战略分析。这种战略性分析包括三个部分：一是顾客分析，包括对顾客购买倾向或市场动态、顾客购买动机、市场细分、未满足的需求进行分析。二是竞争者分析，包括对竞争者的品牌形象与定位、竞争者的优势与劣势分析。三是品牌自身分析，包括对现有品牌形象、品牌传统、品牌自身的优势与劣势、品牌灵魂、与其他品牌的关系进行分析。战略性品牌分析是进行品牌识别规划的前提。

2. 全面性原则

品牌识别系统的建立要得到企业内部员工和外部公众的一致认同与理解。

对于品牌的核心价值、品牌的内涵、品牌标识的含义等品牌识别要素，企业内部从上到下全体员工都不仅要理解，更要以行动来体现，通过员工的行动把品牌的精神、品牌的价值主张传递给顾客，否则言行不一，建立起来的品牌识别系统也不能让公众产生企业预期的品牌形象。

3. 层次性原则

有时构成品牌识别系统的要素很多，但并不是所有的识别要素分量都相等，各个识别要素之间是分层次的。有的要素直接反映了品牌内涵的本质，是品牌识别的核心要素，被称为品牌精髓，品牌精髓是品牌识别中最中心、最持久的要素。如果把品牌比作一个地球仪，品牌精髓就是地球仪的轴心，不管地球仪如何转动，轴心是始终不动的。而有些品牌识别要素则相对灵活些，在整个识别系统中处在外围、延伸的位置，起着辅助和补充的作用，这些要素（如品牌代言人、标识物等）可以根据品牌形象传播的需要适时适度做些相应的调整。

4. 稳定性原则

品牌识别系统一旦建立起来，在相当长一段时间内必须保持稳定。塑造品牌形象不是一早一夕的事，需要通过持久的努力、沟通，以一种滴水穿石般的耐心细细累积，才能最终使品牌形象深入顾客的心中。如果像"信天游"一样，今天倡导这个价值，明天主张那个精神，品牌标识动辄换来换去，不光造成企业品牌建设资金的巨大浪费，品牌形象也模糊不清，顾客根本无法记住这个品牌。

5. 差异性原则

企业建立的品牌识别系统必须具有独一无二的鲜明特征，要能跟竞争者的品牌识别系统形成鲜明的区隔。如果跟竞争者的品牌价值、品牌内涵、品牌符号雷同，甚至故意效仿，没有差异性，就不能使本企业的品牌在众多的品牌中脱颖而出，一下吸引住顾客的目光。

（二）品牌识别要素的调整

品牌识别要素的调整是指根据时间和市场的变化，适时地对品牌识别进行恰当的调整。一般来说，品牌的识别尤其是品牌的精髓和核心识别不要轻易变动，但在某些特殊的情况下，对品牌的识别进行适当的调整以保持品牌的生命力也很有必要。

1. 品牌识别要素调整的原因

导致品牌识别要素调整有两个原因：一是随着时间的推移、技术的进步、社会形态和生活方式的转变，人们消费观念和审美心理也会发生变化。如果一个品牌的识别不能适时引入新的内容，赋予品牌时代的特征，就会显得老气、缺乏活力，慢慢会被消费者淡忘。反之，适当地调整某些识别要素就可以保持品牌的生命力。例如，在青少年中"酷"文化盛行的今天，可口可乐不失时机地向其品牌识别中注入"酷"的元素，以张扬品牌的个性，强化品牌自由自在的核心价值，就很好地保持了品牌的生命力。

另一个原因是，企业在发展过程中对品牌进行了延伸，原有的品牌识别不能适应新产品；或者品牌开展国际化营销之后，原有的品牌识别不能适应跨民族、跨文化的需要，这就需要对原有的品牌识别要素进行适当的调整。例如20世纪80年代南京长江电扇厂的知名品牌"蝙蝠"电扇，蝙蝠的"蝠"字在中国是"福"的谐音，寓意吉祥，但在欧美国家，蝙蝠是邪恶的象征，长江电扇厂只好将出口海外的电扇品牌名称改为"美佳乐"；海尔集团的品牌标识海尔兄弟是两个裸露上身的小男孩，产品出口中东国家时，不符合伊斯兰教不允许裸露躯体的教规，于是将品牌标识改为英文字母标识"Haier"；法国的人头马在欧洲品牌识别定位是"高雅、尊贵、有品位"，到了香港，广告语就改为"人头马一开，好事自然来"，以适应香港人喜欢发财、有好运的文化特征。

2. 品牌识别要素调整的原则

（1）微调原则

品牌识别的调整要根据时机进行调整，而且应尽量以微调为主，切忌做外科手术似的大动作，使品牌识别面目全非。当然，如果原有品牌旗下的主营业务发生了很大的变化或原有的品牌识别证明是失败的，就必须进行大的调整，甚至要全部推倒重来。例如，万宝路原来的品牌识别是按照女士烟规划的，后来万宝路定位为男士香烟，品牌识别就彻底改头换面，树立了"阳刚、豪迈、勇敢、激情、进取的男子汉气概"的全新的品牌形象，并且大获成功。

（2）渐变原则

如果品牌识别确有必要做较大幅度的调整，应尽可能分阶段进行，减少每一阶段调整的幅度，避免让消费者感到过于突兀，一时无法接受。

（3）不抵触原则

不抵触原则是品牌识别调整最基本的原则。由于多种原因，对品牌识别进行适当的调整不可避免，但即便如此，构建新的品牌识别也不能与原有的品牌识别相冲突。"沃尔沃"近几年来不断为品牌识别注入一些新的元素，如时尚、美观、现代，但却始终强调"安全"，从它最新的广告语"焕发激情魅力，安全始终如一"就可见一斑，所以沃尔沃在欧美市场上一直都很畅销。

（4）量力而行原则

量力而行原则是指引入新的品牌识别要有相应的支持条件，例如要有相应的资金、技术、人力资源等做支持。

总之，品牌识别的调整，要考虑企业自身的条件，做到与时（间）俱进、与市（场）俱进。

第三节 品牌定位的原则与方法

一、品牌定位的原则

（一）品牌定位的原则

如前所述，品牌定位就是企业在消费者的心智中找到一个对自己最有利的空白区域，把自己的品牌深深植入进去，占据一个有利的位置。品牌管理者要想成功定位，就必须遵循以下原则：

1. 深入了解消费者需求

品牌定位的成功源于对消费者的需求欲望深入分析和了解，因此品牌定位的首要原则就是要了解消费者的心理，这是品牌定位的基础。美国星巴克就是一个成功的例子。星巴克的品牌创建者舒尔茨通过市场调研了解到消费者对咖啡存在功能性和情感性两种需求，于是把星巴克成功地定位为"第三空间"。星巴克的口号是"如果你不想在工作单位，又不想回家，那么到星巴克来吧"，通过对消费者需求的深切洞察，星巴克准确地锁定了许多消费者的需求，找一个地方，那里既有美味的咖啡又可以使自己得到彻底的休闲放松。星巴克通过自己给消费者提供一个满足他们心理需要的空间，成功地超越了许多号称自己的咖啡多正宗的咖啡馆，成为世界上最大的咖啡连锁企业。

2. 符合产品特点

品牌是产品的代表，产品是品牌的物质载体，尤其是品牌在刚开始创建时，一定是跟某种特定的产品联系在一起的，这也就是品牌学者所说的捆绑期。这个时期产品和品牌不可避免的紧密关系决定了企业在进行品牌定位时必须考虑产品的质量、结构、性能、款式、用途等因素，品牌定位时应该尽可能考虑产品的特点，符合产品本身的性质要求。比如，同样是汽车，沃尔沃定位"安全"、宝马定位"驾驶的乐趣"、奔驰定位"舒适"、劳斯莱斯定位"尊贵"、丰田定位"经济省油"，每一个定位的诉求点都是产品本身的特色所在，也符合消费者对汽车产品的要求，只不过有的消费者更看重安全、有的消费者更在乎舒适、有的消费者追求社会地位和面子，需求不同而已。

3. 考虑企业的资源条件

品牌定位时，管理者一定要考虑自己的资源条件，即能不能兑现自己在定位时对消费者的承诺，因为一旦定位，企业把自己的特色或自己的定位点进行传播，就必须接受消费者严格的市场检验。例如，"王老吉"是不是真能去火，"奔驰"车坐起来是不是真的舒服，海飞丝"去头屑"效果是不是明显，等等。如果答案是否定的，品牌的命运可想而知，企业实在是自掘坟墓。因此，企业在定位之前，一定要认真考虑自己的资源条件。企业如果定位自己的品牌是尖端产品，就必须真的掌握尖端技术；如果定位是高端产品，就必须具备确保产品品质一流的能力；如果定位是全球性品牌，就需要具有全球化的运作能力与管理水平。总之，品牌定位要与企业的资源能力相匹配，"没有金刚钻，不揽瓷器活"，既不好高骛远、盲目拔高，也不妄自菲薄、浪费资源。

4. 关注竞争者

竞争者是影响品牌定位的一个重要因素。定位是要在消费者的心智中找到一个空白的区域让自己占领下来。然而在现在市场竞争十分激烈的情况下，任何一个细分市场或多或少都存在着竞争者，要想找到一个尚未被开发的处女地几乎不可能。因此企业在定位之前必须认真研究竞争者的定位，采用与竞争者不一样的定位，以便跟竞争者形成差异，凸显自己的竞争优势。否则做得再好，也不过是"为他人作嫁衣裳"，在消费者的眼里只是一个"超级模仿秀"。

5. 简明扼要，抓住关键

简明扼要是指企业的品牌定位要让消费者一看便知，不需要费心费力就能领会并感受到。心理学研究表明，人的心智空间是有限的，这就决定了人的大脑不可能装载过多的信息。特劳特和里斯也一再强调，消费者不喜欢复杂的东西，没有兴趣去记忆很多有关品牌的信息，更不愿意动脑筋去想。有些企业在给品牌定位时，想想这个也是优点、那个也是特长，什么也舍不得放下，结果利益点繁多，消费者反而搞不清楚品牌的主要特点是什么。因此，在给品牌定位时，切忌定位目标太广，要学会取舍，懂得"少就是多，舍就是得"的道理，剔除掉所有与关键点无关的信息，抓住一两个独特点，用简单明了的方式表达出来，让消费者充分感知并且印象深刻，只有这样才能跟目标消费者进行有效的沟通。世界著名品牌的定位大多只集中在一个词上，如佳洁士——防止蛀牙；沃尔沃——安全；海飞丝——去屑；王老吉——预防上火。当然，简单的定位并不意味着佳洁士牙膏就没有清洁功能，沃尔沃的汽车造型不时尚、乘坐不舒适。这些品牌之所以只强调一个定位点，是因为只有简单再简单，才能成功进入消费者的心智和记忆中定位成功。

（二）品牌定位要注意的问题

1. 定位要保持相对稳定

品牌定位以后，为了在消费者心智上打上坚实的烙印，管理者要持之以恒地坚持把品牌定位传递出去。除非原来的定位不合时宜，否则不要随意更改。当然随着时间的推移，品牌会需要做一些改变，但通常改变的不是品牌定位，而是外在的传播方式，比如广告语、代言人等。而且即使外在的部分调整了，其内涵依然应该反映原来的定位。美国通用磨坊公司早在 1921 年就虚构了一个名叫"贝蒂·克罗克"的美国妇女形象来推广产品。为了体现时代的社会理想心理特征，"贝蒂·克罗克"的容貌、服饰和发型在 1936 年、1955 年、1965 年、1968 年、1972 年、1980 年、1986 年、1996 年经过了 8 次修改。然而不管怎么变，在消费者心目中，贝蒂·克罗克永远是"一个蓝眼睛的美国女子、一个慈祥的母亲、一个烹饪专家、一个无所不能的治家典范，一个关心公益、乐于助人的热心人"。沃尔沃长期不懈坚持"安全"，佳洁士始终宣称"没有蛀牙"，都是定位稳定的表现。

2. 定位要能与目标消费者进行积极的沟通

品牌的定位要能贴近消费者的心理需求，才能被消费者接受、认可和喜爱；定位不准，就会事与愿违，被消费者拒绝。

1986 年，国际品牌力士进入中国，很快便称雄香皂市场。然而，6 年之后，舒肤佳进入中国市场，立刻后来居上，成为中国香皂市场的新霸主。论品牌背后的企业，力士是全球 500 强排名第 54 位的联合利华，舒肤佳背后是排名第 75 位的宝洁；论营销手段，双方都是品牌高手，产品包装、品牌宣传无可挑剔；论产品质量，双方也是旗鼓相当、不分伯仲。

经过深入研究，人们终于发现，问题出在品牌定位上。力士定位是"滋润、高贵"，70 年来一直坚持不懈地邀请光彩照人的国际影星演绎其"滋润、高贵"的核心价值定位，舒肤佳则定位"除菌"，他们在广告中请来医生、老师、年轻的妈妈，反复强调"使用舒肤佳，没有细菌"。显然对于香皂使用者来说，"除菌"的定位更符合他们的内心诉求、更让其信服，因为人们并不期望几块钱的香皂能给他带来高贵的感受，而除菌倒是人们对于香皂最真实的需求，舒肤佳的定位符合了消费者的期待，因此获得了成功。

另一个有趣的故事是：20 世纪 70 年代，宝洁推出纸尿裤"帮宝适"（这是品牌后来的中文译名），刚开始产品定位"方便"，解除妈妈为孩子换尿布、洗尿布之苦。

产品上市之初，宝洁公司雄心勃勃，花了 1 亿美元进行品牌推广，原以为这种新产品会大受市场欢迎，结果出乎意料地产品备受消费者冷落。宝洁百思不得其解，经过深入的市场调查，发现问题出在定位上，纸尿裤定位"方便"，使很多人认为使用这种纸尿裤的妈妈是偷懒的、缺乏爱心的妈妈，光图自己方便，有些人即使买了也是偷偷使用，见到熟人立刻会藏起来，唯恐使人认为自己偷懒、没有母爱。发现这个问题后，宝洁公司立刻改变策略，把品牌定位为"有利于孩子健康"，广告词也相应改为"宝宝皮肤干爽，没有红屁股""宝宝更舒服，妈妈更安心""一夜金质睡眠，妈妈好开心"，这一定位符合了消费者的心理，立刻获得了成功，纸尿裤在全世界风行起来。"帮宝适"的中文品牌名正是根据这一新定位采用的绝妙的翻译。

3. 为未来的发展留出空间

品牌刚建立时，往往跟某一具体的产品或者具体的消费者、具体的情形联系在一起，因此，企业往往采用这些相关因素定位，比如"康师傅"是方便面，"娃哈哈"是儿童营养口服液，"金利来"是男士服装等。根据这些产品直接具有的特性进行定位，优点是定位清晰、准确，直接得到消费者的认同，不足之处在于一旦以后企业想要发展品牌、延伸品牌，定位过窄就会影响到消费者的认知。

心理学家研究发现，人的心智认知一旦建立起来，就很难对其加以改变。如金利来定位"男人的世界"，后来推出女装就始终不成功；雕牌洗衣粉推出雕牌牙膏就不能被消费者接受，最后牙膏只好采用新品牌"纳爱斯"；施乐在消费者心目中是复印机的代名词，后来向电脑领域发展，但消费者就是不能认可施乐电脑，施乐公司几十亿美元的投资打了水漂。

因此，品牌初始定位时不宜太窄，要为以后的发展空间留出余地，但如果定位宽泛，又有定位不够精准清晰地缺点，难以一下子抓住消费者的注意力、快速成功植入消费者的心智。两者如何平衡，至今仍是一个不容易把握的难题。

二、品牌定位的方法

品牌定位的方法是指品牌管理者挖掘品牌定位时所采取的视角。品牌定位的方法有很多，不同学者的提法也都不一致。本书简单归纳了八种常见的定位方法。但需要说明的是，这八种方法并没有涵盖所有的品牌定位方法。而且本书作者认为，品牌定位本身就是一种创新性的品牌建设行为，管理者越是另辟蹊径、独出心裁，采用前人还没有用过的方法进行定位，就越容易成功。相反，如果定位思路始终局限在前人已有的方法中进行寻找，无非又掉入模仿前人的陷阱，有违品牌定位的本质追求，难以在目标消费者已经填充得满满的心智中再找到空白的区域植入进去。

（一）首席定位

首席定位，也称第一定位，是指树立品牌在同行业或同类产品中处于第一地位的一种差异化定位方法。也就是在消费者心目中争取"第一"的位置。"第一"显然与众不同，例如在品牌定位中强调自己"正宗""原创""第一家""第一种"等，就是首席定位策略的运用。比如，双汇宣称自己"开创中国肉类品牌"、美国电报电话公司 AT&T 号称是世界上首家电话公司、某个餐馆宣称自己是最正宗的川菜等，都属于首席定位。

采用首席定位，以新概念、新产品、新的利益点进入消费者的心智形成第一品牌会有很大的优势。心理学上有个概念叫首因效应，即人们总是记住第一的人，如第一个登上珠穆朗玛峰的人、第一个登上月球的人、美国第一任总统，但第二、第三个人往往不容易被人记住。确定自己是第一品牌，可以起到先入为主的作用，后来者往往难以超越。如前所述，消费者的心智很难改变。即使后来其他品牌做得比它更好，但在消费者的心智中，后来者仍然只是个模仿者，只有第一品牌才是最专业、最正宗。本书前面提到的百事可乐的例子就是这样。百事可乐在找到自己准确的定位之前，跟美国其他品牌可乐一样，都生活在可口可乐的阴影里，每一次的传播无非都是强化可口可乐老大的地位。直到百事可乐找到新的定位，才总算摆脱老大的阴影，跟可口可乐开始分庭抗礼。此外，处于第一地位的品牌还有一个优势，即往往容易成为某个品类的代名词，从而牢固占据消费者的心智。比如，邦迪发明了创可贴，邦迪就成了创可贴的代名词；可口可乐开创了可乐软饮料，便成为可乐饮料的代名词；施乐第一个推出普通纸复印机，它就成了复印机的代名词。由此可见，一步领先并占据领导地位之后，往往可以长期领先。首席定位这种定位策略具有非常大的影响力。

（二）反向定位

如上所述，如果现有的领先品牌已经占据了第一的位置，后进的品牌要想超越它将非常困难。那么其他品牌应该怎么办呢？对此，杰克·特劳特和阿尔·里斯给出了一个很好的建议，那就是"如果你不能成为某类产品中的第一，你就应该创造一个新的品类，成为新品类的第一。"这就是反向定位。

例如，在可口可乐、百事可乐牢固把持可乐市场的情况下，七喜通过"非可乐"的品牌定位，创造了"汽水"这个新的饮料品类，使七喜成为美国第一个汽水饮料品牌。同样的反向定位有：在"康师傅""统一"等品牌牢牢占据大陆方便面市场的情况下，"五谷道场"首次提出了"非油炸、更健康"，成为第一个不采用油炸工艺的方便面品牌；20世纪90年代，在所有的营养保健品都大力宣扬自己的产品补钙、补血、补气、养生、壮骨等，上海交大的"昂力一号"反其道而行之，不仅不说自己补什么，反而提出昂力一号专门"清除体内垃圾"，一下子抓住了消费者，成为经典的反向定位成功案例。

（三）比附定位

比附定位是指攀附知名品牌、比拟知名品牌来给自己的品牌定位，以沾名牌之光来使自己的品牌生辉。也就是自己做不了第一，就想办法跟第一挂上钩。比附定位主要有四种策略：

1. 跟随策略

即明确承认同类产品中有更负盛名的品牌，自己只不过是第二而已。这种策略给人以一种诚实、谦虚的印象。跟随策略最成功、最经典的案例是美国安飞士出租车公司1963年做的一个广告，面对美国最大的出租车公司赫斯公司的强大实力，安飞士打出了这样的口号："因为我们是老二，所以我们更努力。"（We are No.2.We try harder.）

当时安飞士公司已经连续亏损十年多，并不是行业第二，但它这个广告一经推出，其低调、自谦、诚恳立刻赢得了消费者的赞扬和信任，公司业绩直线上升，不久还真的成了行业老二。这个广告更聪明的还在于它不光展现了自己对待消费者的谦卑态度，还暗示老大赫斯公司是"傲慢自大"，不如安飞士对待顾客更加细心周到，可谓"一石二鸟"。

2. 超越策略

这种策略拉第一品牌做垫背，通过一系列传播手段显示自己比第一品牌还要好。20世纪90年代由中国著名影星葛优、徐帆做的保暖内衣电视广告"南极人不怕冷"，第一次在中国市场上建立了一个保暖内衣品牌"南极人"，不久之后另一个企业推出"北极绒"品牌保暖内衣，他们采用"超越策略"进行定位。电视荧屏上，第一品牌"南极人"刚刚宣称"南极人不怕冷"，紧接着出现赵本山代言的"北极绒"声称"怕冷就穿北极绒"，由此后起的"北极绒"踩着"南极人"的肩膀一举成名。

3. 攀龙附凤策略

这种策略是把自己的品牌跟消费者公认的知名品牌挂上钩，利用知名品牌来提升自己在消费者心目中的地位。例如，"塞外江南"，把西北水土丰美的地区跟江南联系起来；"苏州——东方的威尼斯"；内蒙古的"宁城老窖——塞外茅台"；"哈根达斯——冰淇淋中的劳斯莱斯"；"中关村——中国的硅谷"；"某某学校——创业者的黄埔军校"；这些都属于攀龙附凤策略。

4. 高级俱乐部策略

这种策略适用于企业在既不能攀附第一、又不能比附其他知名品牌的情况下，借助群体的声望打出一个高级俱乐部的牌子，把自己归为这个高级群体中的一员，从而提高自己的地位和形象。成功采用高级俱乐部策略进行定位的中国蒙牛。蒙牛在创业初期还只是一个20多人的小企业，但它投资100多万、投放300多幅灯箱广告，深情宣告"千里草原腾起伊利、兴发、蒙牛乳业"，把自己和内蒙古最著名的乳品企业放在一起，并且提出和他们一起共建"中国乳都"，其实蒙牛当时无论是历史还是规模都根本无法跟这些著名企业相提并论，蒙牛采用了非常高明的俱乐部定位。

（四）特性或利益定位

特性或利益定位是指通过强调产品的差异性，在细分市场需求中寻找消费者的心理空间，以此进行定位的一种策略。每个产品都具有一系列不同的特性，不同的特性可以满足消费者不同的需要，从而给消费者带来利益。比如牙膏，有的消费者需要防止蛀牙，有的需要牙齿洁白，有的需要口气清新，有的消费者牙齿敏感，有的人牙龈容易出血，这样，佳洁士——防止蛀牙、中华皓齿白——牙齿洁白、高露洁——口气清新、舒适达——有效治疗牙齿敏感、云南白药牙膏——防止牙龈出血……不同的产品特性满足了消费者不同的需求，跟竞争品牌形成鲜明的区隔，从而成功使自己的品牌在消费者心智中占据到独一无二的位置。

采用特性或利益定位是最常用的一种定位策略。汽车行业大多采用特性（或利益）进行品牌定位：如宝马——性能卓越；奔驰——舒适豪华；本田——可靠；沃尔沃——安全；卡迪拉克——气派；法拉利——速度；劳斯莱斯——尊贵。

（五）常识的首次诉求定位

有时企业的产品实在找不出与竞争产品的差异点，不妨把业内常规的做法拿出来定位，倒也反而可以出奇制胜。比如美国的喜力啤酒声称"我们的每一个啤酒瓶都经过蒸汽消毒"，事实上所有的啤酒制造商都会对酒瓶进行蒸汽消毒，但消费者并不了解，喜力把这个业内常规的工艺流程拿出来作为卖点进行定位，反而出奇制胜、非常独特。受喜力的启发，中国某品牌的西服也号称自己的西服要经过 188 道工序，其实任何一件西服完工都至少要有 188 道工序，但它率先提出来并以此定位，也就成了它的独特卖点了。

（六）攻击性定位

攻击性定位实际上是给竞争者重新定位。针对竞争对手品牌的特点，针锋相对找出弱点加以进攻。例如在美国的止痛药市场阿司匹林是行业领导者，泰诺在阿司匹林的说明书"药物不良反应和副作用"一栏里看到，阿司匹林有可能会引发肠胃微量出血，于是泰诺抓住这一点大肆宣传，"为了千千万万不宜使用阿司匹林的人们，请大家使用泰诺"，泰诺给阿司匹林重新定位成了"有副作用的药"；丝宝集团的风影洗发水宣称"去屑不伤发"，暗指海飞丝会损伤头发，着实给海飞丝不小的压力；五谷道场大肆宣传"非油炸、更健康"矛头直指康师傅、统一等品牌的油炸方便面有损健康。20 世纪 90 年代，乐百氏在广告中宣传自己的产品是"经过 27 层过滤的纯净水"，农夫山泉针锋相对，在一个广告片中做实验把天然水和纯净水做比较，得出结论：天然水比纯净水更干净，农夫山泉宣称自己"水源地取水"，"我们不生产水，我们是大自然的搬运工",攻击乐百氏的水必须经过 27 层过滤才能喝,使乐百氏全力打造的工艺流程定位破功。

（七）目标群体定位

目标群体定位是指直接以某类消费群体为品牌诉求对象,突出产品是专为这类消费群体服务,以此来获得目标消费群的认同。比如太太口服液,定位是已婚妇女和中年妇女的口服液；百事可乐定位是"新一代的选择"。

（八）使用场景定位

使用场景定位是将品牌与一定的消费环境结合起来,以唤起消费者在特定的情景下对该品牌的联想,从而产生购买欲望和购买行动。"香飘飘"奶茶宣称"小饿小困,来点香飘飘"；康宝汤定位是"午餐用的汤",它长期以来一直坚持在午间时分通过电台、电视台宣传这种午餐时喝的汤,搞得最后美国人甚至开始产生一种错觉,觉得不喝这种康宝汤就不算是一顿标准的午饭了；红牛功能饮料也一直宣称"困了累了喝红牛"。中国使用场景定位最成功的品牌有两个:一个是"白加黑"感冒药:"白天吃白片不瞌睡,晚上吃黑片睡得香",一下使所有的感冒药相形见绌,成为中国市场上最有名的感冒药；另一个就是著名的"脑白金",一个极其普通、没有任何特别技术优势的保健品,因为定位在"送礼","今年过节不收礼,收礼就收脑白金",朗朗上口的广告词使得脑白金成为中国市场上最有名的营养保健品,而且历时 20 年不衰,在中国营销史上也相当罕见,业内公认脑白金就是得益于使用场景定位的成功运用。

第三章 品牌设计、推广与传播

第一节 品牌名称、标志设计

一、品牌名称设计

市场竞争进入品牌时代，产品名称的作用从实质上已经得到了升华，不再是"一个符号"那么简单。随着品牌名称的资源紧缺，企业应站在一个全新的高度去审视"命名"，必须注重每一个市场因素与品牌策略的结合，同时应从品牌营销角度出发，去提升产品名称对品牌的作用力。品牌名称设计得好，容易在消费者心目中留下深刻的印象，也就容易打开市场销路，增强品牌的市场竞争能力；品牌名称设计得不好，会使消费者看到品牌就产生反感，降低购买欲望。因此，品牌设计可谓意义重大。为了明确品牌设计全过程，本章阐述品牌名称设计、品牌标志设计、品牌形象设计三个方面的内容。

（一）品牌名称设计

每一个品牌都有自己的名称，否则就无法与外界进行交流和沟通。品牌名称是品牌构成中可以用文字表达并能用语言进行传播与交流的部分。品牌名称提供了品牌联想，最大限度地激发消费者的"直接联想力"，这是成功品牌名称的基本特征之一。品牌名称中的联想就像解谜语谜面是品牌名称，谜底是品牌联想消费者在联想中被戳了 G 点、痛点、泪点、萌点、笑点想着想着就被圈了粉。品牌联想是指记忆中与品牌相连系的一切事物。企业通常聘请营销调研公司，采用大量与名称相关的联想、发音和其他特性的计算机数据库，进行集体自由讨论并测试品牌名称。

例如，麦当劳可与麦当劳叔叔这样的人物相连系，也可以和儿童这样的消费人群相连系，可与金色拱门相连系，可与匆忙的生活相连系。联系不仅是客观存在的，还会产生一定的影响力。顾客的使用经历或品牌的宣传推广越多，品牌的联想就会越强。各种联想如果结成网络，就会产生更大的威力。可口可乐、百事可乐代表了丰富的美国文化意蕴；佳能、尼康代表了高质量的数码相机等。

（二）品牌名称设计的类型

里斯、特劳特指出："在定位时代中，你要做的最重要的营销决策便是为产品取个名称。"好的产品是一条龙，而为它起一个好的品牌名字就犹如画龙点睛，成为神来之笔，对提高品牌知名度、扩大产品品牌的市场份额，有着很重要的作用

1. 按品牌文字类型划分

按品牌文字类型划分，品牌名称可分为文字品牌名和数字品牌名。

（1）文字品牌名

文字品牌名是品牌命名的常用选择。但在运用中文还是外文的选择上不同的企业则有不同的决策。一方面我们看到国外品牌进入中国市场时都要为已有的品牌名称翻译一个对应的中文名，如家乐福、奔驰、可口可乐；另一方面，一些中国企业却喜欢用外文为自己的品牌命名，特别是服装类品牌，如"only""sports"等，这与消费者对世界上最好的服装出于法国和意大利的认知有关。此外中文品牌中的汉语拼音也是一种品牌名称模式，如"Haier""TAHAN"（太和）等。

（2）数字品牌名

即以数字或数字与文字联合组成的品牌名称。尽管各国文字有较大的差异，但数字可以各个国家通用。不分国家、地域和民族，普适性优势显而易见；另外，我们的日常生活，无论是柴米油盐酱醋茶，都少不了跟数字打交道，数字自然也是我们生活中很常见的内容，具有生活化的特点。如日本人回避数字 4，西方人忌讳数字 13。较著名的数字名称还有 999 胃泰、555 香烟、香奈儿 5 号香水（ChanelNo.5）等。

361° 1°代表了一个圆，一个句号，更强调的是多一度热爱。从 0 到 1，是结束也是开始，"1°"象征着新品牌重新从"1"出发。361 凭借简单的数字，表达到位。

813 芭依珊奶盖茶，这个名字跟奶茶的结合不高。但是从取名技巧来看，"813"很好地契合了"芭依珊"的音译，保持品牌名称的一致性，方便大众联想到中文品牌名。

2. 按品牌名称的字意来源划分

按品牌名称的字意来源可分为：企业名称品牌名、人物名称品牌名、地

名品牌名、动物名称品牌名及植物名称品牌名。

（1）企业名称

企业名称是指将企业名称直接用作品牌的名称。企业式名称又可分为两种类型：全称式和缩写式。全称式如摩托罗拉公司的摩托罗拉手机、索尼公司的索尼电器等；缩写式名称是用企业名称的缩写来为品牌命名，即将企业名称英文单词的第一个字母组合起来，例如：IBM，全称为 International Business Machine，汉译名称为国际商用机器公司，电脑产品的品牌名称为 IBM；3M，全称为 Minnesota Minning&Manufacturing Co，汉译名称为明尼苏达采矿制造公司，公司所有的产品都以 3M 为品牌名称，类似的还有 TCL、LG、NEC 等。

（2）人物名称

这种方式多使用创始人的名字作为品牌名称，没有进一步的描述产品。迪士尼的创始人 Walt Disney 取名的，是一个很著名的例子。其他的例子包括国内的张小泉、王致和。这种取名方式在国外比价常见，而国内比较少。品牌的名称有可能是古代名人，如"特洛伊的海伦"（Helen of Troy）；东坡鸡——东坡最爱吃的鸡。也可能是创业者、设计者的名字，路易·威登——这一奢侈品品牌的创始人就叫路易·威登。

（3）地名名称

借助闻名遐迩的名胜地、著名的产地、神话及小说中令人神往的地名往往可以合品牌借势成名。香格里拉 (Shangri-La)，原本只是美国作家詹姆斯·希尔顿创作的小说《失落的地平线》中一个虚构的地名，风景宜人，犹如世外桃源，后来被用作饭店的品牌名。以地名命名的产品通常是想突出在该地方生产此产品所具有的独特资源是其他地方不具备的，由此而形成独一无二的其他产品无法替代的产品品质，以突出产品的原产地效应，例如：茅台、白兰地、燕京、青岛啤酒等都是地名或地名的演变。

（4）动物名称

动物名称即以动物的名称为品牌名称。动物式名称常能给消费者留下深刻的印象，著名的有鳄鱼、小天鹅、熊猫、凤凰、金丝猴、白鳍豚、圣象、神龙等。在不同民族的文化背景下，同一动物所暗示的象征意义有时截然不同。

（5）植物名称

植物名称即以植物的名字作为品牌名称。如苹果牌电脑、草珊瑚含片、牡丹牌电视机、西瓜霜润喉片等。同样，不同国家和地区的居民对植物所延伸的含义有不同的理解。

（三）品牌命名的原则

消费者对品牌的认知始于品牌名称，企业要确定一个有利于消费者认知、能传达品牌发展方向和价值意义的名称，需从市场营销、法律及语言三个层面遵循以下原则：

1. 市场营销层面

（1）暗示产品利益

从名称的字面可联想到品牌的利益。品牌名称应暗示产品的某种性能，含蓄地表达出其特征和用途，便于消费者认知，迎合其对商品实用的心理要求。如"999胃泰"，它暗示该产品在医治胃病上的专长；"好记星"牌英语电子学习工具，它与"好记性"同音，暗示英语学习记得牢、效率高。类似的还有"草珊瑚"含片、"汰渍"牌洗衣粉、"佳洁士"牌牙膏、健力宝、奔驰、家乐福、捷达、金嗓子等。

（2）具有促销、广告和说服的作用

一些品牌名称让消费者就是为了名字也要去购买。如蒙牛的"随便"雪糕，农夫山泉旗下的"尖叫"运动饮料，和路雪的"绿舌头"雪糕等。

（3）与标志物相配

品牌名称与标识物和谐。名称与标识物共同构成消费者对品牌的认知，在为品牌命名时需注意两者的协调。

（4）与企业形象匹配

如"养生堂"与从事健康事业的企业形象非常匹配。

（5）适应市场环境原则

消费者总是从一定的背景出发来评价品牌名称，商品有一定的消费对象，命名要考虑消费对象心理才能赢得市场。例如，儿童产品要考虑儿童心理（大白兔、娃哈哈）；老年保健品要考虑老人的心理（脑白金、黄金搭档）；化妆品的消费者主要是青年女性，所以商标名称时髦仰拍（欧诗漫、珀莱雅）等等。

天津"狗不理"包子在我国北方已畅销了上百年。但它在南国广州却寸步难行。这是因为，广州人对"狗不理"这个名称在心理上不能接受。这正映证了"桔生淮南则为桔，生于淮北则为枳"的古语。

由此可见，产品命名不但要考虑它所具有的积极意义，而且要考虑产品销售市场的国情、民情、民俗与民风，做到"入乡先问俗"，千万不要冲撞了当地的社会禁忌。品牌在保持自己固有特色的同时，也要更换"新衣服"，以与时俱进，引导潮流。可口可乐、联想、麦当劳更换新的标识即是出于这样的考虑：品牌要想永远年轻，则必须跟上时代的步伐。

2. 法律层面

（1）具有法律的有效性

品牌名称受到法律保护是品牌被保护的根本，在为品牌命名时应遵循相关的法律条款。企业在许多情况下往往由于信息的不对称，导致品牌名称与其他企业品牌名称的重复，并造成无法估量的损失，这类的例子举不胜举。

（2）相对于竞争的独一无二性

尽管同一名称使用在不同类别的产品中是被法律认可的，但企业在给品牌命名时最好做到独一无二。据统计，我国以"熊猫"为品牌名称的有 300 多家，以"海燕""天鹅"为品牌名称的分别有 193 家和 175 家，全国取名为"长城"的产品（企业）有 200 多个。法律上虽然允许，但消费者却难以识别，无疑会使这些品牌的竞争力降低。

3. 语言层面

（1）语音易读

语音易读表现为：品牌名称容易发音；当读到或听到时令人愉快；在所有的语言中能以单一的方式发音。这是品牌名称最根本的要求，只有让消费者很快地熟悉品牌名称，才能高效地发挥它的识别功能和传播功能，让消费者进一步产生联想和购买欲望。

（2）语形简洁

名字单纯、简洁明快，品牌名字只有易读易记，才能高效地发挥它的识别功能和传播功能。品牌命名时如果能做到简洁易懂，那么对名称的记忆与传播都是比较有利的，毕竟现在是一个快节奏的时代，这样简洁的名字更符合人们的接受习惯。如 红豆、上好佳、娃哈哈、爽歪歪等，都是很简洁易懂的，因此也方便传播，大家都耳熟能详。

（3）语言标新立异

如"SONY""花花公子""宝马"等。柯达（Kodak）一词在英文字典里根本查不到，是柯达公司创始人乔治·伊斯曼独具匠心和深邃思考的结晶。"K"是伊斯曼母亲名字的第一个字母，将"K"字母用在品牌名称上一方面表达他对母亲的缅怀，同时，伊斯曼还认为"K"能代表一种事物的突出部分和间断，具有坚固、锋利等特征。所以"柯达"（Kodak）品牌的前后两个字母都是"K"。

（四）品牌命名的策略

1. 目标市场策略

这项策略根据目标市场的特征进行命名，让品牌名称发挥暗示作用，暗示产品消费对象或迎合目标对象所处的特定文化背景和心理需要。这项策略根据目标市场的特征（包括人口统计、心理和行为等）进行命名，在具体做法上是让品牌名称发挥暗示作用，暗示产品消费对象或迎合目标对象所处的特定文化背景和心理需要。

一个品牌走向市场，参与竞争，首先要弄清自己的目标消费者是谁，以此目标消费者为对象，通过品牌名称将这一目标对象形象化，并将其形象内涵转化为一种形象价值，从而使这一品牌名称即清晰地告诉市场：该产品的目标消费者是谁；同时又因此品牌名称所转化出来的形象价值而具备一种特殊的营销力。

每一种产品都有其特殊的功能特性，一个消费者在消费这一产品时总能产生和期待产生某种切身的心理、身理感受，许多产品就是以这种产品能带给消费者的消费感觉来进行市场竞争定位的。品牌的命名也可以此目标为基础来进行。如"可口可乐"作为一种饮料，就把消费者消费时能够或期待获得的一种可口的愉快的生理、心理感受作为一种诉求定位点。

2. 产品定位策略

该策略以产品特征为焦点，让品牌名称立足于产品本身的功能、效应、利益、使用场合、档次和其所属类型，其好处是使消费者从中领会到该产品的功效。如"白加黑"感冒药将"感冒药的色彩分为白、黑两种形式"，并以此外在形式为基础改革了传统感冒药的服用方式。这两种全新的形式本身就是该产品的一种定位策略，同时将其名称命名为"白加黑"也使这一名称本身就能表述品牌的形式特性及诉求点。即是一种定位，也是一种诉求。另外像"大大"泡泡糖也是以这种产品本身表现出来的形式特征作为其定位点，并以此来进行命名，并通过这一命名，开启了其市场竞争的过程。

3. 描述性与独立随意性策略

起到识别产品或服务及传播信息的作用，它们代表了品牌命名的两种极端的策略导向：独立随意策略和描述性策略。

（五）品牌命名程序

1. 前期调查

在取名之前，应该先对目前的市场情况、未来国内市场及国际市场的发展趋势、企业的战略思路、产品的构成成分与功效以及人们使用后的感觉、竞争者的命名等等情况进行摸底，并且我们会以消费者的身份去使用这种产品，以获得切身感受，这非常有助于灵感的降临。

2. 选择合适的命名策略

前期调查工作结束后，便要针对品牌的具体情况，选择适合自己的命名策略。一般情况下，功效性的命名适合于具体的产品名；情感性的命名适合于包括多个产品的品牌名；无意义的命名适合产品众多的家族式企业名。人名适合于传统行业，有历史感；地名适合于以产地闻名的品牌；动植物名给人以亲切感；新创名则适用于各类品牌尤其是时尚、科技品牌……当然，在未正式定名之前，也可以各种策略进行尝试。

3. 动脑会议

在确定策略后，可以召开动脑会议，火花碰撞。在动脑会议上，任何怪异的名称都不应得到责难，都应该记下来，一次动脑会议也许得不到一个满意的结果，但可以帮助我们寻找到一些关键的词根，这些词根是命名的大致方向。

4. 名称发散

由一个字联想到 100 个词语，由一个词语，发展出无数个新的词语，在这个阶段，是名称大爆发的阶段，发动公司所有的人，甚至向社会征集，名称越多越好。

5. 法律审查

由法律顾问对所有名称从法律的角度进行审查，去掉不合法的名称，对无法确定而又非常好的名称，应先予保留。

6. 语言审查

由文字高手对所有名称进行审核，去除有语言障碍的名称。

7. 内部筛选

在公司内部，对剩下的名称进行投票，筛选出其中较好的 10—20 个名称。

8. 目标人群测试

将筛选出的名称，对目标人群进行测试，根据测试结果，选择出比较受欢迎的 2—5 个名称。

9. 确定名称

与客户一起，从最后的几个名称中决定出最终的命名。

总结：最后附上品牌命名必须注意的 3 点：品牌的传播力要强、品牌名的亲和力要浓、品牌名的保护性要好。品牌之听觉体验、作为商业品牌的第一笔无形资产的建立，至关重要！无论如何，请珍惜品牌的这第一笔财富！

二、品牌标志设计

品牌标志，是指品牌中可以被认出、易于记忆但不能用言语称谓的部分——包括符号、图案或明显的色彩或字体，又称"品标"。品牌标志与品牌名称都是构成完整的品牌概念的要素。品牌标志自身能够创造品牌认知、品牌联想和消费者的品牌偏好，进而影响品牌体现的质量与顾客的品牌忠诚度。

品牌标志能引导消费者进行品牌联想，让消费者在见到品牌标志时能马上想到自己品牌的独特属性；能起激发消费者好奇心，使消费者在见到品牌标志时对这个品牌产生喜爱之感。它让消费者把自己积极、乐观的情感表达在这个品牌之上。而消费者对品牌产生的好感，自然就变成了企业成长的一种动力。

（一）品牌标志的作用

1. 品牌标志能够引发人们对品牌的联想

尤其能使消费者产生有关产品属性的联想。例如汽车品牌 PEUGEOT 的标志是一个狮子，它张牙舞爪、威风凛凛的兽中之王形象，使消费者联想到该车的高效率、大动力的属性。

2. 品牌标志能够促使消费者产生对产品或服务喜爱的感觉

风格独特的标志能够刺激消费者产生幻想，从而对该品牌产品或服务产生好的印象。例如米老鼠、快乐的绿巨人、康师傅方便面上的胖厨师、凯勃勒小精灵以及骆驼牌香烟上的骆驼等。

3. 品牌标志是公众识别品牌的信号灯

风格独特的品牌标志是帮助消费者记忆的利器，使他们在视觉上首先一种感观效果。例如，当消费者看到三叉星环时，立刻就会想到奔驰汽车；他们会到有黄色大写"M"的地方去就餐；在琳琅满目的货架上，看到"两只小鸟的巢旁"，就知道这是他们要购买的雀巢咖啡，等等。

（二）品牌标志设计原则

1. 简洁明了

物质丰富的社会，品牌多如牛毛，人们不会特意去记忆某一个品牌，只有那些简单的标志才留在了人们的脑海中。

2. 准确表达

品牌的标志，归根到底是为品牌服务的，标志要让人们感知到这个品牌是干什么的，它能带来什么利益。比如食品行业的特征是干净、亲切、美味等，房地产的特征是温馨、人文、环保等，药品行业的特征是健康、安全等，品牌标志要很好地体现这些特征，才能给人以正确的联想。

3. 设计有美感

造型要优美流畅、富有感染力，保持视觉平衡，使标志既具静态之美，又具动态之美。

4.适用性与扩展性

标志的设计要兼具时代性与持久性，如果不能顺应时代，就难以产生共鸣，如果不能持久，经常变脸，就会给人反复无常的混乱感觉，也浪费了传播费用。

5.讲究策略

字体首先要体现产品特征，例如食品品牌字体多以明快流畅的字体，以表现食品带给人的美味与快乐；化妆品品牌字体多为纤细秀丽，以体现女性的秀美；高科技品牌字体多为锐利、庄重，以体现其技术与实力；男人用品字体多为粗犷、雄厚，以表达男性特征。其次，字体要容易辨认，不能留给消费者去猜，否则不利于传播。再次，字体要体现个性，与同类品牌形成区别。在色彩的运用上，首先要明白不同的色彩会有不同的含义，给人不同的联想，适用于不同的产品。当然，作为个体的人，对于色彩的感觉有时会差异很大，由于人们的生活经历不同，红色也可以联想到暴力和恐怖，白色也可以联想到生病、死亡等等。其次，相同的颜色也会因为地区、文化、风俗习惯的差异而产生不同的联想。因此，进入不同的国家和地区，有时需要对色彩因地制宜，进行调整。

不同的线条形状隐含着不同的寓意，如表 3-1 所示：

表 3-1 线条与寓意

线条	寓意
直线 曲线或弧线 水平线 垂直线 斜线 参差不齐的斜线 螺旋线 圆形 圆球体 椭圆形 等边三角形	果断、坚定、刚毅、力量，有男性感 柔和、灵活、丰满、美好、优雅、优美、抒情、纤弱，有女性感安定、寂静、宽阔、理智、大地、天空，有内在感崇高、肃穆、无限、宁静、激情、生命、尊严、永恒、权力、抗拒变化的能力危险、崩溃、行动、冲动、无法控制的情感与运动闪电、意外事故、毁灭升腾、超然、脱俗 圆满、简单、结局平衡感和控制力 完满、持续的运动 妥协、不安定 稳定、牢固、永恒

劳斯莱斯轿车设计标志可谓是图形与色彩运用的经典。20 世纪初，劳斯莱斯汽车公司的第一任总经理克劳德·约翰逊邀请《汽车画册》的绘画师塞克斯为其劳斯莱斯轿车设计标志。经过多次研究，塞克斯决定以"飞翔女神"为其标志，而且以气质高雅的埃莉诺·索恩顿小姐为女神原型，埃莉诺小姐身材修长，体态轻盈，淡金色的长发、深蓝色的眸子、小巧而尖挺的希腊型鼻子，无不显示出美的旋律。以她为原型的"飞翔女神"代表着"静谧中的

速度，无震颤和强劲动力"。克劳德将它称为"雅致的小女神""欣狂之魂，她将公路旅行作为至高享受，她降落在劳斯莱斯车头上，沉浸在清新的空气和羽翼振动的音乐声中"。"飞翔女神"充分体现了劳斯莱斯轿车高雅的气质。

4. 认知原则

品牌标志设计应注重表现形式与企业特点相统一，把握艺术造型的尺度，设计创意既要具有独特感和差异性，又要使图形符号的设计语言具有明显的识别性。如，奔驰的"三角星"标识代表发动机在海、陆、空的强劲马力和速度，在车主和车迷的大脑中会形成这样的认知：所有喜爱汽车的人对这个商标产生的反应是信赖、崇敬、自豪和满足。在品牌标志设计中往往存在这样的误区，即过分追求图形的艺术性，高度抽象，而忽略大多数消费者的可识别性。

5. 情感原则

一个能直击消费者情感深处的品牌标志必须符合以下特点：浓郁的现代气息、极强的感染力、给人以美的享受、标志符号让人产生丰富的、美好的联想。消费者看到它有一种天然的亲近感。

NIKE 标志的一勾，使人想到运动场上运动健将的速度，由运动联想到生命的意义，人生的乐趣在于不断的追求，竞争、奋斗、挑战极限构成了现代生活的主旋律。可口可乐的弧线使人想到流水的自然和快乐。

（三）标志设计方法

1. 颜色与标志的组合

单一的标志设计是由"黑""白"两色进行组合，给人的视觉感强烈，但通常情况下，我们还需要其他颜色，也就是"第三种"颜色。在标志配色时候需要注意一些问题：简约的标志设计颜色一般不超过三种，除了一些有特殊要求的标志外，因为加多颜色也意味着增大印刷和制作的成本，设计角度来看也不符合简洁、容易识别的原则。在黑白与反白的情况下，均会影响到标志设计的美观与识别。

2. 名称与标志的组合

名称一般有文字组成，可以采取横排或竖排的方式，但一般情况下，较少有斜排的形式出现。组合一旦被确定下来，要严格用格图来标志，这样做是为了保证视觉的统一性，因为人们的视觉在聚焦上有时会因为光线、颜色、大小、远近等情况有所偏差，在实际印刷中稍小的偏差都会造成成品的失败，因为电脑的准确度是恒定的，不会像人一样产生情感化。还要注意的是，任何品牌标志设计在做修改和变形后都需要到相关部门申报，且必须通过重新审核，通过后方能使用，这样做也是保护企业商标使用的合法权益。

3. 禁止使用的形式和变形

对于那些容易在制作、使用过程中产生问题的形式或变形，在要素设计时就应该有所预料，并明确规定为禁止使用。

（四）标志色的运用

在品牌标志设计中，色彩的选择需考虑商品、对象、季节、文化和时代等特点。

1. 商品

不同种类的商品标志应选择相应的色彩及其组合。常用的商品类别与色彩的关系见表3-2。

表3-2 商品与色彩

商品	常用色彩
建筑材料	黄色、橙色
宝石	黄色、紫色
早餐食品	黄色、橙色
香水	黄色、紫色
咖啡	黄色、橙色
学生用品	黄色、橙色
肥皂	黄色、绿色
夏季露营用品	黄色、绿色
饼干	红色、黄色
药品	蓝色、银色
保健品	浅红、金红
旅游、航空服务	蓝色、绿色
夏季饮料	黄色、绿色

2. 对象

不同的目标顾客由于受年龄、性别、民族、受教育程度等因素的影响对色彩的感知和理解不尽相同。如儿童喜欢鲜艳、单纯的暖色，年轻人则偏爱深沉、个性的冷色。男性选择坚实、强烈的颜色，女性青睐柔和、典雅、高贵的色彩。

3. 季节

色彩分为冷暖。由暖至冷的色彩顺序为：红、橙、黄、绿、紫、黑、蓝。如夏季服装最好采用中性及冷色。而冬季消费品则适合以红、橙、黄色为基本色。

4. 文化

在品牌国际化的运作中，需特别注意不同文化背景的民族和国家对色彩的喜好和禁忌。如亚洲人将灰色等同于廉价。美国人却认为灰色是昂贵、高品质的象征。

法国人忌讳墨绿色，美国人则没有特殊禁忌。

5. 时代

社会的发展和时代的变迁，也伴随着人们对色彩偏好的改变。从人们对服装流行色的选择，我们深切地感受到，色彩也是各领风骚数几年。如，20世纪80年代日本人喜欢红色的汽车，20世纪90年代开始偏爱白色。

第二节 品牌传播与推广

品牌真正的、最终的拥有者是顾客，是消费者认可了品牌，如果顾客没有记住品牌，或对品牌没有好感，就不会选择相应的产品。所以品牌主体一定要通过各种努力，使品牌转移到消费者的心目当中。这种移动就是品牌传播与推广的过程，同时也是品牌投资的一个方面，品牌传播必须要有持续合理的投资。

作为品牌价值的主要指标——品牌忠诚度，涉及发展战略、市场调研、品牌识别、产品开发、质量管理、价格制定、渠道建设、广告设计、直接营销、事件营销、销售促进、服务营销、整合营销、传播管理等全方位的工作。

一、品牌传播概述

品牌传播是确立品牌意义、目的和形象的信息传递过程，同样包括了信息企业品牌传播的所有参与因素（内容、传者、渠道、受者）和类似流程。不过企业品牌传播与一般的新闻企业品牌传播、广告企业品牌传播等存在不同之处，有着自己独有的特点。其中，企业品牌传播元素、企业品牌传播手段、企业品牌传播媒介、企业品牌传播对象是企业品牌传播的核心构成。

（一）品牌传播的内涵

品牌传播是利用一切传播手段在品牌所有者和消费者之间进行沟通交流，最终达到塑造和维护品牌的营销传播活动的总和。它是一种操作性的实务，即通过广告、公共关系、新闻报道、人际交往、产品或服务销售等传播手段，以最优化地提高品牌在目标受众心目中的认知度、美誉度、和谐度。

（二）品牌传播的特点

1. 企业品牌传播元素的复杂性

企业品牌传播内容通常体现为企业品牌传播元素及其组合后的符号意义，有形和无形的企业品牌传播元素构成了企业品牌传播的主要信息。在理解品牌的内涵时我们就已经发现，品牌本身具有相当的复杂性。品牌是一个企业、社会组织的产品（组织）形象、声誉及其符号的总和，是公众对意义、符号的编码与感知的结果。

2. 企业品牌传播手段的多样性

企业品牌传播手段的多样性主要体现为：并非只有广告和公关才是企业品牌传播的手段，事实上能够用来协助企业品牌传播的手段非常丰富。按照整合营销企业品牌传播的理论，营销即企业品牌传播，所有来自品牌的信息都会被受众看成品牌刻意企业品牌传播的结果。换言之，在企业品牌传播中，一个企业或一个品牌的一言一行、一举一动都能够向受众传达信息。任何一个"品牌接触点"都是一个企业品牌传播渠道，都可能意味着一种新的企业品牌企业品牌传播途径和手段。

3. 企业品牌传播媒介的整合性

所有能用来承载和传递品牌信息的介质都可以被视为业品牌传播媒介。新媒介的诞生与传统媒介的新生，正在共同打造一个企业品牌传播媒介多元化的新格局。企业品牌传播媒介的整合要求与企业品牌传播媒介的多元化密切相关。在"大企业品牌传播"观念中，所有能够释放品牌信息的品牌接触点都可能成为一个载体，比如促销员、产品包装、购物袋等。

在网络中，接触点更是具有无限的拓展空间和可能，由互联网所带来的新媒体的丰富性，至今尚未为人们完全认识。如此，企业品牌传播在新旧媒介的选择中，就有了多元性的前提。企业品牌传播首先要整合与顾客及相关利益者的一切接触点的企业品牌传播平台

4. 企业品牌传播对象的受众性

首先，从正常企业品牌传播流程看，品牌的信息接收者不都是"目标消费者"，而是所有品牌信息接触者。企业品牌传播的受众是指"所有与品牌经历、品牌广告或社会公关活动等相关的任何个体或是群体"。目标受众是指任何可能使用或感受品牌的特定群体或消费者。这里的"使用或感受"可能是接触品牌的标识和各类广告，或是完整的品牌消费等。

其次，从企业品牌传播的影响意图看，企业品牌传播的对象应是"受众"而不仅仅是"消费者"。虽然在一定程度上，"消费者"与"受众"是一致的，但不同的强调点却体现了不同的实践观念：将企业品牌传播的对象表述为"消

费者",强调的是消费者对产品的消费,体现的是在营销上获利的功利观念;而将企业品牌传播的对象表述为"众",强调的是受众对品牌的认可与接受,体现的是企业品牌传播上的信息分享与平等沟通观念。

最后,从企业品牌传播对象的定位看,应以"利益相关者"来锁定和划分具体受众。企业品牌传播对象具有显著的多元性,既包括目标消费者,也包括大量的利益相关者。这些利益相关者通常也会成为企业品牌传播的目标受众。

5. 企业品牌传播过程的系统性

品牌具有系统性,"在社会系统中,品牌既是一种经济现象,又是一种社会、文化和心理现象;在微观营销体系中,品牌几乎覆盖营销要素的所有环节,因此它具有明显的系统性特点。"系统性是品牌最为基本的属性,不承认品牌的系统属性,将导致无法科学理解品牌现象中的多元化特征,更无法正确全面地建构起品牌的理论体系。对品牌的感受、认知、体验是一个全方位的把握过程,并贯穿于品牌运动的各个环节中。消费者品牌印象的建立是一个不断累积、交叉递进、循环往复、互动制约的过程。

作为一个复杂的系统,无论从消费者认知的角度来看,还是从企业创建的角度来看,品牌都是一个动态企业品牌传播与发展的过程。这种动态企业品牌传播与发展的目的,是在"品牌—消费者—品牌"所有者三者的互动性交流和沟通中,逐渐建立一种品牌与顾客之间的不可动摇的长期精神联系,即"品牌关系",这也是品牌营销企业品牌传播的本质所在。

由于企业品牌传播追求的不仅是近期企业品牌传播效果的最佳化,还包括长远的品牌效应,因此企业品牌传播总是在品牌拥有者与受众的互动关系中,遵循系统性原则进行操作。其基本程序为:审视企业品牌企业品牌传播主体—了解并研究目标受众—进行品牌市场定位—确立品牌表征—附加品牌文化—确定企业品牌企业品牌传播信息—选择并组合企业品牌传播媒介—实施一体化企业品牌传播—企业品牌传播效果测定与价值评估—企业品牌企业品牌传播的控制与调整—该程序构成了一个企业品牌企业品牌传播的系统工程,并周而往复,使品牌不断增加活力,在系统性的企业品牌传播与更新中走向强大。

二、品牌传播的方法

在建设品牌的时候我们要时刻保持清晰地理论,建设品牌的过程就是让你的产品更好卖的过程。要与你的用户产生情感共鸣,然后激发消费者的购买需求;同时让你的产品让你的消费者一见钟情,增加消费者注意力,创造更多购买机会以及促成购买需求。这也是我们常说的品牌五力，分别为：品牌力、产品力、形象力、注意力、营销力。

在互联网时代，你的传播要让观者产生代入感，心甘情愿的自我投入。

在各类品牌的广告推广和公关活动中，通过"情感代入"的传播理念使得品牌更为深入人心，引发目标客户的共鸣，因此凡是寻求客户情感代入的品牌传播方式，都可以尝试代入式传播。

植入式传播是品牌刻意植入，受众被动接受，而代入式传播是品牌用心传播，受众主动代入。其最大的差别在于：一个是勉为其难，一个是心甘情愿。

植入后的效果往往只是使品牌在受众中"混个脸熟"，但因其目的性太强，往往又显得比较生硬牵强，易使受众产生反感。而代入式传播则目的性更为隐蔽，直指人心，更易被人接受。

（一）病毒式传播取代"串门式"传播

非互联网时代，我们生活在不同的世界里，传播规律是"鸡犬相闻，老死不相往来，偶尔串一下门"，B-TO-B 业务以点线传播为主，受众人群相互之间不交集，或交集很少，属于弱连接，所以传播的关键是常"串门"，加强感情联络和关系联络。

互联网时代，我们生活在同一个世界里，传播规律是"老少爷们齐上阵，OTO 线上线下交叉传染"，B-TO-B 的点线关系变成网状关系，受众人群的交集程度高，属于强连接。（注：全球有 30 亿网民，中国网民 6.4 亿，移动宽带用户 5.6 亿、手机用户接近 13 亿 微信用户 7 亿左右）。广泛的链接有了，要形成深度链接，需要做好传播内容感知。

在民众时代和互联网时代，品牌传播的关键是制造品牌"病毒"，提高品牌的感知度、趣味性和粘性。因为互联网技术已经建好了"信息传输高铁"的轨道，剩下的事是制造动力强、智能化水平高的高速列车。

（二）口碑式传播超越大众传播——每部手机就是一个口碑

传统传播理论中将最有效的传播是整合传播，即整合多种传播力渠道和大众传播媒体进行传播。但互联网时代，人人都拥有"印刷机"和"发射塔"，人人是媒体，人人是渠道；每个圈子都是媒体平台，每个圈子都是渠道集合。口碑传播借助互联网力量，已经大大超越大众媒体的传播力量（大众媒体因为它的相对连接性和非互动性，已普遍衰落，美国有 150 年历史的《洛基山新闻报》2009 宣布停刊，此后《旧金山纪事报》《芝加哥论坛报》《塔克森市民报》和《费城问询报》等报纸先后破产或宣布破产；著名的《华尔街日报》也出现变卖房地产缓解资金紧张状况），每部手机就是一个口碑。所以口碑传播的关键是制造"内容"，内容即营销，让产品自己说话。有想象力的内容，受众会通过在线上和线下的途径进行口碑传播，并不断丰富传播内容，增加传播的穿透力。

在口碑传播中还有一个重要理念就是意见领袖引导舆论风口。在互联网时代，意见领袖褪去高大上的形象，转为有趣、有料、有智慧的新形象，让大家喜欢，并乐于辅助传播。所以他们在网上登高一呼，网上一片响应。如罗胖子的"逻辑思维"，成为一个品牌传播的平台，世界 500 强的联想柳传志都要上赶着与他合作。环境产业中也逐渐出现诸如张益的《固废观察》等意见领袖的身影，当然一切只是刚开始。

因为上述的两个传播规律，将演化出以下的 10 个方法，也许会有更多。所谓道生一、一生二、二生三，三生万物。

十个方法——品牌传播新规则

1. 碎片化——让星星发出太阳般的光芒

传统的传播理论是系统化传播，海陆空全部资源在一个时点上集中投放，主要是渠道传播，而互联网时代的传播是有魅力的内容传播，是关注度传播，所以是"四两拨千斤"的玩法。碎片化就是要选取企业品牌中最亮、最容易传播、体验最好的一点，经过精密加工，形成"品牌病毒"，只要这个病毒能引起受众的共鸣，就会在互联网的连接下让这个"碎片"产生巨大的能量，实现让星星发出太阳般的光芒，即便受众在碎片化的阅读和碎片化的感知环境中，也会强烈感知到该品牌的魅力。

案例：（1）文一波总在讲"创新"和"领先一步"的要素。

（2）博天环境赵笠钧在任何场合只讲"品质、速度、信任"。

2. 娱乐化——提高传播参与度，给品牌传播插上想象的翅膀。

娱乐是人类的天性，当人类从繁重的体能劳动解放出来，娱乐成为人们精神生活的最大需求，所以好玩的东西必定参与度高，必然有微创新。古有"寓教于乐"，今有"非诚勿扰"，中国上亿的青少年沉迷于游戏就是因为娱乐的力量。

互联网时代是关注经济，当大家不关注你时，或不能持续关注你时，你的价值就会缩水，所以通过娱乐化的方式增加粘性和关注度，成为一个好方法。

案例：（1）悲情慈善转身娱乐慈善的"冰桶挑战"

（2）去高大上色彩后的转型的"固废年度评选"，煜环环境和嘉博文的娱乐化品牌传播。

3. 事件化——爆炸效应，免费获得媒体关注高潮。

事件传播之所以有爆炸效应，是因为它有两个特性，一是价值特性：它的新闻价值、社会影响和名人效应容易吸引媒体、社会团体和消费者的兴趣与关注；二是传播特性：具有受众面广、突发性强，在短时间内能使信息达到最大、传播快的效果。特别是在互联网时代，从统计学来讲，一个社会突发事件在 2 小时内网上就会出现文字和视频，6 小时内就会被多家网站转载，24 下市内网上的跟帖就会达到高潮。所以策划的事件独特，往往可以获得免费的媒体关注和口碑传播，帮助企业节约传播成本。

案例：（1）"庆丰包子"事件，习主席不经意的一次光临，让庆丰包子成为全国知名品牌。

（2）桑德"特斯拉试驾活动"，推广桑顿电动车。

4. 故事化——感性大于理性，唤起受众的集体无意识。

人类的文明是由逻辑和故事、"无"和"有""心"和"相"相互作用演绎发展和传承的，哲学、历史、文学、商业，以故事为载体生机勃勃的被传播。当然你的故事要有吸引力，故事的表达（或有趣味，或传递大爱，或震撼心灵）要利于传播。好故事像一个雪球，在互联网的环境下，传播者会对故事主动加工，并在短期内形成神话般的魔力。

案例：（1）马云创业的故事（阿里巴巴最早是做 B-TO-B 业务的）（2）褚时健与褚橙的故事，（3）碧水源"MBR 膜，污水的终结者"的故事

5. 微视频化——用手机引发多米诺骨牌效应

10 年前是"读图时代"，现在则是"观影时代""微电影时代"，以场景体验为核心的微视频已经成为当下人民最喜欢的信息的接受方式。微视频传播有 4 个要点，第一，内容需要平时不常见的，超过人的想象力和承受力的；第二，要抓住受众的注意力，目标客户注意力集中在哪里，哪里就是创意的出发点；第三创意就是视频表现的灵魂，没创意就一边打酱油去吧；第四视频制作要完全以用户的角度出发，传递我在用户心目中的价值是什么，而不是"自嗨"。

案例：（1）柴静的《穹顶之下》

（2）各国领导人是怎样炼成的

（3）海南立升《车间的故事》

6. 人格化——"我就是这样任性"，打造企业人格魅力体。

在互联网和民众时代，品牌是否能传播好，不仅在于品牌的价值，同时受众还要看品牌有没有意思、有没有魅力。品牌不仅要有价值，更要让人喜欢。

在完全市场化的环境里，产品服务供过于求、同质化是常态，如何让企业品牌脱颖而出，被大家喜欢，这就要有"另类"的气质。水浒传108将都是造反的英雄，但各个性格鲜明。企业的品牌个性要根据企业发展基因进行极致化、趣味性、设计，拟人化设计，一出场就与众不同，让人记住。

案例：（1）华为的"狼性团队"，（2）锦江对流化床的"专注、坚持"（3）嘉博文"创新、跨界、合作"，（4）国电清新：观香修行，术可变、道不变（5）煜环环境：点我就成黑马。

7. 过程化——让闪亮登场变成灰姑娘的传奇故事。

因为现在的信息传递是在大数据理论影响下的碎片化，过程化应用。即完整的——以碎片化的方式快速传递——过程当中逐渐再完整。把这一原理用于传播，那么企业的品牌光辉是在传播过程中通过不断寻找新话题、新主题，让企业与受众之间的进行强烈互动，把与原先的亮点（碎片）穿起来，让受众由表及里、由浅到深的建立企业的品牌知识，在传播的过程中与受众产生共鸣，激励受众进行口碑传播，使企业的品牌形象逐渐丰满，光芒万丈。"闪亮模式"的实现路径是："发现—包装—推出"，"灰姑娘模式"是"推出—发现—包装—再推出"。

案例：（1）"中国好声音"，（2）"我要上春晚"，（3）2014年固废评选"点我，就成黑马"的品牌传播创意。

8. 体验化——"马桶也能建家里"，感知大于事实。

人类是感知动物，人对自然和社会的认知大部分是通过"色声、香、味、触、法"的"六识"获得的，所谓体验就是调动这些觉知来建立对现象和本质的认知。

互联网时代和民众时代，是一个体验化的高感知时代，你必须创造大家没有经历的巅峰体验，才会被大家记住并喜欢。当我们的污水排放、垃圾选址遭遇民众集体投诉和"邻避事件"围困时，我们如何做品牌传播。捂着不如透明化，请民众、专家、媒体来企业参观、体验，去国外参观、体验，主动与周边社区沟通，建立环境开放日，或环境公益活动，进行科普教育，才能赢得民众的理解、信任，把反对者变成支持者和品牌的口碑传播者。我们提蓝色焚烧，就是要向政府和民众创造蓝色焚烧的巅峰体验，即"马桶也能健在家里的"体验。

案例：（1）丹麦的"能源之塔"项目（1）深能的老虎坑项目（2）上海环境的老港项目（3）锦江的杭州项目（4）金州的北京高安屯项目等，都使用了体验营销的方法，获得行业和民众的好口碑。

9. 社会化——墙外开花墙内香。

很多企业喜欢在行业中传播，但行业传播常常毁誉参半，品牌知名度和美誉度的提升缓慢，且有临界值。因为任何的技术、任何的模式、任何的运营管理都不会是完美的，总会被人挑毛病。聪慧者开始逆向思维，企业家将自己变成公众人物或者把企业变成社会公民，快速提高企业在社会上的知名度、美誉度，从而通过良好的社会品牌帮助企业获得在用户的心目中的好认知。

墙外开花墙内香还有一个重要原理就是企业社会知名度和美誉度的大圈很快会被用户的小圈所感知（互联网时代用户的圈子高度交集，包括网上网下的同事圈、行业圈、朋友圈、亲戚圈、社会团体圈、休闲运动圈）。那么企业无论去那个区域开拓市场，他的用户早已通过网上和网下的圈子知道它了，并对它形成好的印象，这就是通过社会口碑达到传播效果。

案例：（1）王石登山运动给万科的知名度，并为万科的品牌注入了新的感人内涵；（2）陈光标以中国首善第一人的形象，轻松获得了许多项目；（3）文一波以"创业导师"的身份参与中关村举办环保创业大赛为桑德集团为环境无止境，我们一直在创业提供新鲜的注解；（4）博天环境赵笠钧发起中欧校友商道论坛倡议"商之道，富之德"。

10. 主动化——我为自己代言，酒香还需多吆喝。

酒香不怕巷子深的逻辑是时间没有价值，互联网时代时间是奢侈品，人们在与时间赛跑，关注度决定了你品牌的价值高度。因此关注度是品牌传播的第一高地，因为信息、产品、企业太多了，一旦目标受众对你的关注度"沦陷"，你就快要出局了。非互联网的时代我们可以先做美誉度、忠诚度，再做知名度，"好酒自然会飘香"的理论在互联网时代会被终结，如果你是坛好酒，你就要自信站出来说"请为我点赞"。我为自己代言主要通过圈子、意见领袖的方式实现快速传播。

所以我们看到求前有王石、潘石屹、刘晓光，后有马云、雷军、俞敏洪、刘强东、周鸿祎、文一波利用各种"道场"为自己和企业代言。品牌传播效果非常好，公司又省大笔的营销费用。

案例：E20 环境平台组织的 2014 固废年度评选，让很多黑马自己站出来说"点我，我就成黑马"。嘉博文、高能时代、上海固废中心、重庆环卫集团、煜环环境等，原本不知名，但有很好潜质的公司让业界迅速认知，通过点赞活动还极大提升了让在社会上的知名度。

三、品牌传播手段

传统和新媒体的结合，让传播渠道更多元。

说到传播，大家首先想到的是电视、报纸、网站等媒体。实际上，中国的对外传播经历过了从比较单一到多渠道传播的过程。比如京东"快才痛快"系列广告，陌陌"就这样活着吧"主题广告等……都是大面积覆盖传统渠道。传统媒体传播，是将一个设计好的口碑营销事件通过报纸、电视、广播等形式传播出去，以扩大口碑营销的传播力度。既可以自己主动传播，也可以制造吸引人的主题来吸引媒体主动传播。

到了互联网时代，传统渠道的优势被大幅度削弱，于是各大品牌就开始将目光瞄准了微信、微博、抖音等新媒体传播渠道。网络传播营销方式与传统媒体传播有所不同，网络传播具有更多地主动性，采用得当其效果惊人。因此，品牌不仅仅要基于传统渠道提供创意和营销方案，同时还要借助社交媒体的圈层特性来做联动传播。可以说，过往单一且信息流通缓慢的社会化解决方案，已经跟不上时代的风潮了。

长期以来，不管是传统媒体还是新媒体，都堪称传播的核心，也是品牌传播的利器。黑马君认为，传播渠道是链接消费者心智的关键。因此，品牌传播要想真正"围猎"消费者，需要将地铁、电梯、户外等传统渠道和微信、微博、短视频、直播等互联网渠道二者结合，才能面面俱到。

（一）内容为王时代

优质内容加速社交传播

虽说传播渠道才是将品牌信息传递出去的关键步骤，但品牌也不要只注重渠道建设，而忽视了内容建设。一个好的内容可以打造出具有独特性与辨识度的品牌形象，摆脱同质化内容带来的品牌"泯然众人矣"。

1.瞄准内容发力，激发用户更多参与感。

我们都知道，信息的传播本质是一个影响力扩散和说服别人的过程。但在互联网时代，当大家都拥有同一类数据，都在同样的素材上进行不同侧重点和内容的加工，这时候想从中脱颖而出，关键就是看谁的论点和论证方式更别出心裁。即品牌需要做到瞄准流量洼地——探知合适的商业机会——激发新的用户爆点。

比如一跃成为新的流量增长点的抖音短视频平台，就是各大品牌当下首选的流量洼地。但随着过多内容的爆发、同质化问题的加重，品牌就必须从茫茫数据海中，找到适合自己的商业传播点，同时找到真正能给品牌带来价值的那部分人，即品牌所需的忠实用户，培养其的情感价值认可，才能让用户真正参与到品牌的内容矩阵中来。

2. 唤醒"内容休克"，将"用户为核心"进行到底。

面对爆发式增长的内容，人们无法在有限的时间内全部消化。而这样的现象，就叫作"内容休克"。如果不把用户的休克状态唤醒，品牌该如何吸引社交流量，？毕竟，品牌想要获取社交红利，很大程度上都依赖于用户的主动分享。而"内容休克"给品牌带来的结果就是，品牌需要投入更多，才能让消费者保持与过去相同的关注度。这意味着伴随"信息过载"现象的加重，内容营销的成本也在不断增加中。

因此，品牌不要盲目追求热点，而要学会用内容重建信任。因为用户只有基于对品牌的信任，才能主动进行内容分享和信息传播，从而让 UGC、PGC 等优质内容进行裂变，实现更广泛的品牌价值认同。

3. 解锁"传播新玩法"，制胜社交传播 3.0 时代。

互联网的发展让"网红经济"迅速崛起，并成了社交传播时代的独特表现。这样的大趋势，也证明了品牌不能固守传统，想要在传播行业发光发热，必须具备优秀的内容构建能力，才能不断加深用户认知。有句话说得好，最好的传播，不是打硬广、表决心，而是在粉丝心智中植入情感。

其中，为用户打造品牌专属感不失为一个好策略。比如设置获取内容的权限，或者让自己的观点够独特，再或者创建社区，只给社区里的人提供内容。通常来讲，被优待的体验感，以及品牌的专享服务，都会对平凡个体的内心起到无法想象的弥漫式催眠效应，让用户感觉自己的不同、受重视和强存在，而这一切都能帮助提升信心，催生愉悦感，进而在社交传播 3.0 时代，紧紧抓住用户核心。

总之，好的内容自带传播属性，吸引受众关注并获得好感，为品牌树立良好的形象，还可以吸引消费者产生有效互动，将其转化为用户，即"用户核心"是解锁流量的钥匙。总结为八个字："内容为王，社交为道"。

（二）搭建坚实的沟通桥梁

互动式传播激发用户主动性

传统媒体和新媒体都是以一个事件为传播内容或信息载体，在受众对象常出现的网络传播渠道发布信息，而后再通过意见领袖来引导传播，借助这些意见领袖来影响传播对象——目标用户。品牌传播是企业满足消费者需要，培养消费者忠诚度的有效手段。因此，品牌要建立起与消费者之间的沟通桥梁，就必须做到以下两点：

1. 做互动。

从微信红包、滴滴打车券、小米粉丝论坛等成功的商业运作案例，我们可知，用户的参与和分享已经成为现代传播的关键环节。分享使用户变成新的渠道，分享成为传播的神经中枢，而分享的最大主体正是人。消费者通过分享形成自己的社交价值，通过参与与品牌形成情感的共鸣。一直以来，传播就是塑造品牌力的主要途径，品牌要学会从差异性（形象差异化）、沟通性（心智的良好沟通）、体验性（沉浸式体验）和关联性（情感价值的联通）四个方面着手，才能和用户产生有效互动。

2. 讲故事。

最好的传播形式，是讲故事。套用雷军的一句话：有故事，品牌自己都会飞。但想讲好一个故事，不是一件易事。如果品牌讲的故事没有围绕传播核心展开，而是不知不觉跑偏了，那就都是浪费。

第四章 品牌文化

建立品牌，不仅仅是一项经济性社会活动，同时也是一种文化性社会活动。品牌的创立过程中，产生一系列的社会文化心态、文化习惯、文化观念和文化现象。品牌通过文化来增加其附加值，对品牌文化进行挖掘，赋予产品以文化寓意，使文化渗透到品牌经营的各个方面，是品牌营销的重点。越来越多的企业家和经营者意识到：不懂文化，做不好品牌，做不好生意。本章主要介绍品牌文化的概念、性质、品牌文化的构成要素、表现形式以及如何培育品牌文化。

第一节 品牌文化概述

一、品牌文化内涵

中国品牌日是 5 月 10 日，2017 年发改委联合 9 个部委发起成立了中国品牌日，中国品牌日就是弘扬中国品牌的品牌文化和品牌价值，也应该是所有这方面研究和从业者要努力的方向。现在中国品牌要发展，中国的品牌经济要发展，有一个非常好的路径是"一带一路"，"一带一路"提出这几年，中国的品牌包括在马德里商标国际化注册的量在增长。现在真正在"一带一路"上发挥巨大品牌价值的就是"中国"这两个字，在中国这两个字下的所有制造也好、基础建设也好，文化交流也好，教育也好，都是附着在这个信任的基础上，完全符合好品牌的三个特点特征。

"品牌文化就是，为了给特定用户群提供特定价值，而通过产品（或服务）为载体，以形象、主张和价值，与特定人群进行沟通的一套理念体系"。品牌文化包括"品牌形象、用户利益主张、品牌故事、沟通口号"。品牌形象很好理解了，品牌的 LOGO，产品的包装盒一系列能跟用户视觉上沟通的形象；用户利益主张就是你这个产品有什么用？能解决什么人的什么痛点？品牌故事就是要有一个打动人心（至少能让用户相信）的一个故事；沟通口号就是一句话，就是广告语。

品牌文化，主要是针对企业外部的消费者的，目的是与消费者进行沟通，获得消费者的信任和共鸣，让消费者认同产品消费产品喜欢产品的。

从红牛和蒙牛，看品牌文化。

比如红牛这种企业，主要就一种产品，典型的单一品牌模式。产品的文化就是"你的能量超乎你想象"。

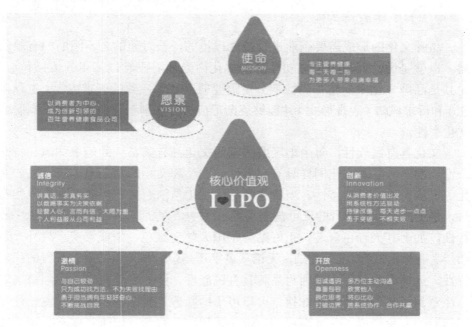

蒙牛公司旗下的诸多品牌，都有属于自己的品牌文化。

蒙牛旗下的高端牛奶品牌特仑苏。

特仑苏的品牌形象：LOGO 是汉文＋蒙古文字，尽显简单大气。特仑苏的用户利益主张是"营养新高度，成就更好人生"，"金牌牛奶，特仑苏人生"也算，这个主要从高品质的牛奶是给注重高品质生活的人的角度来诠释，而不是单纯地从牛奶的口感和口味的角度来说，因为其定位的人群并不是注重牛奶的花样口感或口味的人。特仑苏的品牌故事，写的是"诠释金牌牛奶"的"金牌营养、金牌产地、金牌牧草、金牌乳牛、金牌管理"的五大金牌，通过这个五大金牌，让"金牌概念"有血有肉言之有物，值得信任。

旗下的其他品牌莫不如此——有自己的"品牌形象、用户利益主张、品牌故事、沟通口号"。

二、品牌文化的特性

（一）内涵的兼容性

所谓内涵的兼容性是指企业在塑造和提炼品牌文化的内涵时，既可以体现企业主体的经营理念、价值判断，也可以表现商品本体的内在或外在的属性，还可以彰显消费者客体的审美品位和精神需求等。

（二）传播的持久性

品牌文化的形成需要企业进行持之以恒的、长时间的、不间断的有效传播。也就是说，任何一个成功品牌的文化内涵都需要经过多年的传播积淀，尤其是品牌文化中的精神属性部分更需要通过基本一致的诉求内容（主题概念）和诉求风格（表现形式）才能够逐渐形成自身有别于其他竞争对手品牌的文化个性。

文化具有民族性，每个地区或国家的文化都有其自身的历史渊源和特殊个性。因而，品牌文化同样具有民族性，在品牌文化的塑造上体现了民族文化、民族风格、民族特性。当特定的品牌文化与消费者的民族文化传统相符时，将更能得到消费者的认可甚至喜爱。"中华"香烟从名字上就展示了民族特性，加上其大红色包装，正好贴合了国人热爱红色，象征喜庆，另外"黄鹤楼"香烟、"芙蓉王"香烟，无论从名字还是包装都无不散发着浓厚的民族特性，远销海内外。正是因为品牌具有民族性，国外品牌在进入中国市场时也注意到了与中国传统的嫁接。可口可乐的新春广告中，年画中的泥娃娃阿福抱着的大鱼变成了一大瓶可乐。也是采用红色背景，但是年年有余则变成了岁岁可乐。肯德基在春节期间还特意推出了中国传统的椒盐口味。

（三）品牌文化渗透力强

浓厚的文化底蕴是品牌生命力的保证。万宝路、松下、福特这些品牌能成为常青树，正是因为其有强有力的品牌文化作支持。品牌文化不仅体现于企业经营管理的方方面面，也融入了消费者的消费行为中。随着生产力的发展和人们生活水平的提高，人们从单纯的产品消费过渡到文化消费，而且后者的比重不断加大。美国未来学家约翰·奈斯比特指出："我们正处于人类历史上罕见的时期。在这个时期，对社会改革具有决定性影响的两个因素，即新的价值观和新的经济需求已经出现。"同时他认为二者缺一不可。文化型消费正如一股大潮，势不可挡。其流行之快，辐射之广，利润之丰，被人们称为"商业的原子弹"，以惊人的速度产生了强大的市场轰动效应。现代文化型商战已经拉开帷幕。在现代品牌营销中，品牌文化的运用成为企业的重要课题。许多企业已经意识到，将品牌文化渗透到生产运作、员工管理、企业文化甚至战略管理等各个领域，努力提高文化含量和文化品位能迅速地提高企业竞争力。

（四）品牌文化相对稳定

品牌文化作为文化特质在品牌中的沉淀，是一定的利益认识、感情属性、文化传统和个性形象等价值观念的长期积累，因而其具有相对稳定的特点。尤其是深层品牌文化，即品牌精神的部分，对企业经营将产生持续、长远的作用，关系到企业的长期谋划。万宝路香烟自从李奥·贝纳创造了"万宝路男人"形象以来，这一辉煌的创意就一直未变。万宝路总是与美国西部牛仔形象联系在一起，处处散发出粗犷、豪迈的男子汉气概。其文化精华体现在美国人所具有的勇于挑战、向往自由，以及从西部牛仔所折射出的机智能干、热情奔放的品格。麦当劳也一直在向世界各地的消费者传播美国的饮食文化，将"QSCV"贯彻始终。致力于提供：优质的产品质量（QUALITY）；完美的服务（SERVICE）；清洁卫生的环境（CLEANESS）；以此达到顾客满意度，实现消费价值（VALUE）。

（五）品牌文化个性鲜明

品牌的作用是用于识别某个销售者的产品或服务，并使之同竞争者的产品或服务区别开来，其手段是品牌特色。相应的品牌文化也应具有鲜明的个性。同样是白酒市场，山东曲阜的企业界就充分利用孔子故乡的地理优势，使其品牌浸润着浓浓的儒家文化。由于儒家文化是中华文化的代表，孔府家酒的"孔府家酒，让人想家"曾让多少海外游子为之动容，勾起人们的思乡之情的同时也俘获了顾客的心。孔府宴酒则直接定位人文价值，"喝孔府宴酒，做天下文章"。而山西的杏花村汾酒厂则以杏花仙姑酿美酒、"古井亭"神井涌酒、八仙醉杏花汾酒等历史传说为依托，结合浓郁的汾酒文化，巧妙地借用杜牧"借问酒家何处有，牧童遥指杏花村"的千古绝唱，创立了独树一帜的文化特色。

四、品牌文化的价值

在激烈的市场竞争中，品牌已经成了企业进行市场竞争的一把有力武器，品牌文化作为品牌的标志和灵魂，其价值主要体现在以下几个方面：

（一）品牌文化丰富了产品的内涵

品牌文化扩大了产品的内涵，赋予产品以灵性。当消费倾向从"使用价值"转向"概念价值"时,消费者购买的就不仅局限于商品的基本属性,即使用价值部分。他们更多地是在消费一种品牌,一种精神,一种文化,一种精神上的满足。文化构成了产品附加值的重要来源。为什么意大利的皮钱包要 100 美元,法国的一瓶香水能卖 100 美元,微软公司的一张成本仅 1 美元的光盘标价 3000 美元还有人买?这就是商品文化品位的典型体现,我们不是单纯地消费普通的皮钱包、香水、光盘。重要的是,我们同时在消费意大利的典雅,法国的浪漫,美国的现代。而且,我们也愿意为此付出高额的费用。降低成本是提高利润的途径,但在当今社会,通过塑造良好的品牌文化来获取高额利润,不失为更好的方式。

(二)品牌文化引导消费者进行自我塑造

品牌文化的价值不仅体现在企业营销、管理活动中,为企业创造更多地利润,同样也为消费者带来了更大的顾客感知价值。消费者在购买商品、接受品牌文化的同时,自身也融入品牌文化中去,实现自我形象的重新塑造。万宝路香烟用西部牛仔的生活场景,表现了粗犷、放任不羁的美国西部男子汉形象,诉求了一种勇于挑战、机智能干、追求自由的美国精神。这一"真正男人"形象,对许多美国人具有强大的征服力,万宝路牛仔也因此成为"美国精神"的象征。帮助美国人建立自我,甚至受万宝路文化精神的鼓舞,许多美国男人从消沉、悲观中走了出来。对许多消费者而言,消费万宝路香烟的过程也就蕴含了吸取"美国精神",并以此来重塑自我的重要意义。

(三)品牌文化增强了凝聚力,强化了企业内部管理

把品牌文化渗透到企业生产经营管理当中,提高整个企业的文化意识和文化观念,创造与品牌文化相适应的文化氛围和工作环境,能优化企业内部管理,增强企业凝聚力。

1. 品牌文化有利于提高员工素质,加深对企业和企业产品的认识

曹雪芹家酒厂根据其品牌文化定位,把厂区建设成环境优美的园林式结构,使员工在生产过程中就接受文化的熏陶。此外,还提出"要造名牌酒,先做文化人"的口号,举办演讲比赛,《红楼梦》知识竞赛。这些活动不仅提高了员工的文化知识,也帮助员工更好地理解曹雪芹家酒的文化内涵。在一定程度上说,品牌文化对提高员工的整体素质大有帮助。

2. 品牌文化有利于提高企业凝聚力

日本松下电器公司通过其品牌文化把每一位员工紧紧地联系在一起,使公司上下同心同德,齐心协力,共同创造公司的成功。每天早上 8 点,分散在各地的 8700 多位松下员工同时咏诵松下的口诀,一起唱公司歌,松下电器

通过这种方式使员工完全融入品牌文化所营造的氛围中，凝聚力自然而然就增强了。

（四）品牌文化提高了企业的竞争力

鲜明的品牌文化是本企业产品和服务与其他产品和服务区别开来的重要标志。在当今的市场竞争环境下，谁赢得了顾客，谁就获得了竞争优势。文化上的竞争，是高层次的竞争表现形式。马斯洛的需求层次理论中，前两种为低级需求，这是传统营销关注的焦点，即着眼于满足物质层面的需求。后三种为高级需求，是现代品牌营销的出发点，通过发现和挖掘消费者深层的心理需求，以文化为纽带，与消费者沟通，能达到更高的顾客满意度，从而获得更高的忠诚度。此时，顾客消费某种产品已经不仅限于对产品性质功能的喜好，更表现为一种情感上的依赖。这时顾客忠诚所追求的最高目标，也是市场营销所追求的最高境界。可见，品牌文化是企业获得竞争优势的重要保证。劳斯莱斯始终以生产高贵典雅豪华轿车作为其品牌文化，乘坐劳斯莱斯也就成了身份与地位的象征。劳斯莱斯的员工认为自己不是在流水线上面对冰冷的机器零件，他们以人类高尚的道德情操和艺术家的热情去雕琢劳斯莱斯，努力打造艺术珍品。正是这种品牌文化使劳斯莱斯成了极品豪华轿车的代名词，在世界汽车品牌中占有不可替代的地位。

第二节 品牌文化的构成要素

品牌文化作为文化特质在品牌中的沉淀和品牌活动中的一切文化现象，体现于商品的各个方面。品牌文化是人类在进行商品设计和商品生产时间过程中创造出来的，是生产者、经营者、消费者的物质财富和精神财富的总和。从商品的设计、制造、包装、装潢、广告宣传，到内部管理、制定战略，无不渗透着文化的理念。

一、品牌文化的表层要素

（一）产品

产品是品牌的基础，品牌文化以产品为载体。核心产品为消费者提供了产品的基本效用和利益；产品的实体称为形式产品，即特性、品质、外观等；延伸产品是消费者购买产品时的交货条件、企业保证、安装维修、销售服务等的总称。然而无论是产品的哪个层面，无不蕴藏着品牌文化。产品的有形形态体现的是一种物质文化，满足人们基本的物质需求。例如，人们消费可口可乐，是为了"解渴"。无形形态则是文化对产品概念的扩展，偏重于满足人们精神上、心理上等较高层次需求，即马斯洛需求层次理论的后三层。橙汁、啤酒、茶都是解渴饮料，为什么人们要选择可口可乐？因为人们在喝可口可乐的同时，也在体会可口可乐品牌深处所隐藏的文化——美国精神。喝一口可口可乐，不仅能获得清凉解渴的感受，还把美国精神灌进体内，这才是可口可乐长盛不衰的原动力。

（二）名称

品牌名称是品牌能被读得出声音的那一部分，消费者可以通过品牌名称展开联想，体会商品蕴藏的文化意蕴。品牌名称是直接与消费者沟通的最有效的信息传播工具。所以，世界级的知名品牌在创立品牌名称时大都巧费心思。奔驰轿车的中文译名就十分具有特色，"奔驰"两个字都能形象地代表该轿车行速飞快的性能。"奔"又有热情奔放的意思，使其带有浓浓的时代色彩，故而深受消费者的喜欢。

"雪碧"饮料一看名字就能让人感受到晶晶亮、透心凉的商品特性。

艾·里斯对品牌名称更是给予了高度评价，他指出："实际上被灌输到顾客心目中的根本不是产品，而只是产品名称，它成了潜在顾客亲近产品的挂钩。"成功品牌的名称本身就代表了某一类商品。说到可口可乐，人们就想到碳酸饮料；谈起巴宝利，人们就会想到高档服装；金利来代表了领带；格力则与空调联系在一起。当品牌文化根植在人们心中后，品牌名称又成了激活品牌文化的工具。提到"可口可乐"，人们就会精神一振，立即感受到美国文化的激情。提到"劳斯莱斯"人们就立刻从心里感受到了高贵、豪华、典雅的轿车文化。这就是品牌名称的独特魅力，能长期影响人们的消费行为。这同时也是品牌名称作为品牌文化的一种要素的意义所在。

（三）标志

标志是品牌的视觉表现，即品牌的非语言表达部分。麦当劳总是与黄色的"M"同时出现，从店面装潢到清洁箱、营业用包装纸袋、纸杯托盘、餐巾、抹布几乎都标上了醒目的"M"与红黄相配的色彩基调。雀巢的标志为一对鸟儿在鸟巢中哺育一只小鸟，象征意义地表示了雀巢拥有优质的育儿产品。富有创意的品牌标志能给人以耳目一新的感觉，促使品牌迅速成名。美国一家眼镜店公司用三个字母"OIC"作为品牌标志，其造型本身就像一副眼镜架，而三个字母连读则构成了"OH，ISEE"（噢，我看见了）的读音，可谓寓意深刻，颇费心思。

品牌标志也是企业识别的有效方式，人们从很远的地方就可以看到麦当劳竖在屋顶的大"M"，就知道这里有一家麦当劳餐厅。看到三角的方向盘标志就知道这是一款奔驰轿车。所以，企业不仅要有一个好的品牌名称，还要有独具创意的品牌标志相配合。

（四）包装

包装作为品牌文化的外延，被誉为"无声的推销员"。包装的主要作用，除了保护商品外，还可以美化商品，吸引消费者的注目，使之产生购买行为。包装在现代市场营销中的作用越来越大，并被并入整合市场营销的重要工具之一。精美的包装通过产生美感，将品牌独特的个性、文化底蕴表述给消费者，从而促进销售。包装包括图案设计、包装材料、形状、品牌名称标记、颜色等要素。而所有这些要素都要与品牌文化相配合，与消费者的价值取向相适应。就包装材料而言，在保护产品的基础上，要与现代健康环保的概念相结合，尽量采用无公害的环保型绿色包装。就包装的形状、品牌名称标记、颜色、图案设计等方面而言，则要从美学出发，要注意与人们的审美观念、审美心理、思维方式、购买习惯相结合。同时包装还要与品牌文化相符，透过包装要能看得出品牌个性，能体现品牌的整体形象。包装作为树立品牌形象的重要手段，已成为塑造品牌文化的主要手段，是品牌文化构成的不可忽视的要素之一。

（五）色彩

色彩作为品牌文化的其中一个要素，常常融入其他几个要素之中。五光十色的绚烂色彩，构成了万紫千红的自然美，也为美化产品提供了重要素材。将斑斓的色彩运用到商品中，就构成了商品的形式美、品质美。色彩作为美的一种主要表达手段，与文化、审美密切相关。色彩作用于人们的视觉感官，通过生理和心理反应，使人们产生不同的感情。红、橙等暖色给人以温暖、热情的感受；而青、蓝等冷色则给人以清冷、平静的感受。颜色还可以产生某种联想，例如：红色使人想到火焰和血，令人热烈兴奋；蓝色使人想到天空和海洋，令人平和宁静；黄色使人联想到灿烂的阳光，令人温暖明朗；绿色使人联想到绿草和树木，给人以欣欣向荣的感受。红星青花瓷真品二锅头整体颜色由红、白、蓝构成，将典型中国传统文化特色与白酒文化紧密联系在一起。ADIDAS香水采用神秘的黑色与蓝色，黑色代表高雅，象征品位与身份的结合，蓝色代表自由，运动展现自由。

在品牌文化的表层要素中，商品是品牌文化的载体；品牌名称和标志有利于识别品牌及丰富品牌内涵；包装和色彩与名称、标志相结合，有助于强化品牌文化在消费者心中的印象。

二、品牌文化的内层要素

品牌文化的内层要素有以下四个方面构成。

（一）利益认知

消费者认识到商品的性质功能能够给自己带来某种利益，从而形成利益认知。

利益认知是品牌认知的重要方面。特定品牌总是能向消费者传递信息，表示本企业商品能满足消费者的某种需求，并强调该商品能更好地满足这种需求创造更高的价值。海尔的家电产品就向消费者诉求其过硬的质量，优质的服务。在一定程度上，"海尔"在消费者心中成了质量的保证。而且，消费者为了获得这种质量保证所带来的利益宁可支付更高的价钱。麦当劳餐厅以其快捷的服务，除了满足消费者的饮食需求外，还为消费者提供了干净幽雅的就餐环境，正是因为它能带来更多地利益，使习惯于中式口味的中国消费者也乐意光顾麦当劳这种西式快餐厅。减肥可乐之所以能获得成功，就是因为它能给消费者带来特殊的利益，在尽情享受可乐美味的同时不必担心体重增加。

（二）感情属性

消费者在品牌利益的认知过程中，会将其转化成一定的情感利益。在麦当劳就餐，幽雅干净的环境能使人感到惬意舒适，这就满足了消费者情感上的需求。又例如，穿着耐克鞋，可以更轻便地进行体育活动，使人感到更轻松自然，这就产生了品牌文化的感情属性。通过品牌文化的感情属性能令消费者产生更强烈的认同感，促使顾客满意度的产生，更好地建立顾客忠诚度。例如宝洁公司的飘柔洗发水，除了强调其去头屑二合一的功能外，更重要的是它强调该洗发水能使头发更柔顺，令你在任何场合都能保持自信。该洗发水的各种广告创意，如女飞机技师、挑选舞蹈演员等，都一如既往地向人们诉求——"飘柔，就是这样自信"的概念。这也是飘柔洗发水十几年来稳居市场份额中领先地位的秘诀。

（三）文化传统

品牌在一定条件下可成为文化传统的代表。善于利用一国的文化传统的背景优势，可以使品牌更具魅力。法国是浪漫的国度，其出产的香水更是闻名于世。"娇兰"香水借助这种背景资源，在世界香水市场中独占鳌头。德国人具有严谨认真的个性，因此其出产的奔驰轿车也更能使消费者联想到奔驰轿车过硬的质量。中国是中华传统文化的发源地，因此中国出产的白酒就更能令华人接受。难以想象，如果茅台的设备和原料都不改变，但将其生产作坊搬到美国，会产生什么效果。所以，文化传统作为品牌文化的内层要素之一，值得企业好好研究。

（四）个性形象

品牌文化的性质之一就是个性鲜明，而个性形象也是品牌文化内层要素的构成要素之一。鲜明的个性形象能突现品牌文化，在个性化消费潮流的现代市场环境中，个性形象是企业品牌营销战略所不可忽视的重要一面。运动鞋的巨头耐克的个性形象就是"超越"。所以耐克要用优秀的设计师设计；用一流的技术生产；用一流的运动员（如乔丹）作宣传。所有的一切都能与那些想"超越"的消费者产生共鸣。同样是轿车，在不同的品牌文化下也展现出不同的个性形象。法拉利展现的是极时髦、活力充沛、刺激、冒险的个性；而奔驰则展示了富有的、世故的、高尚的、有权势的个性形象。

第三节 品牌文化的传播

一、品牌产品文化的传播

著名的劳斯莱斯轿车，以高贵雍容、典雅，创造了世界一流的豪华轿车文化，这与其对产品质量的精益求精的执着追求是分不开的。每一辆劳斯莱斯都是轿车中的极品，在每小时100英里的车速时，仍能保证不出现震动，放在水箱的硬币不会被震掉，车厢内完全感觉不到马达的声音，只能听到车内钟表的走动声。劳斯莱斯正是这样向人们诠释了世界级高级豪华轿车所应具有的品质。

二、品牌文化传播的内容

（一）品牌文化的广告传播

品牌文化传播中，广告媒介的影响最有力也相当重要。品牌文化可以将好的广告创意融入品牌文化中，可以让受众在接收到广告时能感受品牌文化。广告传播品牌文化的方式主要有以下几种：

1. 广告词

品牌文化可从广告词凝练而得，突出体现了品牌文化内涵。

广告词简练、易记，能被广泛运用于各种广告媒介，是广告必不可少的构成部分。我们一提起某些品牌，脑海里就能立即联想到它们的广告词。"百事——新一代的选择！"把它定位于年轻市场、诉求青春活力的品牌文化表达出来了。"耐克—JUSTDOIT！"把它的那种追求洒脱自由的运动员精神表现得淋漓尽致。

2. 背景氛围

这主要针对广告的视觉效果而言。人们所接受的信息中有 80% 是通过视觉获得的，可见创造适合品牌文化的氛围是取得良好的广告效果的关键。万宝路香烟的广告就体现了浓浓的西部牛仔气息。在辽阔的西部草原里，一帮目光深邃、勇猛的男子汉，卷起衣袖，露出多毛的手臂，指间夹着一支万宝路香烟。通过背景的烘托，告诉人们"哪里有男子汉，哪里就有万宝路"。伯爵表的广告在极尽奢华的宴会上，高贵的女主人腕戴手表款款而来，顿时厅堂的目光全被吸引过来了，代表雍容典雅气质的品牌文化被自然地传递出来了。

（二）品牌文化的公关传播

公共关系也是品牌文化传播不可忽视的一个方面。相比广告而言，公关活动更能获得消费者的情感认同。而且公关传播的范围更为广泛，不仅包括向外传播，还面向内部员工，也是内外沟通达到和谐统一的手段。一般来说，公关活动可以从以下几个方面展开：

1. 赞助某些活动

这就是大型体育赛事总是有大批赞助商的原因。尤其是当赞助活动与品牌文化主题相吻合时，收效更佳。世界名表劳力士就成功地策划了一次公关活动。1978 年，著名的登山健将霍尔顿·梅斯纳实现了人类历史上第一次不配氧气筒攀登珠穆朗玛峰的成就。当他站在 8848 米的高峰时，宣称："我可以不需要氧气筒，但是却不能不戴我的劳力士。"劳力士表名声大噪，在任何恶劣环境下仍保持精密的精湛技术受到广泛认可，同时也登上了世界名表的巅峰。

2. 与某些特殊场合联系

一些品牌定位明确，与特殊场合联系可以对品牌文化起巩固和强化作用。例如，喜临门酒就与喜庆的场合建立联系，"大喜的日子，当然要喝喜临门酒"。这使得人们一有庆典一类的活动就会想到喜临门酒，提升喜庆的气氛。另一洋酒也与其有异曲同工之妙，"人头马一开，好事自然来"。在正式的商业宴会，庄重的仪式上，人们喝人头马祝愿一切万事如意。

3. 公司格言、歌词、训词

这种形式具有双重作用，是一种精神公关。对内通过品牌文化的内部传播凝聚员工，对外通过品牌文化的外部传播使品牌文化深入人心。美国希尔顿饭店创立于1919年，在不到90年的时间里，从一家饭店扩展到100多家，遍布世界五大洲的各大城市，成为全球最大规模的饭店之一。希尔顿经营旅馆业的座右铭是："你今天对客人微笑了吗？"这种"微笑服务"理念贯穿员工的思想和行为，为饭店创造"宾至如归"的文化氛围。

4. 著名的历史事件

这往往为品牌文化蒙上一层传奇色彩。例如，李维501—19世纪诞生的第一条牛仔裤。茅台当年在巴拿马展会敲破酒瓶，酒香四溢而夺奖。戴安娜王妃与查尔斯王子结婚时，西班牙王室所送的罗倍耶皮具。第一杯可口可乐的产生等。历史事件为品牌文化的宣传提供了很好的素材，也构成品牌文化的一个组成部分。

三、品牌管理文化的培育

品牌文化具有相对的稳定性，但在当今高速发展的社会中，也需要品牌文化不断地改进更新。阿温·托夫勒说："我们正在迈向的崭新时代，是一个以高科技、高信息和经济为目标的新组织方法作基点，为人类未来开创新纪元的时代。"品牌文化只有挖掘内涵，提升理念，才能适应变化的文化需求。可口可乐最初诉求健康、幸福；随着时间推移后来扩展到清新、欢乐、活力；之后又由于竞争区别的需要继续延伸到美国生活方式、美国文化，即开心、欢乐、友爱、自由、活力和健康。

1. 围绕品牌核心价值演绎

品牌文化的演绎必须围绕品牌核心价值的主线，改变或偏离这根主线往往使消费者雾里看花，对品牌认知产生错乱，自然难以积淀成深厚的文化内涵。

白沙集团塑造了品牌独特的"飞翔"文化，他们通过"舞城运""穿天门""贺金鹰""环太湖"、"庆申奥""抗非典""颂神五""助刘翔"等一系列公关活动围绕"飞翔"展开，再加上"我心飞翔"的口号，使白沙集团很快从区域性品牌发展成全国性品牌，单品销量也从全国第三连续三年保持全国第一。

芙蓉王打造"成功人士"的品牌形象，他们一直选用高尔夫球手作为品牌代言人，高尔夫这一高尚运动自然使人联想到"成功人士"的身影。

2. 细小之中见伟大

一颗子弹想打下树上所有的鸟，最终只能是一个也打不着，一个文化想打动所有人的心，最终也只能是一句空话。

大而全的品牌文化就是没有文化，也无法深入人心，引起共鸣。品牌文化从来就是细小之中见伟大，正如原子弹，其巨大的核威力却来自最细小的分子聚变。

酒鬼酒宣称自己是"中国酒文化的引导者"，然而酒文化又是一个多么宽泛的概念，将自己等同于酒文化，这样的文化又有几个人能领悟其中的内涵。

相反，许多优秀的品牌文化以小见大，以少见多，动人心怀。如金帝巧克力"只给最爱的人"表达了情人之间的爱，打动了多少恋人的心；脑白金"送礼只送脑白金"体现出儿女对父母的孝敬之情，也造就了脑白金品牌；纳爱斯雕牌日化品通过"妈妈，我可以帮你洗衣了"等电视广告围绕母女情来演绎品牌文化。

3. 自然清新独特的内涵

最能打动人心的东西往往是最自然清新独特的东西，就像清水之中的芙蓉，东施效颦、故作姿态往往只能是适得其反，其实品牌的文化内涵又何尝不如此。

例如，可口可乐的"欢乐、自由"、戴比尔斯钻石的"钻石恒久远，一颗永流传""SK－II"护肤品的"高雅贵族"文化气息、555 的"绅士的风度"、七星的"唯美精神"等等。

相反，生搬硬套、拾人牙慧的品牌文化只能是过眼云烟，昙花一现。

例如，你演绎成功，我也宣传成功，连几百块钱的西装也不例外；你有"薇姿"，我有"薇×""×姿"；你有"年轻一代的选择"，我也"年轻没有失败"；明明是国内产品，却偏偏称为国外高科技等等……

品牌建设的短视、急功近利往往导致品牌文化内涵的浮浅、匮乏，这样的品牌文化难以博得大众的共鸣和青睐，自然是一颗流星，转瞬即逝。

4. 满足消费者的人性需求

在著名的"行销 28 律"中，"人性律"摆在了第一位，这也说明满足人性需求的品牌文化才是最有生命力的。品牌文化虽由企业建设培育，但却由消费者需求而定，所以品牌文化的演绎应该洞察消费者的内心世界，满足消费者的人性需求。

例如，有家汽车经销商，发现许多购车者往往把车当成第二个家，于是，该企业通过建立"家"文化为突破口，不断在经营活动中演绎"家"文化的温馨、幸福、开心、美满，得到了员工、车主及社会的多方认同，并产生了共鸣，从而在竞争激烈的市场中，拉动了汽车的销售，促进了企业的发展。

5. 多形式的演绎手段

品牌文化的培育应该是点滴积累，循序渐进的过程，全境式的广告轰炸只能快速提高品牌知名度，却很难积淀品牌深厚的文化内涵。除了广告外，品牌文化的培育还需要多种手段，如公益活动、新闻宣传、公关赞助等等。

百事可乐的街头主题式文娱活动，通过更多社会公众的积极参与，唤起消费者对百事可乐品牌的美好感情与联想；耐克常年赞助体育比赛，使品牌始终与目标消费群体保持亲密的接触，将品牌文化的内涵植入人心；2003年"蒙牛：中国航天员的专用牛奶"的事件营销，产生了巨大的辐射力，全面提升了蒙牛的品牌价值，使蒙牛一跃成为中国乳业的"领跑者"。

6. 为品牌塑造一种恰当的文化。

为品牌塑造的文化是否合适，一般有两个标准。

一是这种文化要适合产品特征。产品都有自己的特性，如在什么样的场景下使用，产品能给消费者带来什么利益等。百贝佳(牙膏品牌)宣传"世界的早晨从百贝佳开始"；雀巢则时刻传递给人一份温容和关爱。品牌文化要与产品特性相匹配，才能让消费者觉得自然、可接受。有的时候，品牌经营者采用的是品牌延伸策略，即一个品牌下有许多品种的产品，这时就要抓住产品的共性。如西门子这一品牌涉及家电、电力、医疗器械、通信等众多行业，但西门子始终坚持一种可靠、严谨的品牌文化，让大众认为西门子代表着德国一丝不苟的民族传统。

二是这种文化要符合目标市场消费群体的特征。品牌文化要从目标市场消费群体中去寻找，要通过充分考察他(她)们的思想心态和行为方式而获得。只有这样，这种品牌文化才容易被目标市场消费者认同，才能增强品牌力。

案例：西门子创新品牌文化四要素

从现在展望未来，从未来回溯到今天，150多年来，西门子在行业内保持着领导者的地位。关注社会经济的趋势、市场的趋势、客户业务的趋势、技术的趋势……西门子不断创新，而作为创新者，西门子也在改变着行业，改变着世界。

去年，西门子股份公司的执行委员会成员、西门子研究院院长魏瑞思在上海公开了西门子创新的秘密。

渐进式创新与革命性创新

对一家公司来说，在市场上取得优势地位的必经之路包括整合产品组合、优化流程、减少产品的复杂性，以及根据成本设计，对现有业务扩展等等。

这种连续性更新带来的创新方面的策略就是渐进式的创新。这一创新方式非常稳定。还有一种创新方式则显得不那么稳定，那就是革命式的创新。这种创新会给企业带来巨大的突破，但时间长、风险大，对市场的预测必须准确。"对于不连续性的创新，你必须要有耐心，必须要有直觉，必须要有全面的视角。"魏瑞思说，渐进式的创新对于每个公司来说是必须要进行的，而革命性的创新，可能是人们都有所畏惧和不愿意冒险的。

创新者的困惑

在长期的创新实践过程中，魏瑞思发现一个现象，愿景家、创新者和市场领袖，很难集于一身。"很遗憾的是，有的时候这些创新者并不一定就成为一个赢家。"当新的技术周期不停地在我们周围发生的时候，对于企业来说，就要正确地预测客户和市场的需求，做出反应——要么自己吃掉自己的业务，要么被别人吃掉。

"另外一个教训，就是老的技术会'杀'回来。"魏瑞思说，千万不要认为新技术产生了，老技术就会自动消失。

一个例子是，液晶技术到来之后，老的技术并没有消失，反而在技术和应用上持续创新。这使得前者不得不努力向市场证明自己的性能。

因此，魏瑞思提醒说，创新的战略，要沿着技术的生命周期进行定位。

要强调自己的基本技术，控制基本技术，同时还需要有远景，以及自己的业务流程。

除此之外，还要精通客户的业务和流程，了解客户的业务；在技术上具有领导力；获取专利、保护专利，并且要成为一个非常强大的标准的制订者，同时还要去和其他的公司进行合作，同时必须要引领市场上的研发；优化创新流程；和顶尖大学合作。

创新文化四要素

更重要的是要有强大的创新文化，优秀的人才网络。作为软性的因素，创新文化看不到也摸不到，但对于企业却是不可或缺的。

到底什么是西门子创新的品牌文化？

首先，具有客户导向。

其次是我们管理层要关注创新，必须要设计具有挑战性的创新目标，并且有一个适当的系统控制创新人员，还要设立合理的激励机制，一旦创新成功要给予到位的奖励。

此外，我们创造一个敢于冒险的氛围，这里所说的冒险不是一味地蛮干，而是鼓励员工用挑战精神迎接困难。同时要赋予创新者充分的信任。

最后一点是追求卓越，要设立一系列的创新标杆，这些标杆来自行业内最佳的企业，同时要试图使自己的公司成为行业的标杆。

第五章 品牌的维护与更新

第一节 品牌的防御与保护

一、品牌抢注与品牌侵权

（一）品牌抢注的含义及其危害

所谓品牌抢注，是指有些企业辛辛苦苦打造出了一个成功的品牌，由于种种原因没有及时进行商标注册，结果被某些别有用心的机构和个人抢先注册。品牌抢注可以分为两种情况：一是地域性抢注，即品牌在境内注册了，但在境外没有注册而被境外机构和个人抢先注册，从而使品牌以后越出国门到海外市场发展的道路被堵死；第二种情况是时效性抢注，即企业原先注册的商标到了受法律保护的期限，但因为某种原因没有及时去续注，结果被别人抢注。

品牌抢注除了抢注品牌名称、标识等品牌元素，网络域名抢注也成为当今互联网时代一个常见的现象。由于许多企业尚没有意识到网络域名的重要性，导致被抢注的企业非常多，包括知名大牌企业麦当劳的域名也曾经被恶意抢注，最后麦当劳花了 800 万美元的巨资来购回自己的域名。

品牌抢注对企业的危害非常大，一旦品牌被别人抢注，就意味着企业原先所做的一切都是为他人作嫁衣裳，品牌真正的创始人只能眼睁睁地看着自己辛苦打造出来的品牌被别人使用。而一般被抢注的品牌基本上都是具有市场号召力的品牌，失去了品牌也就意味着失去了市场，这对企业的打击必然是致命的。

（二）品牌侵权的含义及其危害

如果说品牌抢注只是利用了企业的品牌管理漏洞、抢注行为仍然属于法律许可的话，那么品牌侵权就完全是一种违法行为了。

品牌侵权包括商标侵权和专利侵权。根据我国《商标法》第五十二条规定："未经商标注册人的许可，在同一种商品或者类似商品上使用与其注册商标相同或者近似的商标的，构成商标侵权行为。"有许多不法商家直接盗用著名品牌来销售自己的产品，以此牟取暴利。据一些白酒经销商称，市场上80%的茅台酒是假货，茅台酒厂每年花在防伪打假上的资金投入就高达1亿多元，但仍然难以遏制住品牌被盗用的行为。还有些企业则采用一些"打擦边球"的伎俩，把品牌的名称或标识略微加以一些不起眼的改动，作为自己的品牌加以使用，以此混淆视听、迷惑消费者。如把"屈臣氏"改作"屈巨氏""元祖"改作"无祖""老干妈"改作"老干娘"等等。

品牌侵权除了最常见的品牌名称和标识侵权之外，产品包装侵权也比较常见。一些不良企业会模仿知名品牌产品的包装以达到迷惑消费者的目的。比如中国广东的海天酱油就模仿了雀巢公司的"美极鲜味汁"包装瓶。有鉴于人们对包装也会仿冒，1960年美国可口可乐公司对它的饮料瓶外形也进行了专利注册。

除了对品牌要素进行侵权，品牌侵权还包括专利侵权。专利侵权分为两种：

一是外观专利侵权，即对品牌产品的外观设计进行仿造。目前外观设计侵权最普遍的是手机和汽车。另外一种是技术专利侵权，主要是对品牌产品的技术进行抄袭或窃。

品牌侵权的危害非常大，主要表现在两个方面：①蚕食了品牌的利润。侵权者用与知名品牌相同或相似的假冒品牌进入市场，凭借着低廉的成本和价格，轻而易举地就抢占了本来应该属于正牌产品的市场份额，导致真品牌的产品销售下降。②损害了品牌形象。侵权者不仅会抢夺原属正规品牌的市场份额，而且其产品质低价廉还破坏了正规品牌的良好形象。惠尔康公司董事长曾经感慨地说："培育一个市场可能要花无数的人力、物力、财力，然而如果被人仿冒的话，这个市场在一两个月就可以被毁掉。"

（三）企业自身存在的品牌防御缺失

1. 品牌要素设计时缺乏独特性，容易被竞争对手混淆

使用企业在品牌建设的初期酝酿品牌元素时就要尽可能地清晰独特，容易被消费者识别。比如苹果公司采用一个水果名作为品牌名称就很出人意料，品牌标识更是用一个被咬了一口的苹果，这样的标识非常独特且容易记忆，即使有不良企业试图仿冒，也很容易被消费者识别。相比之下，宝马公司采用的蓝白两色圆形标识就很容易混淆，仿冒者只要改变一下蓝白两色的位置，

或者略微把圆形图案变成椭圆形，消费者就很容易混淆真品牌与仿冒品牌。多年前比亚迪公司涉嫌仿冒宝马公司的品牌标识，被法院判定侵权。

2.品牌要素投入使用前没有进行全球性排查

品牌要素设计完成投入使用前一定要在全球范围内进行一次排查，确保所有元素并没有被其他企业已经使用或者注册过。因为一旦发现已有其他公司使用，还可以重新设计，最多损失一些设计费用。而如果被人举报侵权，不光前期所有的品牌建设、推广付之东流，还很有可能赔付巨额的罚款。这样的例子不是没有，即使是实力雄厚、鼎鼎大名的苹果公司都差点遭遇滑铁卢，为此付出了高达6000万美元的巨额赔偿。

3.投入使用后品牌要素没有进行及时并且充分的商标注册

企业在完成了全球性排查之后，要及时对品牌要素进行充分的商标注册。很多企业在这方面缺乏法律意识，或者认为只要简单注册一下就可以高枕无忧，结果吃了大亏。如江苏卫视知名栏目品牌"非诚勿扰"。"非诚勿扰"的名称来源于2008年冯小刚一部热映的贺岁电影《非诚勿扰》，2009年江苏卫视获得冯小刚剧组同意使用"非诚勿扰"这一名称，并于2010年1月15日首播，一跃成为娱乐综艺类节目龙头老大。江苏卫视在"非诚勿扰"成名后没有及时去工商部门注册，他们自以为是地以为只要冯小刚同意了就可以没问题。然而2010年9月7日温州人金某某取得"非诚勿扰"注册商标专用权并在2013年将江苏卫视告上法庭。尽管法庭也承认是江苏卫视使"非诚勿扰"成名，但仍然只是一个未注册的驰名商标，根据中国《商标法》注册在前的判案原则，判定江苏卫视侵权。江苏卫视被迫放弃已经成名的"非诚勿扰"，改用新的栏目名称"缘来非诚勿扰"。

此外，对于投入使用的品牌要素，企业不仅要及时注册，最好还要能够充分注册，以防一些不良企业故意注册一些相近的名称或标识，使消费者产生混淆。例如，娃哈哈集团在给自己的商标进行注册时，一并把相近的"娃娃哈""哈哈娃""哈娃娃"等诸多类似商标一起进行注册，只使用"娃哈哈"一个商标，其他用作防御，防止竞争者"搭便车"侵权。

二、品牌防御与保护

（一）品牌防御与保护的含义

品牌防御与保护是指对包括品牌名称、标识、包装、广告语、品牌形象代表等在内的品牌要素进行防御与保护。防御和保护的目的是使品牌的各项识别要素免受竞争对手的模仿、盗用、不当使用和滥用，保护品牌形象不被损害、品牌资产不受侵蚀。

（二）品牌防御与保护的意义

品牌要素是构成品牌资产的最基本元素，因此对品牌要素进行防御和保护具有非常重要的意义：

（1）品牌是无形的、看不见摸不着的，它需要有形的实体要素来帮助消费者形成品牌印象，产生品牌知识，建立品牌连接，引发购买行为，最终形成基于顾客的品牌资产。品牌要素就是品牌资产的外在表现形式，必须加以保护。

（2）品牌要素尤其是那些不宜频繁更改的品牌名称和品牌标识，是企业的专有知识，一旦在国家法律机构进行注册后，该品牌名称和品牌标识就会得到法律保护，任何竞争对手使用该名称和标识都会作为侵权承担法律后果。因此保护和防御品牌要素不被非法使用，就相当于保护了公司的知识产权。

（3）品牌要素因为它的外显性特征，使得它最容易被竞争对手模仿和盗用。构成品牌要素的品牌名称、标识、包装、形象代表、品牌口号等都是由一些图形和文字组成，出于传播与沟通的需要，这些图形和文字都设计得简单、易懂、容易识别，再加上在使用时的公开性，使得这些品牌元素最容易被他人学习、模仿和盗用。尤其是知名品牌，由于出色的市场效应，给企业带来的巨大经济利益，更是成为侵权盗用者蜂拥而来的主要标靶。

（三）品牌防御与保护的策略

企业可以从四个方面来对品牌加以防御和保护，避免品牌资产被侵害：

1. 商标注册

尽管按照中国相关法律规定，商标无论是否注册都可以得到法律的保护，但实际上两者受法律保护的条件和程度有很大的区别。对于注册过的商标，适用的法律是《商标法》，而且中国《商标法》采用的是"申请在先"原则，也就是只要谁最先提出申请，商标权就授予谁，而不管他是不是使用这个商标。这与欧美国家的"使用在先"原则有别，欧美国家是谁先实际使用商标，该商标就属于谁。这也就是江苏卫视在跟温州金某某的"非诚勿扰"商标使用权诉讼中败诉的原因。江苏卫视虽然 2010 年 1 月"非诚勿扰"节目已开播并一举成名成为知名品牌，但却没有注册；而金某某虽然并没有任何使用"非诚勿扰"商标的产品，但他却在 2010 年 9 月获得了"非诚勿扰"的注册商标专用权。

我国对于没有注册过的商标，适用的法律是《反不正当竞争法》。该法第五条第二款规定"擅自使用知名商品特有名称、包装、装潢，或者使用与知名商品近似的名称、包装、装潢，造成和他人的知名商品相混淆，使购买者误认为是该知名商品，认定其为以不正当手段从事市场交易，损害竞争对手。"这里有个前提，即受保护的品牌必须是"知名"品牌，如果知名度不高则不会予以保护。然而，什么叫"知名"？法律并没有一个明确的界定。这就使得"知名品牌"是个相当模糊的概念，不法分子仍然有很大的空子可钻。因此，为了有效地保护品牌，最好还是对商标进行注册。

企业在对商标进行注册时要注意以下几点：

（1）品牌要素一旦设计并确定下来要抓紧时间及时注册，避免被不法分子抢先注册；

（2）除了品牌的名称，相关的标识、包装、广告语等尽可能一并注册；

（3）除了注册企业自己要使用的一个商标之外，还要把与该商标近似、容易引起消费者误用的商标一并注册；

（4）除了注册品牌产品所在行业，还要注册相近的行业；

（5）除了注册传统的品牌元素，还要注册网络域名；

（6）除了在国内注册，还要尽可能多地在境外国家注册；

（7）有必要的话还要申请原产地产品专用标志，以获得原产地保护；

（8）当发现有人恶意抢注商标时，要及时向当地相关部门举报并申请撤销；

（9）当注册商标有效期结束时，要及时续注，以免被人捷足先登。

2. 技术保密

为了防止品牌产品的专利技术被人窃取和抄袭，企业还要从以下两方面对品牌加以保护：一是积极向国家专利局申请专利，以获得法律上的保护；第二，内部建立一套严密的技术保密制度。仅有法律保护是不够的，法律保护只有在专利技术已经泄密、企业损失已经造成的情况下才能发挥作用，真正要保护品牌资产不受侵害还是要靠企业自己。企业必须建立一套严密的技术保密制度，确保核心技术不外泄。在这方面，可口可乐是一个很好的榜样。可口可乐的配方自1886年在美国亚特兰大诞生以来，已经保密达到130年，直到今天，这个配方仍然保存在亚特兰大银行的保险库里，谁要查看，必须经过董事会的批准，而且在负责人在场的情况下、在指定时间打开。据说，知道这个配方的健在的人始终不超过7个，而且公司从来不允许他们同坐一架飞机出行。

3. 科技防伪

随着假冒商品的增多，防伪技术也在不断发展。目前常见的防伪技术主要有印刷防伪、物理防伪、化学防伪和数码防伪四种。

4. 品牌打假

假冒品牌产品已经成为品牌发展的"毒瘤",大量知名品牌都受到假冒品牌的侵害,世界各国都为打击假冒产品做出了不懈的努力。打击假冒产品不是哪一国、哪一个企业、哪一个人单独就可以完成的任务,它必将是所有的国家、所有的人都协同起来,从法律上、经济上、技术上齐抓共管,才能让侵权者无处可逃、为造假侵权付出应有的代价;作为消费者,要自觉维护良好的市场秩序,不贪图便宜,不买假冒产品,让造假者无利可图,每个人都为品牌打假做出自己的一份贡献。

第二节 品牌危机管理

当今世界,企业所处的内外环境越来越纷繁复杂,不可控因素越来越多,在这样一个复杂的环境中,危机时刻存在。尽管许多企业为了应对危机采取了不少预防措施,但还是免不了遭遇形形色色的危机,如产品出现瑕疵被媒体曝光、服务质量不好遭遇投诉、发生重大意外事故等,如果不及时、正确处理,可能会给企业带来毁灭性的打击。国内的一些著名企业,如三株、爱多、南京冠生园等,都是由于没有妥善解决突发的危机而一蹶不振,破产倒闭。当然,也有一些企业面对危机,通过有效的危机处理,使企业转危为安,再造辉煌。可见,危机并不一定意味着灾难。据说,美国前总统肯尼迪在其幕僚和汉学家的指点之下,对中文"危机"做了西方化的解释,颇具哲理,肯尼迪认为,汉语中的"危机"有两层意思:"危"代表"危险","机"代表"机遇"。危机等于危险+机遇,危机既包含导致失败的根源,同时也孕育着成功的机遇。目前,由危机管理体系迸发的危机处理能力,已成为一个现代企业核心竞争力的体现。只有那些善于化解危机并从危机中发掘商机的企业,才能在激烈的市场竞争中脱颖而出,立于不败之地。

一、品牌危机的含义

品牌危机(Brand Crisis)是指由于组织内外突发原因而对品牌资产造成的始料不及的负面影响,包括品牌形象的损害以及品牌信任度的下降。

品牌危机作为危机的一种类型,当然具备前面所述危机的基本特征。但作为一种特殊形式的企业危机,品牌危机与企业遭遇的其他危机如产品危机、财务危机等一般危机不同,品牌危机产生的后果往往更严重,品牌危机直接导致消费者与品牌关系的恶化。品牌一旦发生危机,就会造成消费者对品牌声誉的评价降低、对品牌产品的认可度和信任度下降,市场销售额下降,甚至直接导致企业的倒闭。

二、引发品牌危机的原因

引发企业出现品牌危机的原因可以分为内部和外部两个方面：

（一）企业内部管理的失误

1. 战略决策失误

尽管所有管理者都深知战略决策的正确性对于企业经营的重要意义，但实践中每次都能够作出正确决策却并不是一件容易的事。即使是世界知名、品牌管理经验丰富的大牌企业都不能例外。一旦决策失误，自然就会酿成品牌危机。品牌管理历史上经典的案例"新可乐事件"就是一个很好的例证。

2. 商业造假

如果说决策失误导致品牌危机还情有可原的话，那么商业造假就纯属咎由自取了。2004 年一个号称来自德国、拥有百年历史的地板品牌"欧典"在中央电视台"3·15"活动中被揭发其根本不是一家德国企业，它高达 2008 元一平方米的天价地板也不是来自巴伐利亚州的莱茵河畔，这家企业实际上是一个坐落在北京通州的一家民营小企业。谎言被揭穿后，引起社会各界挞伐，这家企业从此声名

3. 产品或服务出现质量问题

产品质量是品牌发展的根本和基石，产品一旦出现质量问题，品牌的根基也就被动摇了。无论中外，很多品牌遭遇危机，都是因为质量问题引起，如丰田汽车的刹车存在设计缺陷被召回；SK-Ⅱ被查出铬超标；三鹿奶粉含有三聚氰胺等等。品牌一旦出现质量问题，消费者对它的信任就会被摧毁，品牌危机自然就形成了。

4. 广告传播出现失误

有些企业在广告传播过程中，制作的广告或者邀请的代言人触犯了当地的社会文化或风俗禁忌，伤害了民众的感情，也会引发品牌危机。如著名油漆品牌立邦，为了表现其油漆品质光滑的特点，曾经制作一则广告，采用一个盘龙从华表上滑落在地的创意设计，结果引起中国网民的愤怒和抵制；丰田公司制作的霸道车广告采用石狮子向霸道车敬礼的设计也最后迫使丰田公司出来道歉；最有名的一个例子是 2008 年迪奥的全球品牌代言人萨朗·斯通因对中国四川地震出言不逊，导致迪奥在中国市场遭遇危机，蒙受了巨大的损失。

（二）企业遭遇外部的损害

1. 媒体报道

近年来，随着互联网及现代通信技术的快速发展，媒体之间的竞争越来越白热化。为了争取"眼球"，具有职业敏感嗅觉的媒体记者们对爆炸性的新闻孜孜以求，这使得埋藏在企业经营过程中的危机隐患被触发的概率大大增加，而且越是知名品牌越能吸引眼球，也就越发容易得到媒体的"垂青"，知名品牌几乎每时每刻处在媒体的监控之下。此外，传统媒体、网络媒体、自媒体的结合，使得信息的复制、传播速度大大加快；再加上信息受众的主动参与讨论（新闻热线，微信、微博、facebook 等途径），品牌经营中出现的一点小瑕疵都能被迅速放大，恶化和蔓延成一场品牌危机，再加上竞争对手的趁机攻击，品牌很容易就彻底翻船。

2. 无辜受到其他品牌牵连

现在很多品牌很容易就受到其他品牌问题的牵连导致出现品牌危机。这大概有两种情况：一是遭遇假冒。假冒品牌不仅影响原有品牌的市场销售额，更严重的是质量低劣的假冒产品严重损害了原有品牌的品牌形象。据统计，2002 年宝洁公司在中国销售的各项产品中平均假冒率达到 15%，宝洁公司为此损失高达 1.5 亿美元。意大利知名品牌"华伦天奴"因中国市场铺天盖地的假冒"华伦天奴"，不胜其扰，一度被迫退出中国大陆市场。另一种情况是被公众误会"背黑锅"。2003 年南京冠生园被央视曝光使用陈年馅制作月饼，消息传出，全国同名的 20 多个冠生园公司都遭遇危机，顾客退货、市场抵制，蒙受了巨大的经济损失。

实际上这些冠生园跟南京冠生园没有任何关系，只不过因为历史的原因使用了同一个品牌名。

3. 竞争对手恶意陷害

出于竞争或其他原因，品牌很有可能会被人恶意陷害。由于消费者不明真相，品牌就会遭遇危机。2010 年圣元奶粉被人恶意攻击婴儿奶粉配方激素超标，导致婴儿出现早熟现象。一时间，新浪、搜狐、网易、百度论坛上帖子满天飞，网友们纷纷讨伐"黑心企业"，消费者闹着要退货赔偿，圣元遭遇了自 2008 年三聚氰胺事件以后最大的品牌危机。事后虽然经国家相关机构调查证明是竞争对手恶意抹黑攻击，但圣元品牌形象却遭到重创，经济损失更是惨重。直到今天，整个中国奶粉行业的品牌声誉都无法恢复。历史上，受到陷害而使品牌陷入危机的最著名的案例莫过于美国强生公司泰诺速效胶囊被投毒案。由于一个丧心病狂的人对泰诺投入剧毒氰化钾，导致 7 名消费者服用后死亡，危机导致强生公司被迫立即召回并销毁所有产品，蒙受了巨大的财务损失和品牌形象损失。

三、处理品牌危机的基本原则

处理品牌危机并没有固定的模式，人们可以从众多的危机处理中总结出经验教训，这些经验教训经过不断地应用和实践，再加以总结，就成为现在企业应对品牌危机时一般遵循的基本原则。主要包括：

（一）第一时间原则

处理品牌危机的目的在于尽最大努力控制事态的恶化与蔓延，把因危机事件造成的损失减少到最低限度，在最短时间内重塑和挽回品牌的信誉与形象。因此危机一旦发生，不管面对的是何种性质、何种类型、何种起因的危机，危机管理小组成员和所有的员工都应该在第一时间投入到紧张的处理工作中去，以积极的态度赢得时间。"赢得时间就等于赢得了形象。"

互联网时代，品牌危机来得快、去得也快。"快速扑灭危机火苗、让公众迅速淡忘"是危机公关第一原则。品牌危机公关的脚步一定要跑赢舆论发酵的速度，拖延时间只会让越来越多的消费者丧失对品牌的信任。迅速认错致歉是危机舆情应对的第一步，以"堵"为主，面对危机，只能适得其反；"删帖"这种方式，第一无效，第二有巨大的法律风险。

危机引爆后，要第一时间查找信息源，确认报道是否属实，最关键的是澄清事实。面对危机，企业应尽快消除公众疑虑，借助权威媒体和公司官方微博、微信等平台通报事件真相，并保持统一口径；组织召开新闻发布会，向媒体和社会表达高度重视的态度，介绍事件经过、进展，还原事件真相；对于某些媒体刻意的不实报道，必要时用法律手段进行维权。企业管理者要尽快找出危机的原因并实施补救，获得公众的再次信任。

（二）真诚坦率原则

事实上这不是衡量危机公关好坏的标准，真正的标准是，是否保证企业说的每句话都是出于客观事实。面对危机，任何掩盖、隐瞒都于事无补。

因此，危机发生后，一个优秀的企业应尽快调查事情原因，弄清真相，尽可能地把完整情况公之于众。要尽快与公众沟通，主动与新闻媒介联系，说明事实真相。出于职业习惯，对于发生的事情，新闻界往往有强烈的好奇心，管理人员应该实事求是，不能利用记者不熟悉某一专业的弱点而弄虚作假。为新闻界设置障碍是极其愚蠢的，因为记者可以在最大范围内揭示疑点，从而引起人们的种种猜测，这对事件处理极为不利。只有公布真相，才有可能避免公众的各种无端猜疑和流言的产生。真心诚意是企业面对危机最好的策略。

（三）承担责任原则

出现品牌危机时，不能把应对危机的全部责任推给新闻发言人，企业一把手是品牌最高负责人，只有最高负责人主动站出来应对危机，才能调动企业的全部资源共同应对危机，也会让公众看到企业的决心。

（四）权威证实原则

在危机发生后，企业如果自己整天拿着高音喇叭喊冤叫屈往往起不到作用，甚至适得其反。要学会"曲线救国"，请重量级的第三者在前台说话，他们的声音会更有说服力和可信度，从而使顾客解除疑惧心理，重新建立对企业的信任。

（五）留有余地原则

危机发生后，企业在对外沟通时留有余地非常重要。因为危机刚刚发生，许多问题尚不明朗，比如问题的实质、舆论的反映、事情的发展方向、消费者对这一事件的容忍程度、企业采取的措施是否正确有效等，而社会公众又迫不及待地等待企业表态，因此，企业在与公众沟通时，不能盲目封闭自己的转圈空间、放弃自己的回旋余地。在时间上无法延宕的情况下，企业要在沟通的空间上留出余地，即在对外沟通时，企业的最高领导和关键部门负责人有时不要一上来就发表意见，而是保持缄默；由低一层次的管理者对外发布信息、传达意见。这样，一旦事态有所变化，或者企业采取的措施有所失误，企业高层可以出来修正或否定，这样就为未来危机的妥善解决预留了足够的转圈空间。

（六）维护声誉原则

品牌管理在危机处理中的作用就是维护品牌的声誉，这是品牌危机管理的出发点和归宿点。在危机处理的全过程中，管理者要努力减少危机事件对品牌形象带来的损失，争取消费者的谅解和信任。

第三节　品牌更新管理

一、品牌更新管理的概述

（一）品牌更新的含义

品牌更新（Brand Updating）是指通过对品牌实施一系列新的营销战略和

策略，使其继续维持品牌影响力和市场业绩。一般来说，品牌更新既包括品牌符号、品牌定位等品牌要素的更新，也包括目标市场的转移或扩大，还包括产品或产品类别的改变，以及广告等传播手段的调整等。品牌更新总的目的是通过变化使品牌永葆活力，维持或扩大市场份额和销量，品牌的价值始终得以保持甚至累积增加。

例如，上海家化的一个知名品牌六神花露水，自 2008 年开始销量持续下降，管理层经过市场调查发现原因在于长时间没有进行品牌更新，消费者觉得六神老土、不时尚、味道过于浓烈。针对这种情况，从 2011 年开始上海家化开始实施品牌更新，推出专门面向宝宝和年轻女性的花露水，并且丰富了产品线，推出六神清凉提神花露水、六神艾叶健肤花露水、六神喷雾驱蚊花露水、随身花露水等多种产品；包装也突破原来几十年不变的细长瓶颈老包装，推出了粉红色、橘黄色、小巧可随身携带的小瓶子；在传播手段上也开始大量使用新社交媒体，如在网络上播出的动画片《花露水的前世今生》，点击量达到 3000 万次以上。这些品牌更新的举措，一下扭转了市场对六神"我奶奶使用的香水"这种刻板印象，市场销量迅速上升。六神成为品牌更新成功的一个案例。

（二）品牌更新的动因

1. 品牌的老化

法国权威品牌学者卡普菲勒教授认为，品牌老化有两层含义：

（1）品牌缓慢地、逐渐地退化

指的是由于内部或外部的原因，品牌在市场竞争中出现知名度和美誉度下降、销量萎缩、市场占有率降低等品牌衰落现象。品牌老化并不是品牌突然死亡，而是随着时间的推移逐渐表现出下滑的态势。中国最有价值品牌排行榜（由北京名牌资产评估有限公司发布）上曾经的七连冠品牌（1995—2001 年）红塔山从 2002 年开始，品牌价值逐年缩水，到 2015 年在"中国 500 最具价值品牌"排行榜中已完全消失，由此可以判断该品牌已经完全老化。

（2）品牌消费者形象老化

由于品牌缺乏新意，导致新的消费者没有参与到该品牌的购买当中，品牌吸引的仍然是原来那批忠实的顾客。随着忠诚顾客年龄的增长，品牌的消费者形象也逐渐老化，于是品牌从一个充满生机的品牌变成了一个老态龙钟的品牌。如霞飞（化妆品）、内联升（布鞋）、大白兔（奶糖）、维维豆奶等一批中国品牌就出现了消费者形象老化的问题。

品牌因为逐渐老化最后退出市场的例子不胜枚举，中国老字号在这一问题上尤其突出。据商务部统计数据表明，建国初期"中华老字号"企业尚有16000家，到了20世纪90年代，这些企业只剩下1600家。即使是幸存下来的这些老字号企业，如今也是风雨飘摇、摇摇欲坠，70%经营困难，实际已经名存实亡；20%靠国家政策扶持勉强维持；只有10%的企业尚能盈利经营。其中最著名的例子就是"王麻子"剪刀。"王麻子"剪刀创始于清代顺治年间（1651年），已经有300多年的历史，然而北京王麻子剪刀厂捧着这块金字招牌却连年亏损，勉强撑到2003年1月终于向法院申请破产。？类似的品牌还有很多，如太阳神（口服液）、旭日升（冰茶）、水仙（洗衣机）、凤凰（自行车）、大前门（香烟）、海鸥（照相机）、上海（手表）、小霸王（复读机）、爱国者（mp3音乐播放器）过去曾经耳熟能详的品牌至今大多已经难觅踪影了。不光中国品牌，外国企业的品牌同样如此，曾经的复印机之王施乐、法国护肤品绿丹兰等，现在也都消失在公众视野中了。

2. 品牌更新的动因

根据品牌生命周期理论，品牌的老化是一个必然的现象，然而老化并不意味着品牌一定会死亡，如果能够给予及时的更新，品牌完全可以获得新生，继续它的辉煌。具体来说，推动品牌更新的因素有以下这些：

（1）品牌原有的目标市场急剧萎缩且不可扭转，企业必须开辟新的目标市场

很多时候品牌原先确定的目标市场并没有错误，然而随着社会的发展，市场需求发生了变化，导致原来该目标市场的顾客不再接受这些产品，消费者大量流失，市场急剧萎缩，产品销量下降，尤其是当这种顾客流失、市场萎缩已经是一个不可逆转的趋势，那么这个时候采用任何其他营销手段都将无济于事，最现实的做法就是通过品牌更新，重新定位品牌，寻找新的目标市场。二战后美国万宝路香烟就是这样进行品牌更新的。

早在二战前，万宝路以女士香烟品牌著称，经过二战后，美国女性的健康意识提高，吸烟有害健康尤其是对胎儿有害的观念得到普及，大部分女性放弃了吸烟，而且这类人群越来越多，市场的萎缩、销量的下降已经不可避免且只会越来越严重，因此1954年莫利斯公司毅然对万宝路进行重新定位，把男性市场作为自己的目标市场。经过李奥·贝纳的策划，成功地把万宝路从一个女性产品品牌更新为男性产品品牌，万宝路品牌由此获得了新生。

（2）品牌原来定位的目标市场过于狭小，企业希望扩大目标市场

有时品牌定位和执行效果都不错，但品牌只是在一个相对狭小的市场进行销售，企业的销量和利润相当有限。当企业具备了一定的实力、希望获得更大的经济利益时，就有必要通过更新品牌、赋予品牌更宽泛的适用范围、

吸引更多地顾客、扩大品牌产品的目标销售市场。例如，美国强生公司的产品最初是以婴儿为目标市场，无论是沐浴露、洗发液、润肤霜等都是以温和不刺激为产品特征。随着婴儿出生率的下降，强生公司希望把产品的使用范围扩大到成人市场，于是通过一系列更新品牌的策略，强化强生产品"温和不刺激"的利益特征，使得强生品牌的内涵不再是婴儿产品，而是包括婴儿在内所有需要温和不刺激消费品的顾客都可以使用的产品。强生成功地把一个著名的婴儿产品品牌更新成为可以满足所有顾客共同需求的消费品品牌。

同样中国凉茶王老吉（后改名加多宝）原来的定位是"去火"，作为一种传统的凉茶，在华南地区有较高的知名度，但局限在两广地区，市场销量相当有限，2000 年，王老吉开始了品牌更新运动，把品牌利益由原来的"去火"更新为"预防上火"，使用情境由原来的已经上火扩大到一切有可能引发上火的场合（熬夜、加班、吃火锅、压力大等等），市场容量大大扩充，产品的地理市场也迅速扩大到全国。王老吉成功地从一个区域品牌更新为全国性品牌。

（3）消费者的偏好随着时间推移发生变化，企业必须重新定义品牌

有时品牌原有的目标市场和定位都是正确的，但随着时代的变化，消费者的需求或观念发生了变化，使得原有的产品不再受到消费者的欢迎。这时候企业就必须重新定义品牌，赋予品牌新的含义，只有这样品牌才能与时俱进，不会因产品的消亡而退出历史舞台。比如美国的宝洁公司最早是一家生产蜡烛的企业，随着社会的发展进步、电灯的普及，人们对蜡烛的需求越来越小、几乎消失（除了制造情调的生日蜡烛等），但宝洁公司通过品牌更新，成功地把宝洁从一个蜡烛制造企业品牌变成了全球日用化工消费品企业品牌。现在已经很少有人知道宝洁曾经是个生产蜡烛的企业了。

反之，如果消费者的需求已经发生改变，而企业不做任何品牌更新的工作，那么品牌的衰落乃至最后消失将不可避免。例如，北京的中华老字号品牌"内联升"生产的布鞋质量很好，但现代社会还有几个人愿意穿布鞋呢？消费者对布鞋的需求几乎已经消失，但"内联升"却没有及时更新产品，赋予品牌新的内涵，其衰落也就不可避免了。

（4）品牌形象老化，消费者产生审美疲劳

有时候消费者不喜欢某个品牌并不是这个品牌的错，也不是产品不符合消费者的需求，而纯粹是因为消费者喜新厌旧引起的。如果企业的产品缺乏创新，产品的式样、包装、品种、配方、功能、技术长期不更新，品牌很容易老化过时，最后被消费者抛弃。20 世纪 90 年代中国保健品行业的龙头老大"太阳神"，成名之后始终抱着猴头菇和生物健等产品吃老本，产品研发速度下降，品牌形象老化，不久之后市场份额就被其他后起之秀品牌蚕食，丧

失了龙头老大地位，至今一蹶不振半死不活。同样，中华老字号"王麻子"剪刀100多年来产品款式始终不变、科技含量不足，品牌形象老化，最后破产倒闭实在顺理成章。反观韩国和日本，即使一把看似简单不起眼的指甲剪也能加进很多高科技的技术，款式、性能不断更新提高，受到全世界消费者的青睐。再有，上海的大白兔奶糖几十年包装不变、口味不变，再喜欢吃大白兔奶糖的顾客也会产生厌烦心理，希望尝试一些新产品。所以有时候消费者哪怕不讨厌某个品牌也会喜欢换换品牌产品以满足新鲜感。例如上次买牙膏是佳洁士，这次就会换个高露洁，并不是对佳洁士不满意，纯粹是图个新鲜感。所以企业千万不能因为消费者并没有对自己的品牌不满意就不思进取、不加改变，"一招鲜、吃遍天"，等到消费者感到不耐烦了就来不及了。企业必须了解消费者喜新厌旧的心理特征，不断更新品牌、给品牌注入新的元素，使品牌常换常新、充满活力、青春永驻。

（三）品牌更新的条件

品牌更新是品牌管理的常规性管理工作，必须纳入管理的日常议程。如果品牌长期固化不变，再加上竞争者品牌的营销攻势，品牌很容易就会被顾客遗忘，变成扬·鲁比肯（Yong&.Rubicam）公司所说的"坟墓品牌"。所谓坟墓品牌是指那些曾经为人熟悉但因为没有及时更新而被人们遗忘的品牌。品牌一旦老化到已经变成坟墓品牌之后再去激活，往往代价极高且不一定有成效。

品牌更新可以分成两种情况：一种是品牌尚没有老化但为了防止消费者产生审美疲劳而进行更新，这属于防御性的品牌更新，体现了管理者在品牌管理工作中积极进取、主动有为的品牌管理战略；另一种则是品牌已经老化甚至严重到变成了坟墓品牌以后进行的品牌更新，这种情况的品牌更新又称品牌激活、品牌复活。如前所述，品牌一旦老化严重，激活的成本和成功率都成为一个管理者必须认真思考权衡的问题。那么能够成功激活的品牌必须具备哪些条件？如果该品牌不值得更新只能放弃，怎样才能给品牌所有者收割尽可能地残余价值？

1.老化品牌更新必须具备的条件

老化的品牌要想能够被激活，必须具备以下三个条件：第一，消费者对该品牌的评价是正面的，最起码必须是中性的。如果是负面的评价，那么这样的品牌就不值得再去激活，放弃反而是一种明智的选择。第二，消费者对该品牌还存有强烈的怀旧情感。如果消费者已经没有感觉了，这种品牌也就没必要激活了。第三，激活老化品牌的成本不能高于创建一个新品牌。如果激活成本过高，还不如放弃该品牌重新打造一个新品牌来得更经济。

应该认识到，并不是所有老化的品牌都是可以被激活的。美国康奈尔大学行为学教授布莱恩·文森克曾经调研了 84 个品牌，其中一半的品牌被成功激活。

文森克据此总结出激活品牌的五个条件：①中高价位。在 42 个被成功激活的品牌中，没有一个是廉价商品品牌，可见溢价品牌比廉价品牌更容易激活。②品牌潜在忠诚度高。在成功激活的品牌中，93% 属于"安静"品牌，顾客的忠诚度较高，对品牌只是遗忘而已。企业只需要通过媒体大力宣传和促销，就可以唤醒"沉睡的"消费者，激活品牌。③分销范围太。相关品牌产品的销售范围仍然很大，只是因不受市场重视，被冷落在货架的最底层，只要改变货架陈列位置，就有可能激活品牌。④历史悠久。被成功激活的品牌平均拥有 53 年的历史，在核心顾客中拥有深刻的品牌记忆和怀念之情，这些核心顾客在品牌激活的初期活动中起到了重要的推动作用。⑤特点明显。在被成功激活的品牌中，88% 的品牌在产品、传播、包装和风格中具有鲜明个性特色。文森克认为，并不是每个被激活的品牌都必须同时具备以上五个条件，但至少必须具备其中的三个。文森特的研究为品牌更新管理工作提供了辨别的工具，避免了品牌激活工作的盲目性。

2. 老化品牌的放弃

当品牌产品的市场状况恶化、品牌资产的来源已经枯竭、更新品牌形象的办法已经穷尽却仍然难以奏效时，品牌就到了难以挽救的地步。此时果断放弃品牌、让它退出历史舞台显然是一个更加现实并且经济的选择，这就是品牌放弃或者品牌退役。品牌退役（Brand Retirement）是指企业对那些没有发展前途的品牌，不再投资，而是让它退出市场。企业在品牌退役时可以采用以下战略：

（1）挤奶战略

挤奶战略（Milk Strategy）是指企业避免向该品牌继续投资，而是通过逐步回收品牌的剩余价值来获得额外现金收益。适合挤奶战略的品牌具有如下特征：

①市场需求下滑，竞争非常激烈，该行业的业务发展已经没有成长性，未来发展前景失去吸引力；②企业有更好的资金使用途径；③品牌产品的销售量持续下降，但整个行业销售下降速度不是非常快，市场上还存在部分需求；④该品牌具有足够的顾客忠诚度，品牌在逐步退出市场的过程中还可以获得一定的销售利润。挤奶战略具体可以分为以下三种：第一，减少产品种类或款式。以此达到减少品牌支出的目的。第二，品牌合并。将两个或多个

衰退品牌合并成一个强大的品牌；或者将一个或几个衰退的品牌合并进另一个比较强大有成长力的品牌。如 1999 年末，联合利华启动了名为"增长之路"的计划，宣布到 2003 年削减 1/3 的品牌。到 2005 年时，联合利华公司品牌的数量从改革前的 1600 个，减少到 400 个。第三，快速挤奶。即企业大幅度减少品牌支出或提高品牌产品价格，以使短期现金流最大化。

（2）清算战略

品牌清算（Brand Liquidation）是更为彻底的退役战略。企业往往在品牌出现下列情形时会采取清算战略：①品牌产品所在行业下降很快，且未来需求无好转迹象；②本企业品牌的市场地位并不牢固，竞争者品牌优势明显而本品牌无逆转可能；③企业经营业务方向已经转变，品牌所属业务已经多余甚至有害；④企业在该品牌上不存在不可回收的专有资产，也不存在与供应商的长期合同未履行等退出壁垒。企业实施清算战略时，管理者要有自我批评、承担责难的心理准备和胸怀，因为往往品牌经理人不愿意承认品牌颓势不可逆转的严酷现实，有些品牌在公司业务中存在多年，有的甚至是公司起家时赖以发家的品牌，因此一下子放弃，许多人情感上难以割舍。这就需要管理者做好相应的善后工作，以免因某些品牌的退市损害到整个公司的品牌形象，以致摧毁消费者对本企业的信心。

二、品牌更新的策略

（一）品牌重新定位

随着时代的发展、社会的变迁，品牌原有的目标顾客或者渐渐老去，或者产生新的消费偏好，品牌的市场销量不断下降，为了吸引新的消费者、扩大目标顾客范围，品牌必须重新定位，只有重新定位才能面向新的细分市场，提供新的品牌内涵和品牌诉求，满足新的目标顾客的需求，品牌才能更新成功，焕发新生。品牌通过重新定位获得成功更新的经典案例有两个。一是美国莫里斯公司的万宝路香烟，原来定位是女士香烟，20 世纪 40 年代随着女性健康意识的提高，吸烟的女士越来越少，目标市场越来越小。1954 年公司请来著名营销策划人李奥·贝纳对万宝路进行了"变性手术"，将万宝路香烟重新定位为男性香烟，产品口味也由淡口味重新设计为重口味，品牌形象也由原来优雅的都市女性形象描绘成浑身散发着彪悍、粗犷、豪迈、英雄气概的美国西部牛仔形象。重新定位彻底改变了万宝路的命运，在李奥·贝纳策划的第二年，万宝路就在美国市场上强势崛起，市场销量一下飙升到第 10 位，此后一路直上，成为全球第一大香烟品牌。

另外一个通过重新定位成功更新品牌的案例是中国的王老吉。王老吉是一种具有去火功能的传统凉茶，但很多年轻人并不愿意接受这种从传统中草药里面提炼出来的产品，在一般消费者的观念里，王老吉就是一种中药冲剂。因此在 2002 年之前，王老吉凉茶的市场仅仅局限于华南地区，市场业绩不到 2 亿元。

2002 年成美广告公司将其重新定位，由原来的"中药"定位为"饮料"，功能由"去火"转为"预防上火"，并且通过一系列传播手段，告知消费者"王老吉是饮料不是药"，年轻人的生活习惯"熬夜、吃火锅、工作压力大"等都容易引起上火，要"预防上火"，就要多喝王老吉。重新定位使得王老吉一下子捕获了年轻消费者的心，他们不再把王老吉视作一种传统的药品，而是一种新生活方式的必备武器。王老吉（后因故改名加多宝）从此市场销量扶摇直上，从两广地区迅速扩大到全国市场，成为中国饮料市场第一大品牌。

通过品牌重新定位来更新品牌虽然有着巨大的威力，但并不意味着品牌更新的成功率很高。恰恰相反，通过重新定位来更新品牌是一种难度很大、成本又很高的工作，它意味着品牌原有的一切都必须推倒重来，要在消费者心智中去除原有的品牌形象痕迹、代之以一个全新的品牌形象。而消费者往往一旦形成了对某一品牌的印象，会形成一种惯性，这种惯性会使得他们很难改变自己对品牌原有的认知。

曾经有个案例，20 世纪 70 年代美国年轻人认为通用公司的奥兹莫比尔品牌汽车不够现代，是适合老年人开的车。通用公司希望改变年轻人的这种看法，于是他们决定重新定位，把奥兹莫比尔定位成"现代化的""适合年轻人的车"。他们通过大量广告，用激情和年轻作为卖点来宣传展示他们的汽车。然而，由于奥兹莫比尔汽车作为一个老品牌，与美国老一代人的关联实在太强大，再好的广告、再怎么改进的车型都无法改变消费者的看法。那句著名的广告语"这不是你父亲的奥兹莫比尔"，更是此地无银三百两，不但没有改变人们的看法，反而更加强化了人们对于品牌原有的印象。最终，由于消费者对于这个品牌的印象太固执，很难改变，通过重新定位来更新品牌的策略宣告失败，通用公司被迫放弃了奥兹莫比尔品牌。奥兹莫比尔的例子表明，一旦消费者对品牌有了先入为主的印象，通过重新定位来更新品牌难度是相当大的。因此，更新品牌的第二个重要的也是相对容易的策略就是对品牌要素进行更新。

（二）品牌要素更新

品牌要素包括品牌的名称、标识、代言人、口号、广告语、品牌产品的包装等，通过对品牌要素进行改头换面的更新，可以使消费者产生耳目一新的感觉，使品牌始终保持新鲜感和活力。具体做法有以下几种：

1. 更换品牌名称

企业通过更换品牌名称来更新品牌，主要由以下几种情况引起：

（1）品牌名称地域色彩过浓，局限了企业的对外发展

有时候企业为了谋求更大的市场发展空间，必须突破原来的地域，开辟新的市场，如果原来的品牌名称带有鲜明的地域色彩，就会给企业的向外发展带来限制，这时就必须及时更改品牌名称。20世纪90年代初，"南京书城"作为改革开放后中国第一家民营书店，经营得风生水起。管理层决定扩大经营规模，到上海和安徽去开分店，但在走出去的过程中，发现"南京书城"的地域性色彩过浓，以致外地的读者以为该书店专门经营南京地区出版社的书籍，或者该书店卖的书都是有关南京知识的书籍。为了避免消费者的误解，管理层及时把南京书城更名为"大众书局"，从而获得了较好的发展。

通过更换品牌名称来更新品牌、反映企业新的战略布局的例子还有许多，最常见的是银行。多年前中国为了适应地方经济发展的需要，成立了许多地方性商业银行，如上海浦东发展银行、广东发展银行、福建兴业银行等。后来随着中国经济的发展，这些地区性商业银行也获得了向外发展的机遇，为了跟国有大银行展开竞争，摆脱地方银行实力弱、业务范围窄、管理水平低等不良的负面品牌形象，这些银行纷纷通过改名更新品牌，去掉品牌名称中"上海浦东""广东"和"福建"等地区字样，直接命名为浦发银行、广发银行和兴业银行，显示企业摆脱地方局限、迈向全国、迈向国际发展的雄心壮志。

（2）企业经营业务或经营模式发生变化，原有名称不能反映品牌新的内涵

有些时候由于市场的变化，企业的经营模式发生了相应的改变，这时及时更换名称、赋予品牌名称新的意涵，也是更新品牌、给品牌注入活力的一种方式。如在电子商务风起云涌、消费者网上购物已成常态的情况下，"苏宁电器"所有门店及时更换门头为"苏宁易购"，昭示了企业在电子商务时代业务模式的新拓展和新追求。

（3）消费者的需求和偏好发生变化

随着社会发展，消费者的需求和偏好在发生变化，当原来的品牌名称不再适合消费者需求或者会引起消费者负面联想的时候，更换品牌名称可以有效地避免消费者对品牌产生不良感受。如近年来由于肥胖问题越来越引发人们对健康食品问题的关注，肯德基把品牌名称由原来的"肯德基炸鸡"缩减为"KFC"三个英文字母，刻意淡化肯德基高油脂高热量食品的产品特征，满足现代人追求健康饮食的心理需求。

综上所述，更换名称是品牌更新很有效的方式之一。前面所举例子中美国通用公司的奥兹莫比尔只是一味企图改变品牌在消费者心中的定位，但对奥兹莫比尔（Oldsmobile，英文意思是"老年人的汽车"）这个显然跟品牌定位完全对立的名字却不加改动，消费者怎么能改变对品牌原有形象的印象呢？品牌更新失败也就不难理解了。

2. 更换品牌标识

品牌标识的更换与品牌名称的改变具有相同的作用。当企业的业务范围、经营模式发生了改变，品牌的内涵也就跟过去有所不同。为了更加生动直观地展现品牌新的内涵与定位，给消费者一种全新的品牌体验，企业就有必要更换品牌标识。而且由于视觉的效果，品牌标识的改变更容易让消费者产生新鲜感，因此即使企业的业务经营内容和模式没有发生变化，为了避免审美疲劳，避免由于消费者喜新厌旧心理导致的品牌老化，品牌标识也会定期进行更换。如肯德基的品牌标识从 1952 年到现在已经更换了 6 次；苹果的品牌标识更换变动了 5 次，用苹果管理团队的话来说："苹果标识的每一次变化都是核心产品的变革，苹果并不是放弃简约主义，而是品牌的核心价值变化。""标识的设计要兼具时代性与持久性，如果不能顺应时代，就难以产生共鸣。一个品牌标识的好坏判断方式，不应该是单纯的判断它有没有跟随潮流，还应该是有没有很好地表达企业理念和品牌的核心价值。"

2006 年 5 月就全面更换品牌标识，把原来标识中的"华为技术"中文字样去除，变成英文字母 HUAWEI；同时把花瓣数量减少，花瓣的线条更加柔和圆润，视觉效果更加自然、具有亲和力，表达了华为公司以客户为导向、走向国际化的一种战略决心。

3. 更换品牌口号

品牌口号直接反映和体现品牌的核心价值，为了不使品牌老化，品牌的价值理念必须始终契合时代的脉搏，即使核心价值的内涵没有改变，也应该在表述上体现出与时俱进的姿态。因为每一个时代有每一个时代的流行语，品牌口号如果几十年如一日，就会给人以品牌老旧、不思进取的不良感受。如 20 世纪 90 年代曾经开创了中国营养新品类的维维豆奶上市后受到消费者的极大欢迎，"维维豆奶，欢乐开怀"的广告语家喻户晓，人人传诵，可惜几十年来从来没有改变，消费者失去了新鲜感，品牌也就不可避免地老化了。反观可口可乐，100 多年来产品口味并没有改变，可口可乐的品牌个性和核心价值也没有改变，但它的品牌口号却经历了 100 多次的更新。直到今天，可口可乐仍然是年轻人最熟悉最喜爱的品牌，充满活力、充满激情，丝毫没有老化的迹象。

4. 更换品牌代言人

每个时代都有每个时代的审美观，这就导致不同的时代人们心目中的偶像是不一样的。为了避免品牌形象老化，企业还应该通过经常更换品牌代言人来不断地给品牌注入新鲜感和活力，从而吸引一代又一代的消费者。例如，百事可乐定位"新一代的选择"，因此在全球各地每年它都请出最当红、最受年轻人追捧的流行歌星、影星、体育明星来做它的代言人。据不完全统计，全球曾为百事可乐代言的名人有迈克尔·杰克逊、麦当娜、贝克汉姆、罗纳尔多、齐达内、罗伯特·卡洛斯、皇后乐队、费戈、劳尔、亨利、布兰妮、贾斯汀·汀、布莱克、珍妮·杰克逊、凯利·米洛、RAIN 等各国巨星；在大中华地区，担任过百事可乐代言人的明星包括王菲、张国荣、刘德华、郭富城、郑秀文、周杰伦、朱孝天、言承旭、蔡依林、吴建豪、周渝民、陈冠希、姚明、谢霆锋、李小鹏、陈慧琳、赵晨浩、热力兄弟、古天乐、黄晓明、李俊基、罗志祥……从这份长长的名单就可以看出，每个国家、每个年代年轻人喜欢、熟悉的偶像都曾经为百事可乐代言，企业哪里还用担心品牌老化。

5. 更换产品包装

当企业实在无法通过改进产品质量、性能等方法来更新品牌的时候，通过改变产品包装、给消费者新鲜感，以此来更新品牌，也是一个简便且行之有效的办法。通过更换产品包装来激活品牌最经典的案例，莫过于许多中国人非常熟悉的护肤品品牌"百雀羚"。中华老字号"百雀羚"诞生于 1931 年，其包装一直采用经典的蓝黄铁盒子，上面四只小鸟，虽然经典的包装形象深入人心、刻进几代人的记忆中，然而一成不变的包装、开启不方便的铁盒子，再加上单一的产品，使得"百雀羚"20 世纪在八九十年代以后就被市场冷落，陷入困境，面临被时代淘汰的命运。2011 年，"百雀羚"除了在产品设计上开发出许多新产品之外，在包装上也开始了大刀阔斧的更新，首先褪去了几十年来一成不变的蓝黄色铁盒子，换上了嫩绿清新的淡绿色瓶装，品牌更新一举获得成功。

2013 年国家主席夫人彭丽媛出访国外，"百雀羚"被选为送给外国元首夫人的国礼，更是声名大振，成为国货复兴的典范。许多消费者因为"百雀羚"漂亮的包装而对该品牌爱不释手。

需要指出的是，品牌要素不应该等到品牌老化之后再作更新，作为一项品牌管理的常规性工作，品牌要素应该根据公司战略发展和市场的需要主动积极地进行更新，避免消费者产生审美疲劳，使品牌的市场吸引力下降。美国通用磨坊公司的食品品牌贝蒂·克罗克 80 多年来更换了 8 次虚拟代言人，肯德基的品牌标识自 1952 年以来已经更换了 6 次。有时候消费者还没有意识到，品牌标识就又更换了。因此适时适当对品牌要素进行更新，是保持品牌生命力的一种策略，是激活品牌、更新品牌的非常有效的一种手段。

（三）品牌传播更新

互联网时代媒体的发展非常迅猛，几乎达到令人目不暇接的地步。除了传统媒体之外，各种新媒体、自媒体的出现更是层出不穷，消费者对于媒体的选择多样性极强。因此，企业一定要根据目标顾客的媒体使用习惯，及时更新品牌的传播手段。微博、微信、网络、社会事件等，这些新的传播手段都应该加以使用，广告和代言人的选择也要紧扣时代脉搏，展示品牌的现代感和活力，只有这样才能取得理想的传播效果。

第六章 品牌的市场运营

第一节 品牌的运用策略

品牌战略目标是创名牌，而实现这一战略的关键是品牌策略，即把品牌战略转化为具体行动过程的策略和办法。从企业角度看，品牌策略是整个产品管理的有机组成部分之一。为了更好地适应市场需求，企业一般要根据资源状况进行品牌策略，确定品牌的组合结构，让每个品牌承载企业或产品特有的信息，并通过合适的渠道将其传递给消费者。

一、品牌化策略

（一）品牌化策略的含义

品牌化则是企业为其产品确定品牌名称、设计品牌标志并向政府有关部门申请商标、注册品牌的业务活动过程。

（二）品牌化的作用

使用品牌对企业有如下好处：（1）品牌名称和品牌标志可以使不同厂家生产的产品易于被识别，有利于订单处理和对产品的跟踪；（2）品牌注册商标可以使企业的特色产品受到法律保护，防止假冒；（3）品牌化有助于企业进行市场细分，区分不同类型的消费者；（4）品牌化有利于突出品牌特色，提高品牌知名度，扩大市场份额；（5）品牌化还有助于提高顾客忠诚度。

品牌化对消费者的消费也大有好处：（1）消费者可以从品牌中获得大量的商品信息，进行不同品牌的综合比较，选择自己最满意的品牌；（2）消费者可以了解到不同品牌的优劣，有利于维护消费者权益；（3）有助于消费者提高购物效率，减少盲目消费、不知情消费的额外支出，避免由于不了解造成消费上的麻烦和不便。

因此，品牌化已经成为企业、社会、政府、消费者的关注重点，创名牌也已成为社会各界的普遍共识。

（三）无品牌商品

有些商家的商品不使用品牌，这些商品被称为无品牌商品。

无品牌商品界定的过程中主要有以下几种情形：（1）没有经过加工过程处理的原料产品（2）无法或者不能形成自身独特风格的初级生产产品（3）使用者和购买者仍然不会考虑品牌影响而进行购买的商品（4）某些工艺简单、差异不大的小商品、日杂用品，如陶瓷、普通用具、卫生用品等；（5）一次性出售的商品，如一次性使用的筷子、包装袋等；（6）蔬菜、水果、肉类食品、水产品等。

企业推出无品牌商品，其主要目的是节省管理费用、包装费用、广告费用，借此降低成本，扩大销售。不过，随着市场竞争的加剧、品牌商业价值的日益凸显以及企业和消费者品牌意识的加强，品牌化趋势进一步加强，品牌化越来越成为企业首先考虑的问题。

虽然目前来看，品牌化发展仍然是市场发展的潮流和趋向，但是针对某些个别企业而言，是否需要形成自身的品牌仍然有待商榷。从企业角度看，品牌策略是整个产品管理的有机组成部分之一。为了更好地适应市场需求，企业一般要根据资源状况进行品牌策略，确定品牌的组合结构，让每个品牌承载企业或产品特有的信息，并通过合适的渠道将其传递给消费者。一般而言，某些在生产加工过程中无法形成自身品牌特色和自身铭记点的产品，使用者和消费者在购买的过程中往往不会关注其品牌名称的问题，针对这类产品，品牌化的意义不大。此外，某些产品由于使用者和购买者在消费过程中更加注重的是产品的外观价格等因素，而忽视产品品牌的影响，针对这类产品进行品牌化的意义同样很小。同样的，某些未经过精细加工的产品由于消费者和使用者在购买过程中不会关注到生产厂家的品牌差异问题，同样没有必要进行品牌化经营。

二、品牌使用者策略

（一）品牌使用者策略的含义与分类

一般情况下，品牌使用者策略有以下三种：

1. 延续生产商的品牌

这种品牌延续策略也被称为生产者品牌策略。生产商品牌是指生产商自己所有的产品名称、标记、富豪等。近年来，越来越多的生产商将自身品牌授权于其他中小企业使用，从中收取部分品牌标记使用费。

2. 借用中间商的品牌

中间商的存在是为了加强对生产流程的把控，如加强对生产商的控制、价格的把控等，而在经营过程中要求借用中间商的品牌名称，则是为了更好地将中间商自己的产品和服务销售出去。

3. 综合使用以上两种品牌名称策略

生产商在生产过程中可以将部分产品冠以自己的品牌名称，同时根据实际情况进行调整，间或使用中间商的品牌，达到最大化的利益收取。

（二）日益增强的中间商品牌影响力

中间商可以较好地控制价格，一方面可以通过较低的销售价格争夺市场，另一方面可以在某种程度上更有力地控制其他中间商。

一些实力雄厚、信誉良好、特色鲜明的中间商，特别是规模较大的零售商和批发商，往往使用自己的品牌吸引顾客、招徕生意，从而进一步提升自己的声誉，比如英国的马狮百货集团及美国的沃尔玛百货有限公司、西尔斯百货公司等。大型百货公司、超市、服装店所经营的自有品牌通常占本公司品牌经营总数的 10%~30%，有的甚至高达 90% 以上。

在现代市场经济条件下，制造商品牌日益受到正在崛起的中间商品牌的挑战，从而引发了制造商品牌和中间商品牌地位的争夺，也就是所谓的品牌战，而所谓的品牌战究其实质是生产商和中间商对其利益划分而进行的较量。品牌化发展仍然是市场发展的潮流和趋向，但是针对某些个别企业而言，是否需要形成自身的品牌仍然有待商榷。一般而言，某些在生产加工过程中无法形成自身品牌特色和自身铭记点的产品，使用者和消费者在购买的过程中往往不会关注其品牌名称的问题，针对这类产品，品牌化的意义不大。此外，某些产品由于使用者和购买者在消费过程中更加注重的是产品的外观价格等因素，而忽视产品品牌的影响，针对这类产品进行品牌化的意义同样很小。同样的，某些未经过精细加工的产品由于消费者和使用者在购买过程中不会关注到生产厂家的品牌差异问题，同样没有必要进行品牌化经营。若是生产商具有优良的企业声誉和影响力、占有较大比例的市场份额，那么生产商的品牌影响力更大，与此同时，对于中间商而言，由于无法把握主动权只能接收使用生产商的品牌。相反，若是生产商的市场影响力较小，而中间商在市场上占据更加完善和更加强大的销售体系，那么生产商便需要使用中间商的品牌名称。所以，在瞬息万变的市场上，对品牌使用名称进行决策的过程中，企业需要综合考虑具体情况，对生产商和中间商的实力进行统筹考量，从而能够客观的进行选择和决策。

（三）仍居支配地位的制造商品牌

尽管制造商的品牌受到来自中间商品牌的挑战，但是制造商的品牌仍然是第一品牌。

主要原因是：（1）工业化进程造就了一大批工业制造企业，它们是经济发展的支柱，世界品牌五百强中的绝大多数品牌都是制造商品牌；（2）信息技术、新材料、新能源等新兴产业的出现为制造商品牌增加了一批新成员，制造商品牌队伍不断壮大；（3）无形产品尽管产值越来越大、发展速度惊人，但是大都需要以有形产品的生产制造为依托，有形产品在国民经济活动中依然处于主导地位。

不仅如此，制造商品牌的优势也使得制造商品牌地位难以被撼动：（1）制造商是产品的源头，对品牌有第一选择权；（2）实力雄厚、管理优良的制造商品牌更能得到市场的广泛认同，更容易树立品牌形象；（3）制造商具有技术优势，这是中间商无法达到的，因此，制造商在产品说明、咨询服务、技术指导、维修培训等方面具有很强的优势，这对于提高制造商品牌的信誉意义重大。

（四）品牌名称策略

在企业决定使用谁的品牌的时候，与此相关的那问题就变成了怎样把想要使用的品牌名称用于销售企业的产品。究其实质而言，企业绝对是否对其所有的产品使用品牌，使用哪些品牌的过程就是品牌名称策略。

三、统一品牌策略

（一）统一品牌的含义与优缺点

1. 统一品牌的含义

统一品牌究其实质是指：企业在生产和经营过程中都会使用到一个一致的品牌名称，即企业旗下所有的产品和服务均一统一的品牌名称推向市场。这种统一品牌的目的往往是对品牌效果进行强化和延伸。如全球最大的制造商——美国通用电气将其旗下所有产品的命名统一使用"美国通用电气（GE）"的品牌名称，产品范围涉及医疗器械、航空、机电、能源化工等。

2. 使用统一品牌的优点

（1）减少品牌的设计、推广费用，降低品牌营销成本

使用品牌已经成为绝大多数企业的共同选择，品牌的设计、推广费用是企业不容回避的问题。

（2）打开市场。新产品推向市场之后往往面临诸多挑战，如消费者对新产品并不熟悉，产品无法获得消费者的好感等问题，沿用统一品牌名称能够借助企业已有的声誉为新产品打开市场销路。

（3）综合统筹企业营销能量，创建企业品牌影响力

名牌对于企业而言更是一种资金、能力、营销的综合体，需要在长期的建设过程中予以实施，而名牌的成长周期过长会导致在名牌的塑造过程中需要投入大量的资源注入。当企业将所有的营销能力进行综合统筹，就可以不断提升品牌形象，成就非凡的企业品牌影响力。

3. 使用统一品牌的缺点

（1）对已有品牌形象造成潜在损害

当企业的某一产品形成名牌，企业的品牌力量就会得到不断地提升和积累，企业及其产品、服务在消费者心智中就会拥有特殊的印象定位，甚至某些强势品牌成了某一类别产品的代名词，如滋源洗发水在无硅油洗发水领域，已然成了行业领导者和代名词。但是若是在品牌名称统一延续的过程中，其他产品运用不当，则会会其已有的强势品牌产生不可估量的损害，企业辛苦积累的品牌影响力也会随之消散。

（2）无法满足消费者心理定位的需求

品牌尤其是名牌塑造成功的过程，就是消费者对于产品的使用、功能、满足等方面进行心理认知与定位的过程。当企业将已有的品牌名称运用于其他产品时，尤其是该产品与市场需求和消费者期望有着较大的偏离，消费者的心理定位便无法得到满足。如马应龙原是痔疮膏的知名产品，当企业将"马应龙"的品牌名称元用于其眼霜产品时，便会让消费者在心理上无法接受。

（3）容易形成消费者对产品认知的模糊不清

运用统一品牌名称策略能够将企业优势产品的力量延续至新产品，但是同时也会对该强势产品的认知不断稀释，将原属于强势产品的注意力转移到新产品上。如莎普爱思企业为推进其新产品蒸汽眼罩，将莎普爱思的品牌名称延续至该新产品，导致消费者对于莎普爱思的认知被转移至蒸汽眼罩，从而弱化了莎普爱思治疗白内障的定位。

（二）企业运用统一品牌策略应具备的条件

1. 企业产品组合的关联性

企业绝不能在两种或两种以上互不相关的产品上使用同一品牌，否则容易导致失败。湖北沙市日化厂在这方面曾有过痛苦的经历：企业不顾产品的

巨大差异和客户市场的不同，将当时红极一时的洗衣粉品牌"活力28"运用到新产品——矿泉水的命名上，结果导致该矿泉水无法被消费者接受，未能打开市场，更是因此影响了消费者对于其原有优势产品洗衣粉的认知和心理定位，导致洗衣粉的品牌发展受到了较大的影响。

2. 企业相互关联的产品必须有大致相当的质量水平

一般而言，不同的品牌名称对于消费者而言也就意味着不同的质量、档次与价格，而采用同一品牌应该能够体现出产品、服务相近或者相同的质量和价格。因此，若是将同一品牌名称运用到质量和价格都相差很大的不同产品上，便会对消费者的心理认知和心理定位产生不良影响，从而造成企业品牌形象混乱的恶劣后果，甚至会导致原有消费者改变其购买决定和态度。

3. 企业拥有的产品有相同或相似的目标市场

不同的品牌对应不同的目标消费者，品牌适应了细分市场的需要。如果将同一品牌用到目标顾客差异较大的产品上，就会引起原有顾客和新顾客的不安。例如，海尔在发展早期开过海尔饺子馆、卖过保健品海尔采力，这对于一个科技型家电企业来说会使消费者费解，影响市场对海尔品牌一如既往的认知。设想一下，如果将"七匹狼"男装品牌运用到女装上，不仅会改变品牌的原有定位，而且女装市场恐怕也反响不佳。

（三）统一品牌策略的类型

1. 产品线统一品牌策略

产品线统一品牌策略是统一化程度较低的局部统一，是指企业对同一产品线上的产品使用同一个品牌。食品、护肤品、保健品、饮料、服装乃至家电、汽车等制造业均普遍使用产品线统一品牌策略。一般而言，不同的品牌名称对于消费者而言也就意味着不同的质量、档次与价格，而采用同一品牌应该能够体现出产品、服务相近或者相同的质量和价格。因此，若是将同一品牌名称运用到质量和价格都相差很大的不同产品上，便会对消费者的心理认知和心理定位产生不良影响。

将统一品牌策略运用于产品线的做法具有以下几类优点：（1）帮助形成统一的品牌形象，增加消费者的心理认知和定位；（2）增加产品组合的广度、深度，以扩展的产品组合满足顾客更多地需求，扩大产品组合的市场覆盖面；（3）可以节省品牌营销费用，实现品牌经营的规模效益，这是因为同一产品线上的产品往往服务于同一顾客群，可以满足同一顾客群的不同需求。

2. 跨产品线统一品牌策略

跨产品线统一品牌策略也是一种局部统一品牌策略，要比产品线统一品牌策略更宽。

这种品牌策略较好地考虑到市场扩大和品牌扩张的要求，具有以下好处：（1）有利于在消费者心目中建立统一的品牌意识，树立整体形象；（2）有利于保持品牌质量形象的统一，使消费者不会对不同产品线的产品质量有厚此薄彼之虞；（3）有利于集中进行品牌宣传，降低费用。

跨产品线统一品牌策略最大的局限性是品牌个性不突出，尤其是新产品特色难以被凸显出来。

3. 完全统一品牌策略

在这种品牌策略下，企业的品牌和产品的品牌高度重合，企业的品牌就是产品的品牌。无论企业产品的品种有多少，也不管各类产品的性质如何、功能怎样、产品定位和目标市场是否一致，都使用同一品牌名称。比如荷兰飞利浦公司的产品系列，从电视机、音响、剃须刀到灯泡、果汁机等，无一例外都使用了"飞利浦"品牌。再如，日本的雅马哈公司和佳能公司、美国的通用电气公司（GE）、国内的 TCL 集团和三九集团等都运用完全统一品牌策略。

实施完全统一品牌策略的优势在于：（1）统一的品牌形象有利于提高品牌知名度，增加品牌影响力，使品牌扩张更有效；（2）统一的品牌战略、一致的品牌宣传、全方位的品牌塑造，向消费者传递单一品牌的完整信息，使品牌印象清晰、完整，增强品牌的亲和力，提高消费者的品牌忠诚度；（3）完全统一品牌策略的实施与推进，可以使消费者不断加深对品牌及企业的认知，对企业的发展具有极为重要的意义。

完全统一品牌策略也有其局限性，主要表现在：（1）完全统一品牌策略的实施始于企业的某一著名产品，但是在将品牌运用到其他产品时，由于重视统一品牌的形象塑造，因此往往难以突出产品个性；（2）完全统一品牌策略是在企业质量、档次大致相同的产品之间进行，但是，如果把品牌运用到质量、档次不同的产品上时，就会遇到来自消费者购买心理的影响，因而不利于品牌的纵向延伸，所以在实施完全统一品牌策略时，将品牌由高档次产品向低档次产品纵向推进时，需要慎重考虑，切莫由于考虑不周而打乱企业的品牌战略；（3）完全统一品牌策略是将企业原来成功的品牌推广到企业的其他产品线上，如果定位不同的产品共用一个品牌，极有可能造成品牌形象冲突，影响消费者对品牌的认知。

因此，完全统一品牌策略并非适合所有企业，要视企业的具体情况而定。

四、多品牌策略

（一）多品牌策略的含义和实施原因

1. 多品牌策略的含义

完全统一品牌策略是在企业质量、档次大致相同的产品之间进行，但是，如果把品牌运用到质量、档次不同的产品上时，就会遇到来自消费者购买心理的影响，因而不利于品牌的纵向延伸，所以在实施完全统一品牌策略时，将品牌由高档次产品向低档次产品纵向推进时，需要慎重考虑，切莫由于考虑不周而打乱企业的品牌战略。因此多品牌策略的实施具有一定的局限性。

在实施多品牌策略的过程中，各个品牌相对独立，能够将每一品牌都赋予不同的个性从而占领不同层面的消费群体，在此过程中不断形成的品牌差异更是能够满足不同消费者的心理需求，从而是企业形象的树立打下坚实的基础。不少行业领先者都在实施多品牌策略，如宝洁公司凭借多品牌策略垄断了全球日化品市场，五粮液依靠数百个品牌成就了白酒行业的霸主地位。又如，联合利华拥有近 2000 个品牌，欧莱雅公司拥有 500 多个品牌。可口可乐公司、麦当劳公司、德国大众汽车公司、美国通用汽车公司、日本丰田汽车公司也都有十几个乃至几十个品牌。这些品牌中大多是通过收购兼并取得的，也有一部分是原创的。

2. 企业实施多品牌策略的原因

（1）最大限度地利用社会机会

由于单一品牌战略本身的局限性，单一品牌的市场覆盖率是有限的，尤其是在产品定位不同的情况下，目标市场就会存在较大的差异，此时实施多品牌策略可以较好地解决这一问题。企业在经营与销售过程中，可以根据产品的差异，如价格、质量、定位、种类等方面，具体情况具体分析，有针对性的使用不同的品牌名称。如保洁作为全球最大的洗护产品生产商，针对其不同功能的产品使用了不同的命名，如针对柔顺功能的产品命名为"飘柔"，针对修护功能的产品命名为"潘婷"，针对造型功能产品命名为"沙宣"，针对去屑功能的产品命名为"海飞丝"，不同的品牌命名为宝洁共同构筑了强大的产品线，形成了强势的品牌影响力和企业声誉。

品牌的游离者显然不是品牌的忠实消费者。如果市场规模较大，利用多品牌就是最好的选择，可以最大限度地吸引品牌的游离者。例如，宝洁公司仅在洗发护发市场上就投放上述 4 个品牌，占据该市场的霸主地位。同样，在洗涤用品市场上，宝洁拥有舒肤佳、碧浪、汰渍等品牌，占有该市场 22% 的份额。设想一下，如果宝洁公司不是运用多品牌策略，而是所有产品共用一个品牌，那么品牌销售效果肯定截然不同，单一品牌难以支撑如此庞大的市场，为企业带来巨大的市场份额。

（2）由于企业经营的需要而不得不使用更多地品牌

一是品牌替代，即原有的品牌由于某种原因，其品牌形象不满足市场销售需要，或者不能继续作为企业产品无声的代言人，需要重建新品牌。比如，科龙集团最早只有"容声"一个冰箱品牌，后来由于仿冒品泛滥致使"容声"品牌的市场形象受损，企业不得不启用"科龙"品牌重塑市场形象。二是原有的品牌市场定位已经十分明确，不适合运用到企业新推出的产品上。比如，"养生堂"是著名的药品品牌，当企业推出饮用水的时候，继续使用"养生堂"品牌就不太适当，故而重建"农夫山泉"这一新品牌。三是由于文化、风俗习惯存在差异，所以即使一个品牌形象良好、声誉上佳，其在进入国际市场时也不能一成不变。比如，美国可口可乐公司将"Diet Coke"（健怡可乐）在日本更名为"Coke Light"、在法国更名为"Coke Lite"，这是因为日本文化中 Diet（节食）暗示着疾病或药物，法国文化中 Diect（节食）意味着身体状况不佳而禁止使用该词。

（3）为了快速实现战略转移而采取多品牌策略

非利普·莫里斯公司是世界著名的烟草生产商，以生产"万宝路"牌香烟闻名于世。随着各国禁烟运动的兴起、消费者自我保护意识的加强，公司传统的主营业务市场空间受到挤压。公司认识到如果不对现有业务进行改造，就会使得生存空间不断萎缩。当时，企业的股票价格也一路下跌，企业的品牌形象受到影响。考虑到食品不管在任何时候都是人们必不可少的消费品，公司决定将战略业务转移到食品生产领域。为了重塑品牌形象，淡化消费者对"烟草"的思维定式，公司果断放弃在食品上使用知名度很高的"万宝路"品牌，而是斥巨资用于品牌并购，形成了"麦斯威尔"咖啡、"米勒"啤酒、"果珍"饮料、"Parkay"人造黄油、"费城"奶酪等世界级知名食品品牌。非利普·莫里斯公司通过品牌收购成功地实现了企业战略业务的转移。经过几年的发展，该公司不再是烟草行业的老大，而是世界食品行业的第五大食品生产商。在 1995 年美国《金融世界》发布的 282 个最有影响力的品牌中有 10 个属于该公司，其中食品品牌就有 6 个。

（4）由于原品牌不宜延伸而采用多品牌

有些品牌有其独特的历史、地域特征或产品的性能、用途等，限制了其进一步被使用的空间。青岛啤酒是具有百年历史的国字号品牌，享誉中外。20 世纪 80 年代以后，众多啤酒品牌风起云涌，青岛啤酒的市场地位受到了前所未有的挑战。到 1996 年，青岛啤酒的产量已降至全国第三，市场占有率仅为 2.3%。当时国内的啤酒消费结构是：中高档啤酒市场约占 10% 的市场份额，低档啤酒市场约占 90% 的市场份额。青岛啤酒要做强做大，必须向低档啤酒市场扩展，为此，公司制定了"高起点发展、低成本扩张"的发展战略。实施低成本扩张战略后，对收购、兼并的企业产品的品牌加以使用成为影响扩张战略是否成功的重要因素。1994 年，青岛啤酒厂兼并了扬州啤酒厂，随后又兼并了陕西汉斯啤酒厂，对被兼并企业的产品也都使用过青岛啤酒品牌。长期以来，青岛啤酒以其高质量、风味独特著称，这是由于崂山泉水在形成青岛啤酒品质中扮演重要角色，因此，"青岛啤酒"品牌具有显著的地域特征。在这种品牌认知背景下，被兼并企业的产品冠以"青岛啤酒"，非但没有给企业带来市场的繁荣，反而给消费者"假冒"的印象。于是，青岛啤酒厂不得不放弃这一做法，沿用被兼并企业原有的品牌，只是在啤酒标签上印有青岛啤酒厂监制。目前，青啤集团主要拥有"青岛啤酒"主品牌以及"汉斯啤酒""崂山啤酒""山水啤酒"三个子品牌。

（二）多品牌策略的优缺点

1. 多品牌策略的优点

（1）扩张企业的市场影响力和覆盖范围

某些大型企业在选取市场的过程中，往往会根据其不同的产品层次进行划分，市场需求也是各不相同。而多品牌策略能够将不同的市场范围进行联结，从而形成统一的市场覆盖，扩发产品和企业的市场影响力，同时，企业也可以根据消费者的不同需求生产产品，将不同质量、价格、层次的产品推向市场，全面占领市场的各个角落。

（2）不断强化品牌个性

不少行业领先者都在实施多品牌策略，如宝洁公司凭借多品牌策略垄断了全球日化品市场，五粮液依靠数百个品牌成就了白酒行业的霸主地位。又如，联合利华拥有近 2000 个品牌，欧莱雅公司拥有 500 多个品牌。在实施多品牌策略的过程中，各个品牌相对独立，能够将每一品牌都赋予不同的个性从而占领不同层面的消费群体，在此过程中不断形成的品牌差异更是能够满足不同消费者的心理需求，从而是企业形象的树立打下坚实的基础。

（3）攫取品牌的最大化利益

某些品牌的定位过高的时候，消费者往往会呈现出对该品牌的期待、兴趣与向往，同时也在不断寻在能够满足该品牌的替代品。在此过程中，若是企业能够实施多品牌策略，将不同价位、不同层次的产品同时提供给消费者，就有可能将这部分不断游离的消费群里锁定，因此，实行多品牌策略往往能够帮助企业占领最大比例的消费群里，攫取品牌带来的最大化利益。

（4）刺激企业生产经营效率的提升

企业在不断实施多品牌策略的经营过程中，通常做法是为每一个品牌设置经理人。而责任到人的制度能够刺激相关负责人不断地提升经营效率，以在企业的生存中处于不败之地。

2. 多品牌策略的缺点

实施多品牌策略的企业具有很大的优势，但同时也具有以下极大缺点：

（1）不是所有的企业都具有对过品牌进行统筹管理的能力

对于大部分中小型企业而言，对多品牌的统筹管理具有很大的难度，因为各个细分品牌和产品之间需要有明显的、严格的区分，同时也要赋予不同细分品牌鲜明个性，而大部分的中小型企业都无法做到这一点。对于企业而言，实施多品牌策略不仅仅是为了简单的扩大产品线，而是为了扩大企业影响力和市场份额，若是新增加的细分品牌没有鲜明的个性，无法吸引到消费者，那么对于企业而言，这样的多品牌策略反而成了企业发展路上最大的绊脚石。

（2）细分品牌的推出需要注入较大的资金支持

全新的品牌推广意味着从无到有的全系列营销战略，这一过程对于资源、资金、营销能力的要求非常高，若是某一方面无法得到满足，那么新产品在市场上便会面临着极大的挑战，以失败告终。针对这类在资金实力上较弱的企业，反而是统一品牌命名策略更加适合。

（三）多品牌策略的误区

对于企业而言，在实施多品牌策略的过程中，必须赋予各个细分品牌不同的市场定位，否则便会引起品牌之间的相互碾轧，出现不同细分品牌之间争抢市场的不良局面。为防止此类现象的出现，需要企业在实施多品牌战略的过程中综合统筹、巧妙布局，力求做到既能够防止品牌之间的相互争抢，造成资源的浪费，又能够形成品牌合力，为形成企业品牌共同努力。在现代社会，对着产品同质化现象的不断演变，多品牌策略俨然已经成为企业应对市场变化、打造企业差异化的主要手段，而在此过程中，企业差异化的塑造又是需要每个细分品牌之间形成独立的品牌个性。由于单一品牌战略本身的局限性，单一品牌的市场覆盖率是有限的，尤其是在产品定位不同的情况下，目标市场就会存在较大的差异，此时实施多品牌策略可以较好地解决这一问题。

但是对于大多数市场而言，仅凭一个品牌让所有消费者认同是不可能的。对于大部分中小型企业而言，对多品牌的统筹管理具有很大的难度，因为各个细分品牌和产品之间需要有明显的、严格的区分，同时也要赋予不同细分品牌鲜明个性，而大部分的中小型企业都无法做到这一点。对于企业而言，实施多品牌策略不仅仅是为了简单的扩大产品线，而是为了扩大企业影响力和市场份额，若是新增加的细分品牌没有鲜明的个性，无法吸引到消费者，那么对于企业而言，这样的多品牌策略反而加速了品牌的失败。

在市场不断细分的背景下，采取多品牌策略是降低市场风险、提高综合竞争能力的有效途径。尽管企业实施多品牌策略已司空见惯，但这其中也可能存在以下误区：

1. 品牌策略与品牌生命周期不符

品牌策略与品牌生命周期不符主要表现在两种情形：一是在导入期采取多品牌策略。

虽美其名曰："东方不亮西方亮"，但实际上因过多类似信息相互干扰而造成消费者认知模糊，难以树立鲜明的品牌形象；二是一直围绕着主导品牌做，等到主导品牌迅速衰退的时候才仓促推出新品牌。在这一阶段，企业既要推广新品又要维持原有品牌，稍有不慎即导致品牌失利。

走多品牌路线，企业应当在不同的品牌生命周期实施不同的品牌战略。比如，在导入期采取单一品牌策略，以便迅速树立鲜明的品牌形象，然后再引入系列品牌，待市场成熟时采取渗透策略，针对细分市场延伸品牌，扩大市场份额。例如，五粮液在第一品牌地位稳固之后，再以"五粮春"参与中高档区域市场竞争，以"金六福"抢占大众节庆市场，以"尖庄"满足中低端消费。

2. 品牌定位重合，内部存在冲突

多品牌之间不能很好地区隔和互补，导致多品牌自相残杀，难以形成明确的品牌区域，自然会出现自家兄弟抢饭吃的现象。有一种常见的做法是，企业感觉原有品牌没有竞争力了，就用一个新品牌（换名称、换包装）取代老品牌，结果往往是"新品牌起不来，老品牌死不掉"。只有从消费者出发，将不同细分市场的特定需求和品牌特点结合起来，从目标消费群体、品牌诉求、产品特质、品牌形象等层面形成鲜明的品牌区隔，才能建立强大的品牌群。

3. 多品牌策略实施体系欠缺

如果企业没有建立完善的多品牌策略实施体系，就无法有效地处理各个品牌市场运作之间的关系，从而导致失败。常见的情形有以下两种：一种情形是以原班人马、原有渠道拓展新品牌。因为执行团队受原有经验影响，新品牌的操作思路很难有效执行，所以，这种方式的成功率极低。另一种情形是重建新体系，将所有精力和资源都放在新品牌上，造成品牌发展顾此失彼。

因此，企业在实施多品牌策略时，应当对针对各个独立品牌配置相应资源，保持其相对独立运作，比如为每个品牌设计各自的中长期发展规划，进行专业的品牌策划和持续投资。

（四）多品牌策略的实施与管理

在企业实施多品牌策略的过程中，每一个所属的细分品牌都是企业大家族的一份子。对于这些企业成员而言，该实施哪些管理使得这些品牌之间形成品牌合力？答案便是品牌管理。品牌管理的最终目标往往是大会品牌合力，使得不同品牌之间不会造成相互阻碍的情形，不断扩大品牌影响力，实现企业利益的最大化。实施多品牌管理策略的方式有以下几种：

1.明确不同品牌的市场边界，发挥每个品牌的作用

对于企业而言，在实施多品牌策略的过程中，必须赋予各个细分品牌不同的市场定位，否则便会引起品牌之间的相互碾轧，出现不同细分品牌之间争抢市场的不良局面。为防止此类现象的出现，需要企业在实施多品牌战略的过程中综合统筹、巧妙布局，力求做到既能够防止品牌之间的相互争抢，造成资源的浪费，又能够形成品牌合力，为形成企业品牌共同努力。

在现代社会，对着产品同质化现象的不断演变，多品牌策略俨然已经成为企业应对市场变化、打造企业差异化的主要手段，而在此过程中，企业差异化的塑造又是需要每个细分品牌之间形成独立的品牌个性。由于单一品牌战略本身的局限性，单一品牌的市场覆盖率是有限的，尤其是在产品定位不同的情况下，目标市场就会存在较大的差异，此时实施多品牌策略可以较好地解决这一问题。

企业在经营与销售过程中，可以根据产品的差异，如价格、质量、定位、种类等方面，具体情况具体分析，有针对性的使用不同的品牌名称。如保洁作为全球最大的洗护产品生产商，针对其不同功能的产品使用了不同的命名，如针对柔顺功能的产品命名为"飘柔"，针对修护功能的产品命名为"潘婷"，针对造型功能产品命名为"沙宣"，针对去屑功能的产品命名为"海飞丝"，不同的品牌命名为宝洁共同构筑了强大的产品线，形成了强势的品牌影响力和企业声誉。

在实施多品牌策略的过程中，各个品牌相对独立，能够将每一品牌都赋予不同的个性从而占领不同层面的消费群体，在此过程中不断形成的品牌差异更是能够满足不同消费者的心理需求，从而是企业形象的树立打下坚实的基础。某些品牌的定位过高的时候，消费者往往会呈现出对该品牌的期待、兴趣与向往，同时也在不断寻在能够满足该品牌的替代品。在此过程中，若

是企业能够实施多品牌策略，将不同价位、不同层次的产品同时提供给消费者，就有可能将这部分不断游离的消费群里锁定，因此，实行多品牌策略往往能够帮助企业占领最大比例的消费群里，攫取品牌带来的最大化利益。

2. 优化品牌组合，组建以核心品牌为中心的品牌团队

品牌组合是企业实施多品牌策略的过程中的一大有力措施。而这些组合又不是一成不变的，往往会根据市场状况、细分品牌的消费者满意度等指标进行适时调整。而对于企业而言，必须能够清晰地明了哪些品牌应在合适进行推出，哪些品牌之间能够形成强势品牌合力等问题，多品牌、多层次、不同的目标任务，使得企业品牌组合重点突出、角色分明，品牌营销思路一目了然。

3. 合理分配资源，为品牌发展提供强大支持

品牌的塑造是一个长期过程，期间需要大量的经济资源予以配合。如何对不同的品牌资源做合理的预算、分配安排，是一个值得仔细研究的课题。对于大部分中小型企业而言，对多品牌的统筹管理具有很大的难度，因为各个细分品牌和产品之间需要有明显的、严格的区分，同时也要赋予不同细分品牌鲜明个性，而大部分的中小型企业都无法做到这一点。对于企业而言，实施多品牌策略不仅仅是为了简单的扩大产品线，而是为了扩大企业影响力和市场份额，若是新增加的细分品牌没有鲜明的个性，无法吸引到消费者，那么对于企业而言，这样的多品牌策略反而成了企业发展路上最大的绊脚石。而全新的品牌推广意味着从无到有的全系列营销战略，这一过程对于资源、资金、营销能力的要求非常高，若是某一方面无法得到满足，那么新产品在市场上便会面临着极大的挑战，以失败告终。针对这类在资金实力上较弱的企业，反而是统一品牌命名策略更加适合。

五、副品牌策略

（一）副品牌策略的兴起

1. 副品牌策略

所谓副品牌策略是指在保留企业主品牌（即强势品牌）的基础上，对企业的细分产品赋予不同的名称和标记，也就是，在保证企业强势品牌不变的前提下，为每个细分产品再次选定一个品牌名称，如格力空调旗下的格力大松等。

2. 副品牌策略兴起的原因

市场分化与产品改进日益呈现"个性化"与"感性化"的趋向。随着社

会进程的不断加快，各类产品为满足消费者的各种需求不断涌现，将消费者多样化的需求满足成为现实，但是这些个性化的消费者需求对于企业而言，便是意味着为不同的消费群体提供价格、质量、功能完全不同的产品，以尽最大的可能满足消费者所有的需求。对其大部分企业而言，贪多的结果往往是嚼不烂，因此从未有过某一个单一品牌能够满足所有的消费者需求，同样的单纯的以某一品牌产品来满足所有市场需求同样是不现实的。

副品牌的出现使上述冲突的调和成为可能。在品牌林立的竞争时代，并不是每一个品牌都能快速地脱颖而出，唯有具有独特性、能对市场产生冲击力和震撼力的品牌才能在消费者心目中留下深刻的印记。一方面，以企业品牌为主品牌，可以继续发挥其稳定性高、影响力大的优点，满足消费者对品牌单纯化、共有化的要求；另一方面，一系列副品牌又代表了众多的个性化、感性化选择，精确而形象地标识每一种产品的个性与特点，从而弥补主品牌对商品定位不清、功能单一等不足。

（二）副品牌的基本特征

副品牌的基本特征如下：

1. 品牌宣传以主品牌为核心，副品牌处于从属、附和、表白的作用

副品牌策略能最大限度地节省资源，借助主品牌地位、声誉的不断提高，强化消费者对主品牌的识别、记忆、认可、信赖和忠诚，继而接受副品牌，所以，宣传的重心是主品牌。

（2）主副品牌之间的关系不同于企业品牌和产品品牌之间的关系

主副品牌之间的关系是一种主从关系，以"海尔小王子"为例，海尔是主品牌，小王子是副品牌，具有产品归属、识别的作用；企业品牌和产品品牌则是整体和部分的关系，如"科龙"与"容声"就是企业品牌与产品品牌的关系。

（3）副品牌通常直观、形象地表达产品的优点和个性

如长虹电视的"精显王""画中画"，海尔洗衣机的"小小神童"等，富有感染力、想象力，能把产品的性能、优点通过形象的语言表达出来，可谓一字值千金。

（4）副品牌具有口语化、通俗化的特点

如"海尔探路者""长虹精显王"等，不仅生动、形象地表达产品的性能和特点，而且极有利于副品牌传播，对产品迅速打开市场十分有利。

（5）副品牌相对于主品牌来说内涵丰富、针对性强、适用范围小。副品牌一般被用来直接表现产品，因而与某种具体产品相对应。

（6）副品牌通常不增加企业品牌管理费用

副品牌一般不需要注册，而且，在副品牌策略中，企业品牌宣传重点是主品牌，品牌推广宣传费用主要花在主品牌上。

（三）副品牌的命名原则

副品牌在产品推广和提高消费者的认知度方面具有明显的作用。因此，在品牌营销与推广中，如何赋予副品牌更多地灵性、暗示性与指示性，使副品牌充分表达产品的个性特点并与消费者的心理诉求保持一致，就显得十分重要。副品牌命名应按照下列要求进行：

1. 主品牌要与副品牌遥相呼应

主品牌是副品牌的基础，副品牌是主品牌的延伸，是主品牌旗下某一产品的具体体现，是对主品牌的进一步说明和补充，是充实主品牌的闪光点，二者相得益彰，给人一种自然、和谐、耐人寻味的感觉，如"长虹红双喜""海尔探路者"等。

2. 副品牌要起到提示、暗示或联系产品功能特征的作用

主品牌一般很难把企业各类产品的功能属性完全表达出来，但是可以借助副品牌来进行弥补。问题的关键是，副品牌名称要具备补充主品牌的能力，如"伊莱克斯省电骑兵"冰箱就有效地利用了副品牌的这一作用。

3. 副品牌名称要具备"四易""五化"

"四易"是指易读、易记、易认、易传；"五化"是指口语化、通俗化、形象化、简洁化、个性化。例如"海尔小小神童""娃哈哈营养快线"等，读起来顺口，听起来顺耳，记起来容易，传起来快捷。

4. 副品牌要富有时代感

副品牌的名称、联想与想象要迎合目标市场消费者时尚的消费理念，功能提示语要凝练、概括市场需求的时代特征。

5. 副品牌要有震撼力

在品牌林立的竞争时代，并不是每一个品牌都能快速地脱颖而出，唯有具有独特性、能对市场产生冲击力和震撼力的品牌才能在消费者心目中留下深刻的印记。如曾经的"东芝火箭炮""格力冷静王""海尔帅王子"等都是颇具市场想象力的副品牌。

6. 副品牌要服务于产品市场定位

副品牌策略如果运用得当，能较好地解决统一品牌策略下品牌市场定位不准、模糊不清的问题。副品牌要依据不同类别产品的市场特点量身定做，如此一来，副品牌才能较好地与目标市场对接，把产品定位信息准确地传递

给消费者。比如，长虹曾针对农村市场推出"长虹红双喜"，厦华曾针对老年市场推出了"厦华福满堂"。

第二节 品牌资产运营

一、品牌延伸与品牌资产增值

（一）品牌延伸的含义

品牌延伸（brand extensions），是指把一个现有的品牌名称使用到一个新类别的产品上。这里必须指出，品牌延伸并不只是借用表面上的品牌名称，而是对整个品牌资产的策略性使用。此外，如果对品牌延伸作广义的理解，那么也包括产品线的延伸（line extension），即把现有的品牌名称使用到相同类别的新产品上，如苹果公司在电子产品上相继推出苹果 Macbook 笔记本电脑、苹果 iPhone 智能手机、苹果 iPad 平板电脑、苹果 Apple Watch 智能手表等。

（二）品牌延伸的作用

1. 有助于加速新产品的开发决策

品牌延伸策略的运用可以为企业带来更多地便利，如为企业的加快新产品推出的速度，加快相关决策的制定。对于企业而言，当新产品与原有产品之间产生了某种联结，形成较大的品牌合力时，新产品与原有产品的消费群体也相应地产生了融合。因此，对于新产品的不断研发与调研，保证原有产品持续性增长的同时，加快新产品在市场上的推广速度，是增强企业品牌力量形成的重要手段。

2. 有助于减少新产品的市场风险

新产品的推出往往也意味着较大的市场风险，能够得到消费者的认同与好感对其新产品而言至关重要，这一过程便是新产品市场化、品牌化的过程。但是对于新产品而言，要想打开市场所要付出的代价也是巨大的，人力、资金、资源等都需要有较大的注入。这一持久的过程对于企业的发展而言是一个巨大的挑战。例如在美国的快销品市场，要想从无到有的开创一个全新的品牌所需要的资金大约为 8000 至一亿美元，这对于大部分企业而言都是一笔巨大的开支。而采用相关的品牌延伸策略能够在新产品推广的过程中避开这些问题，甚至在产品推广之初就赋予其较大的知名度，同时又能够缩短消费者心理接受、认同、定位的时间，极大的预防了相关市场风险的产生，降低企业开支。

3. 有助于降低新产品的市场导入费用

在竞争日益加剧的现代市场，消费者的购买过程更多地体现为对品牌的选择过程。因为消费者的购买决策依据不再局限于产品本身，而产品的质量、功能的吸引要素又是消费者看不到摸不到的，因此更多地决策依赖于对品牌的感知上。品牌延伸策略能够使得消费者对于企业原有品牌的所有认知和定位转移到新厂品上，大大缩短了对于新产品的心理接受和定位的过程，拉近了消费者与新产品之间的距离并建立了长期的、双向的互动关系。

4. 有助于强化品牌效应

企业的所有细分品牌都是其品牌合力的重要组成部分，企业的原有强势品牌更是其中能够代表企业与消费者进行沟通的部分，对于该强势原有品牌的延伸能够使得企业的影响力产生辐射作用，以一带多，更能够拉近消费者与企业的距离，强化消费者心理认知、接受的过程，最终促成消费者购买行为的发生，实现品牌增值。

品牌延伸的作用是多方面的，可以多角度、多视野地进行观察分析。总之，恰当的、时机适当的品牌延伸，有助于实现企业营销战略，使品牌这一无形资产在品牌延伸、产品销售市场不断扩大的过程中充实资产内涵，增强品牌竞争实力，维系品牌的知名度、美誉度和忠诚度。

（三）品牌延伸的风险

品牌延伸具有两面性：一方面，成功的品牌可以将现有品牌的优势注入新产品，使其凭借核心品牌的力量打开市场，吸引消费者，获取成功，并且再以成功的延伸品牌的某些特质强化核心品牌，使之更具有吸引力与竞争力；另一方面，如果品牌延伸不当，出现失误，不仅影响到延伸产品的市场形象，而且会削弱核心品牌。因此，在进行品牌延伸时必须小心谨慎。品牌延伸"有利"也"有节"，正如美国广告专家艾·里斯所强调的，"品牌就像一根皮筋，越延伸，它就会变得越疲弱"。在品牌延伸实践中，既有成功的范例，也有失败的先例。

二、品牌延伸的原则与步骤

（一）品牌延伸的原则

既然品牌延伸具有优劣势的变数，那么，坚持品牌延伸原则对于提高品牌延伸成功率就显得格外重要了。品牌延伸的原则归纳起来主要有以下方面：

1. 核心识别要素相同

企业的原有强势品牌更是其中能够代表企业与消费者进行沟通的部分，对于该强势原有品牌的延伸能够使得企业的影响力产生辐射作用，以一带多，更能够拉近消费者与企业的距离，强化消费者心理认知、接受的过程，因此，必须强化延伸品牌的核心识别要素。例如，联想集团是贸技工相结合的科技型企业，联想的崛起依靠的是顶尖的科技力量和优秀的企业管理。联想的品牌核心识别要素并非只与某一具体产品相关，制造技术、价值主张、质量保证、社会责任等都囊括于联想品牌的核心识别要素之中，笔记本电脑、平板电脑、打印机、音箱等延伸产品都与联想这一核心品牌具有共同的核心识别要素，因此，联想的品牌资产价值可以在较大程度上转移给延伸产品，品牌可延伸性很强。

2. 服务体系相同

企业应当使延伸使用在其他产品的品牌在售前、售中、售后的服务体系中与核心品牌保持一致，这样才能在品牌延伸的过程中收效颇多。品牌延伸的作用是多方面的，可以多角度、多视野地进行观察分析。总之，恰当的、时机适当的品牌延伸，有助于实现企业营销战略，使品牌这一无形资产在品牌延伸、产品销售市场不断扩大的过程中充实资产内涵，增强品牌竞争实力，维系品牌的知名度、美誉度和忠诚度。

公司历史长达150年仍位于世界百强之列的雀巢，在其品牌延伸中就注意到了这一点。1866年，亨利·雀巢创立了雀巢公司，在取得婴幼儿奶粉的成功之后，就开始进行品牌延伸。其产品除了奶制品和营养品，还有特殊医学用途配方食品、饮用水、烹调产品、谷物食品、咖啡、饮品、巧克力威化、糖果、宠物食品、雀巢专业餐饮等，在每条产品线内又有各种品牌名称，如在饮用水品牌大类中有雀巢优活、雀巢深泉、Perrier、Vitel、Sanpellegrino、Nestle Pure Life 等数十种品牌。由于雀巢各个延伸品牌的服务体系之间存在相同之处，消费对象也多以女性、儿童为主，所以其品牌延伸非常成功。

3. 技术密切相关

核心品牌与延伸品牌的产品在技术上的相关度是影响品牌延伸成败的重要因素。消费者的购买过程更多地体现为对品牌的选择过程。因为消费者的购买决策依据不再局限于产品本身，而产品的质量、功能的吸引要素又是消费者看不到摸不到的，因此更多地决策依赖于对品牌的感知上。例如，西门子公司利用其技术上的优势不断进行品牌延伸，正是其技术的可靠性与相关性保持了较高的消费者忠诚度，使得西门子成为世界上电子电器行业中规模最大的跨国公司之一。相反，早年的春兰摩托车则与春兰空调在技术上关联性较小，故其品牌延伸意义不大，而春兰公司也早已退出摩托车生产领域。

4. 消费者群体相似

经营者在进行品牌延伸决策之前，必须对延伸品牌的目标市场进行调查分析，目标群体处在同一消费层面上也是品牌成功延伸的重要因素。比如金利来品牌，从衬衫到西服，再到皮包，以上班族中的白领阶层为主要消费对象，品牌延伸非常成功。迪士尼的成功也是如此，从 1930 年成功设计"米老鼠"的卡通形象开始，迪士尼一直十分关注它们的消费者喜爱什么。从迪士尼影视到迪士尼乐园、迪士尼商店，再到迪士尼英语等，这些延伸品牌的产品大多是根据青少年的特点设计的，以至于许多孩子在长大后还会带自己的孩子到迪士尼的世界中寻找欢乐。以迪士尼商店为例，其在全球拥有超过 300 家店铺，所经营的产品超过 2000 种，主要包括毛绒玩具、文具、水杯、服饰、手表、手机配件、配饰挂件、时尚包袋等以及迪士尼游戏等各种产品，2015 年的消费品收入达 44.9 亿美元。迪士尼正是因为其核心品牌与延伸品牌的消费者群体相当接近，所以核心品牌的概念很容易被使用到延伸品牌上，从而使延伸品牌获得成功，难怪人们常说"迪士尼的成功是因为它有一大批爱迪士尼的孩子"。

5. 质量档次相同

只有延伸品牌的新产品质量与核心品牌的产品质量不相上下，才能使品牌延伸获得成功。质量是品牌的生命，是品牌存在和发展的关键，因而开发出的新产品必须质量上乘，得到广大消费者的认可。

耐克在当初从运动鞋向运动服装延伸时对质量的要求就很高。比如，耐克运动服装系列在设计时采用仿生学技术，注意服装关节处的拼接设计和 3D 立体剪裁，腋下腰间藏着柔软的透气面料，裁缝线从传统的腋下移至背部，符合人体移动时的角度，在运动中给予人体充分的自由，最大限度地减少人体与衣服之间的摩擦，使人体达到高速度和流线性。耐克运动服装的成功就在于其与核心品牌的产品——运动鞋——不相上下的质量，再借助核心品牌的知名度，很快就占据了消费者的心，同时也提升了核心品牌的价值。

6. 回避对已高度固化定位的品牌延伸

如果一个品牌已经成为某类产品的代名词，在消费者心目中的定位固化，那么最好不要再为另一类产品冠以该品牌的名称，这是因为，当品牌定位已深入人心时，品牌就取代了产品，如若强求品牌价值外溢，则很有可能损害品牌力。比如，作为中国儿童饮品的"大哥大"，人们一提到娃哈哈就会想到那可爱、调皮的小男孩卡通形象，在娃哈哈将品牌延伸到浓香型白酒（娃哈哈关帝酒）和商业地产（杭州娃欧商场）时，消费者心中已经固化的儿童饮品形象却难以随之转变，因此跨界之路步履维艰。

7. 品牌名称联想范围合理

要注意品牌延伸所造成的"联想"关系，即消费者由这一品牌名称能成功地联想到延伸产品。比如，一提起"Thinkpad"品牌，人们就会想到电脑，而不是打印机等，因此在将从笔记本电脑延伸到台式机、平板电脑等乃至电脑相关选件时不会使人误入"陷阱"。再如，"活力28"作为中国老百姓家喻户晓的品牌，能让人们首先想起洗衣粉，因此，若将其延伸至洗涤用品就十分恰当，若将其延伸至饮品则让人难以接受，这也是"活力28"矿泉水在推向市场后却败走麦城的重要原因之一。

总之，只有遵循品牌延伸的原则，才能使消费者乐于接受，避免品牌延伸走入误区，真正提高品牌力，赢得品牌延伸的优势。

8. 品牌延伸的步骤

品牌延伸是一个复杂的过程，虽然没有确定的程序，但也有其基本的思路与框架。下面主要讨论品牌延伸的基本步骤：

（1）确定品牌的联想

确定品牌的联想是品牌延伸的第一步。核心品牌只有在消费者心目中具有一定的联想性，才能进行合理联想。确定品牌联想的方法多种多样，比如品牌特质联想法，即探询该品牌的价值、特性并据此进行延伸。例如，苹果让人产生高品质、高科技、创新等品牌特质的联想，这种联想使该品牌从笔记本电脑向手机、平板电脑、手表等方面的延伸得以成功。又如映射联想法，即当人们接触到某品牌后会想到什么，以该联想来决定延伸的方向。例如，当人们穿上阿玛尼品牌的服装后，能够感受到高贵的身份，由此该品牌延伸到眼镜、手表、鞋、箱包、皮革制品、香水乃至化妆品等行业，并得到消费者的认可。

（2）选择品牌延伸的产品

在确定品牌联想之后，就要根据这些联想找出品牌延伸的产品。TCL在以品质优良的电视获得消费者的认可后，进军同样具有科技含量的手机以及冰箱、洗衣机、空调等家电领域，而消费者也认可了这些延伸品牌的产品同样具有高水准。

如果市场竞争不太激烈，品牌延伸就相对容易，反之则容易失败，这是因为在夹缝中求生存远比引导市场消费困难得多。联想品牌延伸的成功，除了其具备高科技的关联性、消费者的认同之外，很重要的一点就是始终走在市场前沿，在市场尚未出现同类产品或相关技术时就设计开发新产品，迅速占领市场，比如当初联想家用电脑和笔记本电脑的推出。当电脑刚开始进入家庭时，联想推出了采用第三代软硬件一体化设计的"天蝎座"电脑，以友好的界面、丰富的功能克服了初学者操作电脑的技术障碍；1996年"联想昭阳"笔记本电脑的上市，则填补了国内不能自行生产笔记本电脑的空白，同年，联想集团便成为国内首家通过 ISO9001 国际质量体系认证的计算机生产厂家。联想品牌由此俘获了众多消费者的芳心。

例如，富士胶片公司曾经继核心品牌富士胶片后陆续推出富士数码相机、富士彩色相纸、富士冲印药水、富士胶卷扫描仪和冲印设备、富士 Frontier 数码冲印室、富士热敏式照片打印机等，覆盖影像、高性能材料、印刷系统、记录媒体等多个领域。以日本丰田公司为例，丰田进入美国市场之初主要以省油、廉价的形象向中低收入者推销，但当丰田开发高档轿车市场时却不断失败，据了解，这是因为丰田在美国人心目中是生产廉价车的，搞清原因后，为开发高级轿车市场，丰田将品牌名称由凌志转换为雷克萨斯（LEXUS），于是获得成功。

又如从雅戈尔衬衫到雅戈尔西服、雅戈尔休闲服、雅戈尔领带等，还是另选品牌名称，如通用汽车从雪佛兰到别克、凯迪拉克、欧宝、五菱等，其选择的品牌名称都有助于其在一个竞争白热化的市场中独树一帜，提升消费者的品牌意识，从而增加产品销售。只有所选择的延伸品牌名称能够为产品提供有用的帮助，才会使品牌在某个已成熟的市场中具有更大的优势和竞争力，才能达到品牌延伸的目的。

（3）品牌延伸的战略布局

品牌延伸作为品牌战略的重要内容之一，必须以战略的眼光来看待，而不能过分关注短期利益。各个行业的数字化、互联网化为品牌的跨界延伸提供了无限可能，如全球最大的软件公司微软推出手机和平板电脑产品、以网络视频内容为主业的乐视开始做手机、从做手机产品起家的小米开始做电视机和净水器等，但品牌延伸绝不仅仅是技术和产品打扩展，必须考虑品牌形象、商标定位等一系列问题。

三、品牌延伸的模式

（一）单一品牌制和多品牌制

根据品牌名称的异同，品牌延伸可分为单一品牌制和多品牌制。

1. 单一品牌制

单一品牌制是指品牌在其延伸过程中一直沿用原品牌（或核心品牌）的名称及其标识。这种方法主要是借用原品牌强大的品牌优势来推广品牌延伸的产品。原品牌只有信誉和形象上佳，才能成为延伸品牌的保护伞。

主副品牌制属于单一品牌制，也是现今十分流行的品牌延伸方式。采用主副品牌制的产品一般使用一主一副两个品牌，而且通常不必额外增加广告费用。

2. 多品牌制

多品牌制是指延伸品牌与原品牌在名称乃至品牌标识上各有不同，也被称为家族品牌制。这种模式的优劣势正好与单一品牌制相反。

（二）相关品牌延伸和非相关品牌延伸

品牌专家科普非尔按品牌的相关性把品牌延伸细分为两种模式：相关品牌延伸和非相关品牌延伸。

1. 相关品牌延伸

相关品牌延伸，也称持续品牌延伸，是指品牌的延伸方向是依据原品牌的核心技术进行的。这种品牌延伸的范围较窄，但延伸的力度较强，成功率较高。全球最大的家居零售企业宜家采用的就是这种品牌延伸模式。

2. 非相关品牌延伸

非相关品牌延伸，也称间断品牌延伸，是指品牌延伸已超过原有品牌的核心技术，向非核心技术行业所进行的延伸。施乐（Xerox）曾是美国复印机行业中的领军品牌，强大的财务实力使时任 CEO 决定进行非相关品牌延伸，以实现其设定的"信息建筑"这一公司远景。1968 年，施乐公司决定通过斥资 9 亿美元并购"科学数据系统公司"进入以电脑为基础的信息产业，将其更名为"施乐科学数据系统公司"。但是，因为科学数据系统公司的收入完全依赖于其与美国政府签订的太空计划合约，而美国政府当时已经开始削减太空计划的开支，所以该延伸品牌从一开始就赔钱，几经努力仍无法改变现状，在经历了 6 年的巨额亏损后，施乐关闭了这家公司。另外，施乐还尝试进入个人电脑这个在当时高速成长的新兴领域，但同样没有获得成功。施乐公司在经历失败的惨痛教训后，认为唯一能助其走出泥潭的仍是非相关品牌延伸。在认真分析各种延伸的影响因素后，施乐决定进入金融业。1982 年，施乐买下了业绩不错的意外保险公司，将其更名为"施乐理财服务公司"。随后，施乐又买下了两家投资银行企业，并分别将其更名为"施乐生活"和"施乐信贷"。后来，施乐又投资了"VMS 不动产合伙企业"。这一系列延伸终于使施乐收益颇丰，弥补了亏损，增强了公司的实力。再加上施乐对主品牌复印机进行了质量和服务的改进，终于从日本企业手中夺回了以前丧失的市场，扭转了局面。由此可见，非相关品牌延伸绝非易事，一定要权衡再三、认真思考。

（三）品牌组合延伸与产品线延伸

根据品牌是否在多条产品线上进行延伸，可将品牌延伸分为品牌组合延伸与产品线延伸。

1. 品牌组合延伸

品牌组合延伸是指企业提供给消费者一组含有多条产品线和产品品目的产品。品牌组合延伸可从多个角度进行，如添加品牌线以增加品牌组合宽度、加长品牌线以延长品牌组合长度、增加产品数以挖掘品牌组合深度、强化形象以提升品牌组合相关度等。其中，品牌组合宽度是指企业总共有多少个不同品牌的生产线。如可口可乐公司的各种产品在传播上多以广告为主，可见其传播途径的相关度较强。

2. 产品线延伸

产品线延伸是品牌延伸中最常用的形式。大多数企业之所以采用产品线延伸，是因为一方面可以增强消费者的选择范围，另一方面也可以争夺销售市场的展示空间。

四、品牌资本运作

（一）品牌资本运作的内涵

品牌资本运作是指企业通过兼并、收购、特许经营、重组、构建战略联盟、转让、上市等方式，实现品牌与资本市场的成功对接，制造品牌财富成几何级数增长的跳跃式发展。从国内外品牌创造财富的实践看，资本运作成为财富增长的关键因素。比如微软公司，1986年在纳斯达克上市时其净资产仅200万美元，2017年企业市值高达5000亿美元，31年增长25万倍。再如，英特尔公司、海尔集团、中信集团、新浪公司等都是品牌资本成功运作的范例。

（二）品牌兼并

品牌兼并就是使被兼并方的全部品牌资产成为兼并方品牌资产的一部分的过程。品牌兼并往往是出于企业业务协同的需要，通过兼并对方的品牌资产，巩固和提升自己的市场地位、市场份额，增强品牌实力，实现品牌扩张。

品牌兼并可以采用现金、股票、协议或上述多种方式。例如，当年康柏与惠普的合并就是采取股权置换方式进行的。品牌兼并的关键是物色好兼并对象，要对被兼并方品牌的价值、资源有一个清醒的认识，否则容易陷入经营困境。

（三）品牌收购

品牌收购就是被收购方的一部分品牌资产成为收购方的一部分品牌资产的行为。收购的目的是吸收对方与品牌名称、象征相连系的资产及渠道网络，以获得对方的市场地位，提高企业的经营能力。例如，当年联想通过收购IBM 的 PC 业务部门，一方面借用对方的品牌激活当地市场，另一方面借助对方的现有渠道迅速拓展市场，从而进一步提高了品牌的知名度和美誉度。

（四）品牌特许经营

1. 品牌特许经营的含义

品牌特许经营是一种以契约方式形成的，特许人将品牌的使用权授权给被特许人，允许被特许人在一定时期内使用特许品牌进行经营的方式。它可以让特许人与被特许人共享品牌收益，尤其是对特许人，可以在品牌的特许使用过程中发展品牌、使品牌增值。这种品牌经营方式是一种低成本、低风险的品牌延伸，因为在品牌特许经营方式下，特许人可以借助被特许人的财务资源、人力资源实现品牌的延伸。而也正是这个原因，使得品牌的特许经营成为品牌延伸的有效方式。

知名品牌肯德基、麦当劳就是品牌特许经营的典范。截至 2015 年年底，麦当劳在全世界 120 个国家和地区开设了 36000 家麦当劳餐厅。这个快餐业巨头在实行其全球品牌特许经营时，要求所有餐厅从门面装潢到门口的清洁箱、营业用的包装袋、纸杯、纸盘、餐巾、指布都是统一的，甚至将标识的颜料从美国运到各地的餐厅，以保证色调的一致性。在经营过程中，它们坚持总公司的"八字"经营理念"廉价、卫生、快捷、方便"，让消费者无论在世界的哪个地方都能从笑容可掬的麦当劳叔叔、欢乐大门"M"之中体会到"开心无价麦当劳"的品牌核心理念。正因为麦当劳的所有餐厅都严守了品牌特许经营的基本原则，才使麦当劳获得了现今的成绩。当然，对一致性的要求并不排斥个性化，比如肯德基的异地个性化就做得非常好。开设在中国大陆的肯德基餐厅就推出了具有中国特色的"芙蓉荟蔬汤""老北京鸡肉卷""皮蛋瘦肉粥"等品种，使消费者既有了目标性又有了选择性。

（五）品牌重组

在品牌重组中，最为引人注目的案例有美国微波通信公司以 1290 亿美元收购斯普林特公司、美国埃克森石油公司以 830 亿美元收购史必成公司、英国石油公司以 560 亿美元并购美国阿姆科石油公司、美国通用电气公司以 450 亿美元收购霍尼尔公司、英荷集团联合利华公司以 243 亿美元收购美国百仕福食品公司、美国福特汽车公司收购瑞典沃尔沃公司轿车部、德国戴姆勒一奔驰公司并购克莱斯勒公司、法国宝马汽车公司并购英国劳斯莱斯汽车公司、英国石油公司（BP）和阿莫科（Amoco）的合并、英国通信公司沃达丰先后对美国爱尔达机公司和法国曼尼斯缅因公司的购并等。这些大规模的国际性并购形成的品牌重组，不仅使原有品牌高度延伸，也对世界各国品牌的竞争走势产生了深刻的影响。

（六）品牌战略联盟

品牌战略联盟是指利用现有企业的品牌优势，与其他企业进行双边或多边的合作，以达到品牌的延伸与扩张。美国商业专家詹姆斯先生把品牌战略联盟分为授权联盟、分销联盟、投资联盟、自有品牌联盟、买卖双方联盟等多种形式。

1. 授权联盟

对于授权主体来说，可以在不投入资金的情况下，使自己的产品向更为广阔的市场进军并弱化竞争对手；对于接受授权的一方来说，则可以利用先进的技术与方法，在市场上取得一席之地。

在 20 世纪 60 年代初期，歌兰帝与飞利浦推出了互相竞争的、互不兼容的盒式音响系统。飞利浦巧用授权联盟战略，广泛地把技术授权给那些不能成为竞争对手的制造商，使其产品很快得到普及，最后迫使歌兰帝争取获得飞利浦音响系统的授权。20 世纪 70 年代中期，索尼公司曾推出更大的盒式音响系统，但未采取授权战略，结果销量一直平平。英国利兰汽车公司正是因为接受了本田公司的授权，使用由本田公司提供的工程技术及零部件设备来制造艾克兰轿车，才显示出新的生机和活力。这种授权活动既能够提高授予方品牌的知名度，也能够提升被授予方企业、品牌的知名度和影响力。

2. 分销联盟

法国雷诺汽车公司就曾与美国汽车公司达成分销联盟，使用后者的 1700个分销网络，在美国销售汽车。分销联盟对于老公司来说，可以拓宽业务、取得利润，不必再花费更多地投资；对于新公司来说，则可以减少开辟新分销渠道的投资，并消除进入新市场的障碍。这种方式有利于提高品牌在新市场的曝光度、知名度，逐渐扩大品牌的市场影响力。

3. 投资联盟

美国拉罗奇公司与卫康公司联合投资共同进行抗生素研究开发，取得成果后，各家以不同的商标名称进行营销活动。再如，20 世纪 40 年代，北欧的丹麦航空公司、挪威航空公司、瑞典航空公司联合为斯堪的纳维亚航空公司，终于在世界航空市场上占据重要地位。投资联盟是一个投资各方共同受益、共同提振企业及品牌影响力的多赢合作。

4. 自有品牌联盟

世界著名零售连锁店马狮集团、沃尔玛公司也采用了自有品牌联盟策略。实际上，这也是借用他人的力量来发展、壮大自己的品牌。

5. 买卖双方联盟

它是指供货方与购货方达成的联盟，常见于大规模的制造业，其着眼点是双方互惠互利。例如，美国主要飞机制造商诺斯洛普公司曾与瑞士形成买卖双方联盟，瑞士采购价值 4 亿美元的 F-5E 战斗机，而诺斯洛普公司同意在全球销售价值 1.35 亿美元的瑞士产品。

无论联盟形式如何，其成功的基础都是寻求共同的利益，壮大品牌实力，实现品牌延伸增值的目标。

（七）品牌资产运营的其他方式

1. 品牌资产转让

品牌资产转让就是出售品牌资产，实现品牌资产化的过程。品牌转让的目的是多方面的：可能是出于战略重组的考虑，优化核心品牌资产，对非核心品牌资产变卖出售，也可能是盘活闲置的品牌资源，还可能是出于战略合作的需要，彼此向对方转让品牌资产，使合作伙伴享有品牌的使用权。

2. 企业在证券市场发行股票或债券

企业选择在国内资本市场或国外资本市场上市，或者在国内外资本市场同时上市，或者在债券市场上发行企业债券，借此扩大品牌的影响范围，提高品牌的市场覆盖面。比如，联想在美国上市，目的除了融资以外，还为了获取"联想"品牌的国际声誉，从而向联想品牌的国际化迈出一大步。

第三节 品牌的国际化营销

一、品牌国际化及其战略意义

（一）品牌国际化的内涵

所谓品牌国际化，是指企业积极参与国际市场的竞争，树立全球性的品牌形象。全球性品牌要求企业在品牌名称、标识、包装、广告策划、品牌定位、产品等方面保持全球性的一致，以达到信息传递的标准化，最大限度地节约成本，有利于国际竞争。品牌国际化实际上是全球一体化与本地化的统一，变的是形式，不变的是品牌的核心价值，因此，全球性品牌必须首先是世界名牌。

海尔集团首席执行官张瑞敏用他率直、略带些黑色幽默的笔触对其富有哲理的管理创新理念和超前的开拓市场的观点给予了婉转的诠释。市场竞争实际上就是品牌的竞争。在世界经济一体化的今天，身处"国内竞争国际化，国际竞争国内化"的市场环境，面对比国内更为复杂、激烈的国际竞争，海尔人懂得：只有走向世界，为世界各国人民喜爱、接受的品牌才是名牌。海尔集团认为：名牌无国界，国门之内无名牌。海尔集团坚持以创世界名牌为导向的国际化战略，国际声誉日益提高。2004 年 7 月，海尔在纽约创下了 7 小时销售 7000 台空调这样不仅在美国，甚至任何一个国家也都难以想象的记录。难怪美国的经济学家也会惊呼海尔再次创造了"家电史上的销售奇迹"。2005 年初，海尔品牌被选为世界最具影响力的 100 个著名品牌之一，排在第 95 位。2008 年北京奥运会的白电赞助商也选择了海尔。

（二）国际化品牌使企业跨国经营具有优势

发展和塑造国际化品牌是伴随着跨国公司的全球战略而形成的一种品牌策略。主张创立国际化品牌的管理思想家认为，随着广播电视、旅游等产业的发展和普及，人们的品位和生活方式越来越趋于同质化，因而在一国有效的产品和诉求在另一国也会同样有效。另外，由于各国的消费者都喜欢最好的质量、最优质的服务和最先进的产品，因而企业就有必要为全球消费者提供最好的产品设计与服务。

1. 有利于实现生产和营销的规模经济

创立国际品牌的最大益处是可以获得规模效益。这一点对所有企业都是至关重要的。当然，实现规模效益并不一定非要采用国际品牌策略，但是在产品、广告设计、促销等方面采取全球一致的标准化策略带来的规模经济是巨大的。

2. 国际品牌有助于提高品牌知名度

当消费者到国外出差、学习或旅游时，假若在其他国家也能看到国内同一品牌的广告，必然会增强他对这个品牌的信任度和忠诚度。尤其是在欧洲，由于旅游业的发达和各国媒体相互覆盖重叠，因而品牌的国际化尤为必要。随着欧洲统一进程的加快，欧洲大市场日臻成熟，媒体重叠率会越来越高，跨国旅行也会越来越普及，因此，经常旅行的游客会在不同国家接触到同一品牌。在美国，我们可能使用的是高露洁牙膏，回到中国，你仍会轻而易举地在超市的货架上寻找到它熟悉的踪迹，品牌亲和力由此发生巨大作用，使你对它产生信赖感，激发你的购买欲望。

3. 有利于企业对营销活动的协调与控制

品牌管理的基本挑战在于发展一个清楚、表达完善、在各个市场畅通无阻的品牌定位，并以此指导所有创建品牌的活动。对国际化的品牌来说，由于在世界各国都采用同一定位，这要比管理许多独立的、各国特有的策略更容易，而且，还可以运用更简单的组织结构。

4. 有助于企业在谈判中提高谈判筹码

任何公司在激烈的市场竞争中要想拥有一席之地，必须不断发展和成长，才能在竞争中求生存，在发展中求壮大，才能扩大目标市场的地域范围。所以，品牌国际化战略是当企业已具有一定的品牌营销经验、在经济规模和管理时间上比较有利的情况下开展的一种风险性较其他策略低的策略。同时，品牌国际化策略一旦能成功实施，其日后带来的利益是相当可观的。正因为如此，许多大企业都非常热衷于品牌国际化的构想，把眼光立足于全球，尤其是在本国市场已呈饱和状态时。

二、国际化品牌经营的方式

（一）非投资经营方式

1. 出口

出口方式的分类包括：①间接出口。间接出口是指企业通过国内中间商出口本企业产品。②直接出口。直接出口是指企业不通过国内中间商，直接将产品销往国外市场。这种出口方式有两种形式：一是通过国外中间商将产品销售到国外市场；二是企业在国外自设销售分支机构，直接将产品出售给当地的消费者。

出口（包括直接出口与间接出口两种方式）的优点是风险小，进行出口活动的公司在国外不投入固定资产，因此当市场国的经济或政治情况不稳定时，所遭受的损失较少。用出口方式还可以试探国外市场的需求量，便于进一步做出经营决策。

出口方式的缺点主要是公司对国外市场的营销组合的要素缺乏控制能力。例如，公司无法改变关税税负，不能控制产品在国外市场上的最终价格（因为批发商、零售商的价格加成不受公司控制），对于价格弹性较大的产品来说，价格的失控就意味着销量的失控。

2. 合同生产

合同生产是指生产厂商按照跨国公司合同所要求的质量、规格和数量生产贴有跨国公司商标的产品（即所谓的 OEM 出口方式）。而营销活动又是由跨国公司自己进行的一种生产方式。合同生产在服装、鞋帽等劳动密集型行业中使用得非常普遍。

OEM（Original Equipment Manufacture）原意为原始设备生产商。近些年来，随着国际贸易方式的日益多样化，它已成为一种新的出口形式（即加工贴牌生产）。OEM 与现代工业社会有着密切的关系，一些著名的品牌产品生产商常常因为自己的厂房、设备不能达到大批量生产的要求，或者需要某些特定的、自己不能或不愿生产的零部件，因而向其他国家厂商求助。这些伸出援助之手的厂商就被称为 OEM。ODM（Original Design Manufacture）原意为原始设计商。OEM 与 0DM 两者最大的区别不单单是在名称上。OEM 产品是生产者为品牌厂商量身定做，生产后它只能使用该品牌的名称，绝不能冠上生产者的名称再进行生产。而 ODM 则要看品牌，看品牌企业有没有获得该产品的商标享用权，如果没有的话，制造商有权自己组织生产，只要没有原公司的设计识别就可以。

合同生产的优点：首先，在于可以利用国外的廉价劳动力获取较低的生产成本；其次，所生产的部分产品可以在当地销售，便于绕过关税壁垒；再次，一些标准化的零部件可以通过这种方式在国际间进行分工生产。

合同生产的缺点主要在于扶植了潜在的竞争对手，因为一般当地的生产厂商以其固有的设备和技术是无法生产出符合全球企业所要求的产品的，一旦他们掌握了生产诀窍，跨国经营者就会多了一个潜在的竞争对手。

3. 物许经营

特许经营是企业将自己的某一项权力以合同的形式准许外国企业使用的一种经营方式。这种权力可以涉及多个方面，包括专利、技术秘密、商标与品牌、组装加工、管理诀窍等。受许方对这种权力的使用，往往受到授许方规定的时间和区域的限制，同时授许方收取受许方一定的费用作为回报。

特许经营属于一种"双赢"的市场方式：对于授许方来说，企业不必投入大量资金就可以很快进入国际市场。如果特许协议要求受许企业必须使用授许企业提供的零部件和机器设备，更对授许企业的出口有利。而且，随着授许企业在国外市场知名度的提高，该企业其他非特许产品的销售也会增加。此外，在有些国家中还可以通过特许经营方式注册自己的商标或技术秘密，使企业的无形资产获得当地国的法律保护，免遭被盗用或者被仿冒的厄运。对于受许方来说，企业不必投入太多的资金就可以获得国外的先进技术或著名商标，从而增强了企业的竞争力，有利于企业的出口贸易。

很多跨国经营的大公司都曾采用过特许经营的方式。现在，各种形式不同的"特许经营"已经进入了多个行业和业态。快餐业中的"麦当劳"，就是特许经营的连锁形式所造就的一个享誉全球的品牌。"耐克"品牌也是如此。又如，可口可乐公司以"特约代营瓶装业务"的特许形式，保证了在不泄露原糖浆配方的前提下成功地向世界市场不断扩张。再如，罗氏药业公司，它曾买断过中国生产维生素 C 的"二步发酵法"技术，但它的购买不是为了生产（因为新技术需要全新的设备，罗氏不愿投资），而是为了不让别人掌握这一技术，即防止新的竞争对手出现。罗氏此举着实棋高一招，直到今天，它的维生素 C 生产仍居世界领先地位。

4. 合作经营

合作经营是指不同国籍的合作双方以合同的形式明确各自的权利与义务，对某一实体机构实行共同的经营与管理。合作经营与合资经营不同，合作各方的责任、权利和义务是各方协商决定的，不一定以投资的数额为依据。

（二）投资经营方式

投资经营是指以直接向国外市场投入资金的形式，实际拥有或者控制某一国外企业。这是企业跨国经营的最高级形式。与其他经营方式相比，投资经营方式的回报收益率高，但跨国公司承担的风险也大。一般来说，投资比例与控制力、回报率、风险率都成正比。"合资"与"独资"是其中最常见的两种投资经营方式。

1. 合资经营

合资经营是指企业在国外市场上与一个或几个其他企业通过签订合同，按一定比例共同投资经营一个企业。合资企业大多是股份制企业，具有当地的法人资格，一般可享受当地的国民待遇。

2. 独资经营

独资经营是指企业在控股基础上对国外公司拥有完全的管理权和独立的控股权。独资经营的风险最大，但企业的获利也会最高。企业可以通过收购当地的现有企业或者以创建新企业的方式，达到独资经营的目的。

第四节　打造全球品牌需要克服的障碍

当对新兴市场打造全球品牌的潜力感到乐观时，我们并没有忽视这些企业在将潜力变成现实需要克服的 4 个障碍。虽然这些障碍普遍存在于很多新兴市场，但对于中国企业来说形势尤其严峻。

一、透明度亟待提高

中国企业缺少透明度，尤其是在所有权结构和治理标准方面。虽然我们多方了解，但也无法知晓很多中国企业的母公司与多个子公司之间的股权结构，其中有的子公司还是上市公司。在一个上市公司，我们了解到，其上市的资产只是生产某一种产品的一个工厂。对于这种企业，大量业务都是在关联企业之间进行的。有时候，上市公司的所有原材料或关键投入都来自这个关系网中另一家非上市企业。在这种情况下，除非价格转让机制透明并与市场价格相一致，否则，上市公司的利润就会存在很强的主观随意性。在1991年改革之前，印度企业的所有权结构也很复杂，但是在过去的10年里，它们在明晰所有权结构方面取得了巨大进步。

董事会成员的组成和背景资料也语焉不详。因此，我们无法全面了解中国企业的所有权结构和公司治理结构。事实上，在采访过程中，经常有人建议我们不要提及关于企业所有权方面的问题，否则的话，整个采访就会不欢而散。即使向在中国企业担任高管的西方人提出这个问题，也可以明显地看出，他们在回答这个问题的时候感到很紧张。进行一番深入调查之后，我们认为，不是因为这些主管不愿意透露，而是他们压根儿就不知道企业的所有权情况。中国政府不但控制着很多国有企业和这些企业顶级领导的任命，而且中国政府对私有企业的行为也施加着显著的影响。俄罗斯是另一个让人们产生"国家的手"感觉的重要的新兴市场。但是，俄罗斯的私有化程度要高于中国。

透明度的缺乏在中国广泛存在，只愿意提供有限信息的想法逐渐渗透到了企业界。大多数企业的网站质量低下，公布的信息少得可怜，一些公司的英文网站几年不动，虽然它们年收入已经达到了数十亿美元。很多中国企业声称属于员工所有。例如，海尔的两家上市公司自称是员工所有的集体所有制企业，可是企业员工并不知道企业的哪些资产属于他们，也没有收到任何企业红利。我们相信，对于国有企业和国家公务员管理的企业来说，打造全球消费类品牌更加困难。因为打造品牌所需的营销投资回报不如投资建厂那样明显，所以企业的管理者往往会怀疑这种投资是否值得。另外，企业产生的现金流应该属于谁所有；谁有权决定这些现金流应该作为红利发给员工，还是用来打造全球品牌这种软实力——这些问题都不清楚。

中国企业在其未来发展声明里必须明确一条：公开其所有制结构，接受公众审查。我们希望这一天早日到来。经过实地调研，我们发现，中国企业越来越清楚地意识到，提高透明度对它们是有益的。外部力量也推动中国企业在这方面进行变革。只有做到这一点，才能在全球化道路上走得更远。例如，2013 年的《金融时报》（Financial Times）报道说，"华为承诺开始披露详细的财务信息和股东信息，因为这家中国电信设备制造商想竭力消除公司与中国军方之间关系的传闻引起的外方的恐惧，因为这会阻碍其全球化发展。"直到那时，外界才知道，公司创始人仅拥有 1.4% 的股权，其他股权掌握在"代表 6.5 万名华为员工的员工代表"手中。

二、赢利能力和财务报表的真实性有待改进

中国很多大企业的利润似乎很低。例如，虽然在 PC 领域的市场份额相仿，但联想 2012 年的营业利润仅是惠普的 1/4。因此《经济学人》（TheEconomist）评论说，亚洲的资本主义模式"对市场份额的重视程度优于利润"。但是，要想投资打造全球品牌，就需要拿出利润来。

很多中国企业营业利润很低，很容易让人们质疑它们的资本回报，尤其是在政府为这些"受扶持企业"提供了廉价的土地和资本的情况下。

《经济学人》的同一篇文章接着说，"政府制订了长期计划，为'具有战略意义'的行业提供现金支持，并与华为、海尔这样的国家重点企业密切合作。"我们有理由怀疑，如果取消这些补贴，再加上中国劳动成本的上涨，中国企业的经营模式是否还具有可持续性。至少我们认为，这一模式必须有所改变，我们怀疑所谓独特的"亚洲经营模式"。

除了低利润，还有财务报表的真实性问题。公司的经营业绩往往在财务年度结束很久之后才公布。企业领导在年中预测的数字——一般是约整数——竟然往往"神奇地"与报表中的数字相吻合。虽然给很多印度公司提供审计服务的是国际审计机构，但是印度萨蒂扬（Satyam）出现的问题说明，这并不能杜绝错误和欺诈。这里，我们想要强调的是，财务报表的真实性问题不仅存在于中国，甚至也不是新兴市场所独有。安然公司、世界电信（WorldCom）、雷曼兄弟等公司的丑闻说明财务报表的真实性是一个世界性的问题。但是，相对来说，新兴市场企业需要在这方面倍加重视。品牌讲的是信任，企业做的每一件事都会增加或减少人们对品牌的信任。

三、需要的是创新，而不是模仿

多年来，新兴市场品牌一直专注于国内市场。在一个相对封闭的经济体中，它们往往模仿西方公司或日本企业的产品。"逆向设计"在印度普遍用来描述设法仿制西方的创新产品。和先前的日本、韩国的一样，中国企业也精于此道。在企业发展的初期阶段，企业可以通过简单地模仿西方产品、品牌

来求得增长。但是，随着企业的发展和崛起，新兴市场公司必须实现从模仿到创新的转变。它们必须为西方消费者提供差别化的产品和价值主张。这需要打造和购买研发和营销能力，并营造一个鼓励由下而上出点子的组织文化。

在很多新兴市场企业中盛行的等级森严的家族管理文化一般不利于创新和品牌打造。印度的一些国家规划部门和家族企业领袖认为，运用这种管理方式，可以打造出征服全世界的创新和品牌。但是，除了个别的几个知名品牌之外，这种思路基本上行不通。作为一种可持续的能力，创新和品牌打造最好是在由专业人士管理的企业里进行，而不是靠政府官员或优秀企业家的后代"拍脑袋"。

只有当知识产权（IP）得到法律保护，并且这些保护法被严格执行的情况下，人们才愿意投资创新和品牌。在调查过程中，我们注意到大量公然抄袭西方产品、品牌名称、商标的现象。如果新兴市场企业这样走向全球的话，就会被诉至国际法庭，面临巨额的诉讼赔款。幸运的是，这种情况正在改变，因为随着新兴市场企业的逐渐成熟，它们意识到，保护知识产权、严格执行相关法规符合它们的利益。

人们看到了中国在这方面的巨大进步。华为、格兰仕、海尔、中兴在美国、欧洲、日本建立了海外研发中心。中国企业在海外注册专利的积极性开始增加，有的企业已经成为美国专利机构中的注册大户。虽然目前中国企业向国外提交的专利申请数量仍落后于西方企业，但最终鹿死谁手还不好说。《经济学人》郑重地指出，"西方的创新企业不应有所放松"。我们参观过联想等企业的研发基地，所见所闻令人印象深刻。联想设在上海的研发基地是该公司设在中国的 4 个研发基地之一。该基地与联想设在日本横滨、美国罗利的基地密切合作、互相支持。3 个研发基地之间定期进行人员轮换，鼓励文化的多样性。

四、管理风格的多样性和全球化思维欠缺

在当今社会，打造一个经济实力跨越国界的全球品牌需要管理企业分布在多个国家的业务。要想深入了解世界各地消费者的消费心理、消费习惯，需要企业的顶级管理团队具备全球化思维（global mindset）。这个问题当然不仅为新兴市场所独有，法国、日本、甚至英国的企业也在千方百计将新兴市场的人才吸收入它们的顶级管理团队。渴望在西方国家打造全球品牌的新兴市场企业面临着相反的问题：怎样将西方人才融入其顶级管理层。过去，这些国家几乎没有出现过跨文化管理团队。

考虑到这些国家的社会结构，来自巴西、印度、南非的一些公司在这方

面具备一些优势。这些国家的企业已经习惯在虽然肤色、语言等各方面各不相同，但拥有相同国籍的顶级管理团队下运转。另外，印度和南非企业习惯将英语作为他们的工作语言，虽然他们的母语是印地语、孟加拉语、荷兰语、班图语。虽然我们看到来自这些国家的企业的顶级管理团队绝大多数成员来自本国，但是，这些企业具备与更为多样化的跨国顶级领导团队密切合作的潜力。

然而，中国在文化和语言方面显得较为同质化。语言也是企业与外籍主管交流的一个重要障碍，渴望打造全球品牌的中国企业必须向安联集团、戴姆勒、西门子等德国跨国企业学习。在这些跨国企业里，企业的工作语言是英语，所有企业文件都用英文书写。即使是阿尔卡特 - 朗讯这样的法国企业目前也将英语确定为工作语言。不管你喜欢与否，即使 21 世纪是中国人的世纪，全球商务语言也不大会因此而改变。需要改变的倒是中国企业。目前已经出现了某些令人鼓舞的迹象，因为联想已经将英语确定为公司内部官方语言。

总之，新兴市场公司（Merging Market Companies）在充分实现品牌打造潜力之前必须克服一些重大障碍。为了不让西方跨国公司的主管们安于现状、不思进取，我们要提醒他们，如果历史能够提供某种参考的话，新兴市场公司肯定能够在这方面取得成功。毕竟，19 世纪的美国公司和 20 世纪的日本、韩国公司基本上面对和克服了同样的挑战，并在这个过程中造就了全球家喻户晓的品牌。

第七章 国家强力的品牌支撑

第一节 我国品牌的文化缺陷及原因

近年来，市场竞争日益激烈，我国中小本土品牌野蛮化发展，传统文化与西方意识形态的冲突日益凸显，中小企业在发展过程中，表现出了急功近利的状态，对领导人个人英雄主义的盲目崇拜现象愈演愈烈。究其原因，可以总结为以下几点：

一、心态浮躁，本土品牌成长条件不成熟

随着同质化现象日益严重，外国品牌对我国本土品牌的冲击不断加强，外国品牌经历长期的成熟化运作与发展，相较于我国本土品牌而言优势尤为突出，在国外品牌的强势碾轧之下，国内本土品牌的野蛮化生长现象严重，且发展过程不够成熟。

改革开放以来，我国品牌化发展如雨后春笋般涌现，新品牌更新换代，老品牌转型升级。一方面，我国的经济发展相较于西方世界不够成熟，规则制定相对之后，生产商与经营者在经营管理过程中的联结也相对较弱，这与我国时代发展的进程密切相关。另一方面，我国经济化发展的时间历程毕竟有限，市场管理与市场化发展经验欠缺。相较于国外品牌如可口可乐、宝洁、奔驰、麦当劳等的发展，我国大量中小型企业的发展历程过于短暂，经历的市场磨砺不够，市场化发展条件相对不够成熟。从这个意义上进行比较，品牌的发展是与国家经济化历程密切相关的，同时也受到国家经济发展的制约，企业在这样的大环境下始终处于被影响的地位。企业始终无法超越历史去创造脱离市场实际的品牌。

就经济发展现实而言，企业与品牌的发展永远不可能超越历史的限制，同时，品牌企业的发展业余经济体制密切相关，一个国家经济发展相对滞后，其企业品牌也相对出现孱弱的现状，这是每一个本土品牌走向国际化的过程

中无法打破的瓶颈。实际上，把品牌划分为民族与国际的过程，在经济发展的大潮中本身就不够成熟，民族化本土品牌与国家化品牌仅仅是地理位置有所限制，在发展过程中并无太大区别，不够熟悉本土规则就无法做到渗透市场；在走向国际的过程中不够熟悉国际化规则就无法走出国门。每个市场都有属于自身的规则与体制机制限制，要想做到市场扩张与发展，必须借助国家的力量，发挥每个企业自身的动力，走向本土化或者国家化。

但目前来看，我国的中小型企业数量太过庞大，在社会整体浮躁的背景下，追逐名利的现象尤为普遍，且在求名求利的过程中忽略了社会责任与企业信条，出现了背离市场体制机制的现象，盲目的以顾客的需求为最终目标而忽视社会责任与社会目标。除此以外，改革开放以来我国市场化历程较为短暂，对于企业而言，市场经验与行业运作理念不够成熟，品牌理论化发展较为匮乏，理论与实践脱钩现象较为严重，这些原因都会导致我国中小型企业的品牌建设不够彻底。

改革开放以来，我国真正称得上品牌的企业寥寥无几，大多数企业甚至在发展历程上都称不上真正的老字号品牌。以德国为例，全国最为优秀的 500 家中小型企业中，平均发展历程为 74 年，其中超过四分之一的企业可以称得上是百年企业，在这些企业的发展过程中，企业经营理念与运作模式愈发成熟，市场经验也被不断积累，形成了企业发展的良性化运走机制，而这些正是我国中小型企业最为缺乏的地方。我国企业在品牌化发展的进程中始终处于螺旋上升式发展，未来道路仍然充满各种挑战。

二、社会责任感缺失

对于我国 20 家曾经发展辉煌，之后又极速衰落的企业进行分析可以得知，在其企业与品牌发展的历程中，导致这些企业走向没落的共同原因都是缺乏最基本的社会责任感与诚信意识。我国品牌的发展之所以能够被行业与消费者接纳，很重要的原因是这些企业必须受到行业规范与商业体制机制的限定。企业经营者在创建品牌的过程中必须承担相应的社会责任，遵守诚信规则，而这些也正是品牌能够立于不败之地的基石。从这个意义上来看，品牌价值也同时意味着一种对消费者、对行业、对社会的郑重承诺，企业的品牌化历程其实也正是践行承诺的过程。因此，创建品牌首先是企业的一种自我约束，只有做到遵守规则，此啊能为品牌的建立打下坚实的基础。企业与品牌的发展永远不可能超越历史的限制，同时，品牌企业的发展业余经济体制密切相关，一个国家经济发展相对滞后，其企业品牌也相对出现屡弱的现状，这是每一个本土品牌走向国际化的过程中无法打破的瓶颈。然而，在我国中小型企业的发展历程中，大量的企业经营者忽略了社会责任感，更多地表现为对名和利的追逐，为获取眼前利益不惜牺牲社会责任和社会承诺，而这种现象的不断出现，与我国经济社会发展过程中，长期的领导人专权体制是分不开的，传统文化与社会责任感的确实同时也使得这些企业在经营道路上无法走远。在社会整体浮躁的背景下，追逐名利的现象尤为普遍，且在求名求利的过程中忽略了社会责任与企业信条，出现了背离市场体制机制的现象，盲目的以顾客的需求为最终目标而忽视社会责任与社会目标。

我国企业发展过程中，品牌的社会责任感确实问题由来已久，这与我国长期封建社会重农抑商政策密不可分，我国传统文化中对于商业道德的认识长期缺失。在小农经济的封建社会发展历程中，商户更多关注的是自身的利益能够最大化，国家、社会、甚至消费者的道德层面限制并不在商户们的考虑范围之内，买卖公平、童叟无欺等流传至今的行业道德限制更多都是为了获取最大可能的消费群体，并没有表现出对社会的某种责任意识。由于几千年的发展中长期缺乏契约精神和商业道德的限制，这些商户们的发展所倚仗的多是老板的头脑与对市场的灵敏，且大部分商户们呈现出零散化发展状态，无法形成规模化发展。这些长期积累的市场意识对于我国目前的中小型企业主的认识影响仍然存在，这些中小型企业主呈现的状态多位白手起家，年龄以中老年为主，他们的人生发展大部分都经历了计划经济时代，对于社会道德的意识和商品经济的规则不甚了解。改革开放以来，这些中小型企业主在传统观念的主导下，野蛮化发展更为突出，在品牌建设过程中也更多地表现为短期压力，无法做到长期坚守。在我国中小型企业的发展历程中，大量的企业经营者忽略了社会责任感，更多地表现为对名和利的追逐，为获取眼前利益不惜牺牲社会责任和社会承诺，而这种现象的不断出现，与我国经济社会发展过程中，长期的领导人专权体制是分不开的，传统文化与社会责任感的确实同时也使得这些企业在经营道路上无法走远。在社会整体浮躁的背景下，追逐名利的现象尤为普遍，且在求名求利的过程中忽略了社会责任与企业信条，出现了背离市场体制机制的现象。

三、品牌建设中的"霸王"心态

"霸王"心态是近年来我国品牌建设过程中经常涌现的市场状态，这种心态更多地表现为不接地气，过分强调自我感受与自我追求，不顾市场反映和消费者的反馈盲目的进行生产经营。其结果也往往是对市场经济发展的格格不入，不被消费者接受等。我国中小型企业在市场化与品牌化发展过程中，往往会由于短期内受到了市场的追捧而出现盲目的"霸王"心态，逐步脱离消费者。

对于企业而言尤其是发展历程较为短暂的我国中小型企业，发展品牌是一个艰苦卓绝的过程，也是一个漫长的蜕变过程，在这个过程中对于我国的经济体制机制、消费者行为习惯、国家政策方针等的考验也会此起彼伏。我国的品牌要想走向世界，永远的赢得消费者的信任与市场地位，只有通过多方努力，在传统观念着手进行革新，不断的引进规范化、理性化的体制机制，在商品经济的发展大潮中注重社会责任意识，诚信意识等，自觉遵守品牌发展的内在规律，真正走出一条属于我国中小型企业的特色发展之路。

第二节 品牌战略与文化建设

近代以来，可以将我国企业的发展历程划分为三个独具特色的阶段，分别是：经验为主的时代、制度为主的时代、文化为主的时代。每个阶段都体现出了独特的时代烙印，是当时当地的经济社会发展息息相关。近年来，文化为主的时代全面到来，各大品牌在发展过程中尤为注重内在，注重企业的自身文化理念、道德体制等的发展。在这一阶段，品牌更多地体现为对社会精神文化内核的追求，对消费者深层内心需求的满足。

一、品牌战略与文化建设的关系

企业实施的品牌战略预期企业文化密不可分。对于企业而言，要想获得持久发展，身后的文化底蕴是必不可少的条件，缺乏了文化底蕴的支撑，企业的发展将会呈现一种孱弱与外强中干的状态，难以为继长远发展。品牌要想成为名牌，甚至是世界名牌，要打动消费者所倚仗的就不仅仅是商品本身，更多地应该体现为对生活方式与社会文化的深刻影响与改变。企业品牌所能够代表的也不再局限为商品提供的某种属性和功能，而是一种能够带给消费者思想与意识改变的冲击力量。在这一过程中，文化的作用不可忽视。文化是企业塑造品牌的强心剂，更是代表一个国家经济体制机制发展状态的试金石。各大品牌在发展过程中尤为注重内在，注重企业的自身文化理念、道德体制等的发展。在这一阶段，品牌更多地体现为对社会精神文化内核的追求，对消费者深层内心需求的满足。

对于企业而言，一个品牌能否塑造成功，其关键点往往是能够是企业的发展过程中顺应国家文化的潮流，能够将文化底蕴应用于品牌建设的方方面面。在商品经济时代，一切经营目标都脱离不了营利二字，但是在追逐名利的过程中，不能违背文化限制，要依托国家强大的文化背景。这也是各大品牌能否顺应时代的发展走在经济市场竞争的有利位置的关键因素。在商品经济时代，哪个品牌能够顺应文化、体现文化、代表文化，哪个品牌才能够牢牢把握消费者，在市场竞争中立于不败之地。

国际化的发展是每一个本土品牌的追求，在国际化发展的过程中，其文化层面的战略包含两个方面，一方面是其蕴含的传统文化层面，另一方面是对本土化民俗习惯的顺应。首先，国际化品牌要想达到蕴含传统文化的目标，就要赋予企业品牌丰富的传统文化内涵，这就要求品牌从企业的文化理念、追求等方面着手，力求为消费者留下深刻印象与品牌联想，在情感上与文化上与消费者产生共鸣。同时，在文化战略层面上，企业也要深入了解，民族文化与世界文化密不可分，只有将民族文化发扬光大走向世界，在能够与最广大的人民群众分享我国优秀传统文化的影响。中华民族有上下五千年的优秀传统文化历史，这些传统文化如果运用得当，将会带给品牌带给企业无尽的荣光。例如江苏红豆集团在发展过程中，就将中国传统文化发扬光大，与本企业品牌建设密不可分，从企业"红豆"的命名，到市场营销战略，再到细分广告平面设计方面，都将优秀传统文化根植于企业发展的脉络之中，不仅受到我国消费者的接受与喜爱，更是在海外获得了华人华侨的文化共鸣，深受海外消费者的喜爱。与此同时，红豆集团还在海外建立分工厂，尤其在华人聚集区大力推进中国传统文化的宣传与发扬，例如在唐人街将产品赠予华人华侨，引发消费者对祖国文化的眷念。由此课件，消费者对于本国本土传统文化的喜爱深入骨髓，在企业品牌化过程中，如若能够将传统文化巧妙运用，将会带心理层面得到消费群体最广泛的认同。对于企业而言，一个品牌能否塑造成功，其关键点往往是能够是企业的发展过程中顺应国家文化的潮流，能够将文化底蕴应用于品牌建设的方方面面。在商品经济时代，一切经营目标都脱离不了营利二字，但是在追逐名利的过程中，不能违背文化限制，要依托国家强大的文化背景。这也是各大品牌能否顺应时代的发展走在经济市场竞争的有利位置的关键因素。

另一方面是对本土化民俗习惯的顺应。每一个民族都有独属于本民族的风俗习惯，这些风俗习惯深刻地影响着当地消费者的生活方式与消费文化。企业要想苏在品牌，就必须深刻了解消费者的内心需求与生活方式，顺应当时当地的民俗文化，真正走进消费者内心，了解消费者的需求。例如在品牌命名的过程中，企业必须能够顺应文化与民俗的约定俗成，才能够被消费者铭记，这是每一个企业能够成功塑造品牌的第一步。可口可乐公司刚进入中国市场的时候，在命名翻译方面做了大量的市场调研与分析，了解中国消费者的消费文化、行为特征、语言惯性等方面，甚至专门聘请语言学专家为可口可乐的中文名称出谋划策，力求被中国消费者喜欢，最终定稿为"可口可乐"。事实证明，这一翻译命名非常受中国消费者的喜爱，在命名中流露出的团圆喜庆的氛围使得消费者与可口可乐的联结不断强化。可口可乐在此基础上不断创新本土化进程，巧妙地运用中国节假日喜庆的特点，在春节营销方面走出一条成功之路，如包装设计方面以红色和喜庆元素为主，融入中国传统文化元素，创立福娃娃等卡通形象，深受中国人民的喜爱，大获成功。

品牌要想成为名牌，更多地应该体现为对生活方式与社会文化的深刻影响与改变。企业品牌所能够代表的也不再局限为商品提供的某种属性和功能，而是一种能够带给消费者思想与意识改变的冲击力量。在这一过程中，文化的作用不可忽视。文化是企业塑造品牌的强心剂，更是代表一个国家经济体制机制发展状态的试金石。各大品牌在发展过程中尤为注重内在，注重企业的自身文化理念、道德体制等的发展。对于企业而言，一个品牌能否塑造成功，其关键点往往是能够是企业的发展过程中顺应国家文化的潮流，能够将文化底蕴应用于品牌建设的方方面面。在商品经济时代，一切经营目标都脱离不了营利二字，但是在追逐名利的过程中，不能违背文化限制，要依托国家强大的文化背景。这也是各大品牌能否顺应时代的发展走在经济市场竞争的有利位置的关键因素。在商品经济时代，哪个品牌能够顺应文化、体现文化、代表文化，哪个品牌才能够牢牢把握消费者，在市场竞争中立于不败之地。

由此可以看出，企业的品牌化道路要想获得成功，塑造被市场和消费者接受的品牌，必须将文化进行融会贯通，提升品牌的文化价值和文化底蕴，寻找消费者内心深处的情感共鸣，品牌的文化承载力越大，获得消费者认同的机会就越大，增值空间也就越大。

二、品牌标志设计的文化策略

一般而言，品牌标志设计的基本要求往往是基于基础美学要求而来，如形象设计方面要求突出有没，有寓意，信息承载方面简洁明了，体现企业的文化价值与文化信念，同时又能够适应不同民族的风俗习惯与消费习惯。与此相反，产品的有形形态体现的是一种物质文化，满足人们基本的物质需求。例如，人们消费可口可乐，是为了"解渴"。无形形态则是文化对产品概念的扩展，偏重于满足人们精神上、心理上等较高层次需求，即马斯洛需求层次理论的后三层。橙汁、啤酒、茶都是解渴饮料，为什么人们要选择可口可乐？因为人们在喝可口可乐的同时，也在体会可口可乐品牌深处所隐藏的文化——美国精神。喝一口可口可乐，不仅能获得清凉解渴的感受，还把美国精神灌进体内，这才是可口可乐长盛不衰的原动力。对于品牌名称设计而言，品牌名称是品牌能被读得出声音的那一部分，消费者可以通过品牌名称展开联想，体会商品蕴藏的文化意蕴。品牌名称是直接与消费者沟通的最有效的信息传播工具。所以，世界级的知名品牌在创立品牌名称时大都巧费心思。奔驰轿车的中文译名就十分具有特色，"奔驰"两个字都能形象地代表该轿车行速飞快的性能。"奔"又有热情奔放的意思，使其带有浓浓的时代色彩，故而深受消费者的喜欢。艾·里斯指出："实际上被灌输到顾客心目中的根本不是产品，而只是产品名称，它成了潜在顾客亲近产品的挂钩。"成功品牌的名称本身就代表了某一类商品。说到可口可乐，人们就想到碳酸饮料；谈起巴宝利，人们就会想到高档服装；金利来代表了领带；格力则与空调联系在一起。当品牌文化根植在人们心中后，品牌名称又成了激活品牌文化的工具。提到"可口可乐"，人们就会精神一振，立即感受到美国文化的激情。提到"劳斯莱斯"人们就立刻从心里感受到了高贵、豪华、典雅的轿车文化。这就是品牌名称的独特魅力，能长期影响人们的消费行为。这同时也是品牌名称作为品牌文化的一种要素的意义所在。

品牌标志设计是品牌的视觉表现，即品牌的非语言表达部分。麦当劳总是与黄色的"M"同时出现，从店面装潢到清洁箱、营业用包装纸袋、纸杯托盘、餐巾、抹布几乎都标上了醒目的"M"与红黄相配的色彩基调。雀巢的标志为一对鸟儿在鸟巢中哺育一只小鸟，象征意义地表示了雀巢拥有优质的育儿产品。富有创意的品牌标志能给人以耳目一新的感觉，促使品牌迅速成名。

例如麦当劳在二战之后抓住时代发展的脉络迅速崛起，以快餐文化的代表自居，依然发展成为能够代表美国文化的企业之一。而麦当劳企业在走向世界各地的过程中也更加注重美国文化与本土文化的深度融合，在传播企业文化的同时将美国文化和美国价值观进行逐步渗透宣传。而文化是企业塑造品牌的强心剂，更是代表一个国家经济体制机制发展状态的试金石。各大品牌在发展过程中尤为注重内在，注重企业的自身文化理念、道德体制等的发展。在这一阶段，品牌更多地体现为对社会精神文化内核的追求，对消费者深层内心需求的满足。麦当劳的金色拱门形象依然成为世界各国青少年心目中美国文化的标志。除此以外，麦当劳的成功也离不开高度规范化、制度化的管理模式，与全球统一的企业形象。金拱门与小丑的形象在每个国家每个店面都会保持高度一致，保证每个消费者对麦当劳的理解与认知都不会出现偏差。同样的，麦当劳在提供服务方面也做到了全球统一，力求每个消费者在麦当劳的体验都是原汁原味美式服务。在麦当劳一致化的品牌传播过程中，简洁明了的标志设计也发挥了巨大的功效，简单的黄色 m 标志使得麦当劳在消费者心目中占据了独特的位置，不宜模仿、简单明了成了麦当劳品牌设计的突出优势。

第三节 企业文化对提升品牌竞争力的作用

一、企业文化与品牌、核心竞争力的关系

企业的品牌化道路要想获得成功，塑造被市场和消费者接受的品牌，必须将文化进行融会贯通，提升品牌的文化价值和文化底蕴，寻找消费者内心深处的情感共鸣，品牌的文化承载力越大，获得消费者认同的机会就越大，增值空间也就越大。文化理念是一个企业在品牌塑造过程中的核心与灵魂支柱，是企业在长期发展过程中逐步积累的力量源泉，更是其他企业无法超越和模仿的关键店，因为企业文化具有强烈的抑制型和排他性，因此，很多时候企业文化都被看作是企业品牌塑造过程中的核心竞争力。在企业文化中，品牌形象又是至关重要的一环，是企业文化理念的外在表现，更是企业核心竞争力的展现。在市场竞争日益激烈的今天，品牌与企业的竞争更多地表现为品牌形象和企业文化的竞争，其结果更是决定着企业生存发展的未来。要使品牌成为企业的核心竞争力，有赖于于企业文化而存在。

对于企业而言，如果品牌形象是一颗苗壮成长的大树，那么企业文化理念就是这棵大树生存发展的土壤，而核心竞争力则是土壤中的营养成分。企业文化理念与自身核心竞争之间是相辅相成、互为依托的关系。这也决定着企业文化在企业品牌塑造过程中的决定性作用和不可替代性，同时自身的核心竞争力更是企业品牌塑造过程中不可缺少的关键一环，缺失了核心竞争力的企业就如同失去了根基的大树。反过来，品牌形象又能够为企业的持续发展提供稳健的持续支持，促进品牌文化的加速形成，以及核心竞争力的凝聚，这是企业品牌塑造过程中至关重要的环节。

当今世界竞争加剧，国家与国家之间、企业与企业之间的竞争不仅仅局限在产品层面、技术层面或者能源层面，而是以核心竞争力为支撑的文化之间的较量，这种较量的复杂的、多维的，涉及的企业与品牌涵盖日常生活的方方面面。因为品牌形象是一颗苗壮成长的大树，那么企业文化理念就是这棵大树生存发展的土壤，而核心竞争力则是土壤中的营养成分。这样形成的企业文化与品牌形象具有强烈的排他性，是其他企业难以模仿和超越的。同时也是为企业的持续发展提供稳健的持续支持，促进品牌文化的加速形成，以及核心竞争力的凝聚，这是企业品牌塑造过程中至关重要的环节。

二、企业文化是提升品牌竞争力的主要手段

品牌文化不仅体现于企业经营管理的方方面面，也融入了消费者的消费行为中。随着生产力的发展和人们生活水平的提高，人们从单纯的产品消费过渡到文化消费，而且后者的比重不断加大。美国未来学家约翰·奈斯比特指出："我们正处于人类历史上罕见的时期。在这个时期，对社会改革具有决定性影响的两个因素，即新的价值观和新的经济需求已经出现。"同时他认为二者缺一不可。文化型消费正如一股大潮，势不可挡。其流行之快，辐射之广，利润之丰，被人们称为"商业的原子弹"，以惊人的速度产生了强大的市场轰动效应。现代文化型商战已经拉开帷幕。在现代品牌营销中，品牌文化的运用成为企业的重要课题。许多企业已经意识到，将品牌文化渗透到生产运作、员工管理、企业文化甚至战略管理等各个领域，努力提高文化含量和文化品位能迅速地提高企业竞争力。

当特定的品牌文化与消费者的民族文化传统相符时，将更能得到消费者的认可甚至喜爱。"中华"香烟从名字上就展示了民族特性，加上其大红色包装，正好贴合了国人热爱红色，象征喜庆，另外"黄鹤楼"香烟、"芙蓉王"香烟，无论从名字还是包装都无不散发着浓厚的民族特性，远销海内外。正是因为品牌具有民族性，国外品牌在进入中国市场时也注意到了与中国传统的嫁接。品牌的作用是用于识别某个销售者的产品或服务，并使之同竞争者的产品或服务区别开来，其手段是品牌特色。相应的品牌文化也应具有鲜明的个性。同样是白酒市场，山东曲阜的企业界就充分利用孔子故乡的地理优势，使其品牌浸润着浓浓的儒家文化。由于儒家文化是中华文化的代表，孔府家酒的"孔府家酒，让人想家"曾让多少海外游子为之动容，勾起人们的思乡之情的同时也俘获了顾客的心。孔府宴酒则直接定位人文价值，"喝孔府宴酒，做天下文章"。而山西的杏花村汾酒厂则以杏花仙姑酿美酒、"古井亭"神井涌酒、八仙醉杏花汾酒等历史传说为依托，结合浓郁的汾酒文化，巧妙地借用杜牧"借问酒家何处有，牧童遥指杏花村"的千古绝唱，创立了独树一帜的文化特色。品牌文化作为文化特质在品牌中的沉淀，是一定的利益认识、感情属性、文化传统和个性形象等价值观念的长期积累，因而其具有相对稳定的特点。尤其是深层品牌文化，即品牌精神的部分，对企业经营将产生持续、长远的作用，关系到企业的长期谋划。万宝路香烟自从李奥·贝纳创造了"万宝路男人"形象以来，这一辉煌的创意就一直未变。万宝路总是与美国西部牛仔形象联系在一起，处处散发出粗犷、豪迈的男子汉气概。其文化精华体现在美国人所具有的勇于挑战、向往自由，以及从西部牛仔所折

射出的机智能干、热情奔放的品格。

三、企业文化是品牌竞争力的源泉

企业文化也正成为一个新的企业图腾。企业文化几乎无所不包，一切都可在企业文化里找原因。文化、核心价值观、管理制度，由里到外，构成了现代企业越来越倚重的"软"能力。但企业文化和管理也面临着以下致命弱点：不能像技术一样获得专利保护；企业文化更多表现为针对不同类型企业的适应性，只有特性，谈不上多少先进性；再好的企业文化，也无法弥补战略与决策失误带来的灾难。例如品牌包装方面，包装作为品牌文化的外延，被誉为"无声的推销员"。包装的主要作用，除了保护商品外，还可以美化商品，吸引消费者的注目，使之产生购买行为。包装在现代市场营销中的作用越来越大，并被并入整合市场营销的重要工具之一。精美的包装通过产生美感，将品牌独特的个性、文化底蕴表述给消费者，从而促进销售。包装包括图案设计、包装材料、形状、品牌名称标记、颜色等要素。而所有这些要素都要与品牌文化相配合，与消费者的价值取向相适应。就包装材料而言，在保护产品的基础上，要与现代健康环保的概念相结合，尽量采用无公害的环保型绿色包装。就包装的形状、品牌名称标记、颜色、图案设计等方面而言，则要从美学出发，要注意与人们的审美观念、审美心理、思维方式、购买习惯相结合。同时包装还要与品牌文化相符，透过包装要能看得出品牌个性，能体现品牌的整体形象。包装作为树立品牌形象的重要手段，已成为塑造品牌文化的主要手段，是品牌文化构成的不可忽视的要素之一。又如品牌色彩运用方面，色彩作为品牌文化的其中一个要素，常常融入其他几个要素之中。五光十色的绚烂色彩，构成了万紫千红的自然美，也为美化产品提供了重要素材。将斑斓的色彩运用到商品中，就构成了商品的形式美、品质美。色彩作为美的一种主要表达手段，与文化、审美密切相关。色彩作用于人们的视觉感官，通过生理和心理反应，使人们产生不同的感情。红、橙等暖色给人以温暖、热情的感受；而青、蓝等冷色则给人以清冷、平静的感受。颜色还可以产生某种联想，例如：红色使人想到火焰和血，令人热烈兴奋；蓝色使人想到天空和海洋，令人平和宁静；黄色使人联想到灿烂的阳光，令人温暖明朗；绿色使人联想到绿草和树木，给人以欣欣向荣的感受。红星青花瓷真品二锅头整体颜色由红、白、蓝构成，将典型中国传统文化特色与白酒文化紧密联系在一起。在品牌文化的表层要素中，商品是品牌文化的载体；品牌名称和标志有利于识别品牌及丰富品牌内涵；包装和色彩与名称、标志相结合，有助于强化品牌文化在消费者心中的印象。

第八章 品牌运营战略的辅助发展与创新

第一节 知识产权保护

一、知识产权保护的必要性

名牌属于高价值的知识产权范畴。从法律意义上看，国际意义上的知识产权保护主要包括三个方面的内容：商标，专利技术和著作权。相应的保护性法律则有商标法、专利技术保护法和著作权法。从目前国际法来看，与品牌有关的知识产权保护法主要是商标法。目前，知识产权保护日益受到国际社会，特别是发达国家的重视，是发达国家重要的国家战略。商标法则是实施国际性品牌保护的锐利法律武器。

臭名昭著的品牌抢注事件，就是有些企业辛辛苦苦打造出了一个成功的品牌，由于种种原因没有及时进行商标注册，结果被某些别有用心的机构和个人抢先注册。品牌抢注可以分为两种情况：一是地域性抢注，即品牌在境内注册了，但在境外没有注册而被境外机构和个人抢先注册，从而使品牌以后越出国门到海外市场发展的道路被堵死；第二种情况是时效性抢注，即企业原先注册的商标到了受法律保护的期限，但因为某种原因没有及时去续注，结果被别人抢注。品牌抢注除了抢注品牌名称、标识等品牌元素，网络域名抢注也成为当今互联网时代一个常见的现象。由于许多企业尚没有意识到网络域名的重要性，导致被抢注的企业非常多，包括知名大牌企业麦当劳的域名也曾经被恶意抢注，最后麦当劳花了 800 万美元的巨资来购回自己的域名。品牌抢注对企业的危害非常大，一旦品牌被别人抢注，就意味着企业原先所做的一切都是为他人作嫁衣裳，品牌真正的创始人只能眼睁睁地看着自己辛苦打造出来的品牌被别人使用。而一般被抢注的品牌基本上都是具有市场号召力的品牌，失去了品牌也就意味着失去了市场，这对企业的打击必然是致命的。

又如品牌侵权事件同样属于需要知识产权保护的范畴，如果说品牌抢注只是利用了企业的品牌管理漏洞、抢注行为仍然属于法律许可的话，那么品牌侵权就完全是一种违法行为了。品牌侵权包括商标侵权和专利侵权。根据我国《商标法》第五十二条规定："未经商标注册人的许可，在同一种商品或者类似商品上使用与其注册商标相同或者近似的商标的，构成商标侵权行为。"有许多不法商家直接盗用著名品牌来销售自己的产品，以此牟取暴利。据一些白酒经销商称，市场上80%的茅台酒是假货，茅台酒厂每年花在防伪打假上的资金投入就高达1亿多元，但仍然难以遏制住品牌被盗用的行为。还有些企业则采用一些"打擦边球"的伎俩，把品牌的名称或标识略微加以一些不起眼的改动，作为自己的品牌加以使用，以此混淆视听、迷惑消费者。如把"屈臣氏"改作"屈巨氏""元祖"改作"无祖""老干妈"改作"老干娘"等等。品牌侵权除了最常见的品牌名称和标识侵权之外，产品包装侵权也比较常见。一些不良企业会模仿知名品牌产品的包装以达到迷惑消费者的目的。比如中国广东的海天酱油就模仿了雀巢公司的"美极鲜味汁"包装瓶。有鉴于人们对包装也会仿冒，1960年美国可口可乐公司对它的饮料瓶外形也进行了专利注册。品牌侵权的危害非常大，主要表现在两个方面：一方面，会蚕食了品牌的利润。侵权者用与知名品牌相同或相似的假冒品牌进入市场，凭借着低廉的成本和价格，轻而易举地就抢占了本来应该属于正牌产品的市场份额，导致真品牌的产品销售下降。另一方面，品牌侵权会损害原有品牌形象。侵权者不仅会抢夺原属正规品牌的市场份额，而且其产品质低价廉还破坏了正规品牌的良好形象。

二、知识产权与国家战略

为提高日本企业的国际竞争力，重新激活日本经济，2002年2月25日，日本首相小泉决定成立日本知识产权战略委员会，加快制定日本的知识产权政策，充分保护和利用研究成果和创造性活动方面的知识产权，以适应信息时代知识产权发展的新形势。

2003年7月3日，日本知识产权战略委员会召开第五次会议，通过了《日本知识产权战略大纲》（以下简称《大纲》），这是日本规划知识产权立国的国家总体政策。小泉首相在接受《大纲》后强调指出："知识产权战略是支持经济复苏的主要支柱之一。为使《大纲》变为现实，7月5日成立筹备办公室，开始实现'知识产权立国'的目标。"筹备办公室现为内阁官方知识产权基本法准备室。

2003年10月16日，日本知识产权战略委员会在首相官邸召开第七次会议，主要讨论了"知识产权基本法"，在内阁决定后提交国会特别会议讨论，于 2004 年颁布。

美国作为世界头号经济大国，在国家战略中更是强化知识产权的战略地位。中美关于我国加入 WTO 的有关谈判，自始至终的核心问题就是知识产权。美国国家经济战略的根本措施就是强化对知识产权的保护。

WTO 协议中规范商标的协议主要表现在《与贸易有关的知识产权协议》即 TRIPS 协议中。TRIPS 协议关于商标行政保护的规定主要包括基本原则、保护的实体要求和保护的程序要求三个方面。

三、《商标法》加强对商标专用权的保护

2002 年 8 月 3 日，国务院颁布了《中华人民共和国商标法实施条例》，并于 2002 年 9 月 15 日施行。这个条例是对新修订的《商标法》的补充和细化，进一步完善了我国的商标法律体系，是我国知识产权制度发展中的一件大事，更是加强商标专用权保护工作的一项重要举措。

在这次修订中，国务院根据我国《行政法规制定程序条例》的规定，将《中华人民共和国商标法实施细则》（以下简称《商标法实施细则》）修改为《中华人民共和国商标法实施条例》（以下简称《商标法实施条例》）。与《商标法实施细则》相比，《商标法实施条例》无论是在形式上还是在内容上都做了较大的修改。从形式上看，《商标法实施条例》共 59 条，比《商标法实施细则》多了 9 条，其中新增加的有 22 条，做了局部修改的有 34 条，未做修改的仅有 3 条；从内容上，看《商标法实施条例》规范了驰名商标和地理标志保护制度，完善了商标注册程序，加大了打击商标侵权行为的力度，加强了对商标使用秩序的规范，加强了对商标行政执法的监督。总的来说，主要修改了以下内容。

（一）增加了商标注册申请部分驳回的条款

对于一件商标注册申请，当出现在其指定的部分商品上可以核准注册，而在其指定的其他商品上应该予以驳回的情况时，《商标法实施细则》对商标局是否可以在部分商品上驳回该商标注册申请没有做出规定，但规定了审查意见书制度。在实践中，在遇到这种情况时，商标局向申请人发出审查意见书，要求申请人删除不能核准注册的商品，如果申请人按照商标局的要求对该商标注册申请予以修正，商标局则核准经过修正后的商标注册申请；如果申请人没有按照商标局的要求对该商标注册申请予以修正，商标局则对该商标注册申请予以驳回。但在商标国际注册程序中，商标局根据我国加入的有

关国际条约，一直实行商标注册申请部分驳回制度。

（二）进一步明确了法律文书提交与送达的有关问题

商标注册过程中的区间和日期具有重要的法律意义，它直接影响到商标专用权的确立或有关权利的行使。但《商标法实施细则》对法律文书提交和送达的方式、日期等仅在其第四十六条做了简单的规定。

为进一步完善商标注册过程中法律文书提交和送达的有关规定，参考《专利法实施细则》的有关内容，《商标法实施条例》在其第十、十一条分别对法律文书提交、送达的有关问题做出了明确规定。

《商标法实施条例》第十条对法律文书提交日期的确认问题做出了较为明确的规定。该条规定："除本条例另有规定的外，当事人向商标局或者商标评审委员会提交文件或者材料的日期，直接递交的，以递交日为准；邮寄的，以寄出的邮戳日为准；邮戳日不清晰或者没有邮戳的，以商标局或者商标评审委员会实际收到日为准，但是当事人能够提出实际邮戳日证据的除外。"这里的"本条例另有规定"主要是指《商标法实施条例》第十八条的规定，即"商标注册的申请日期，以商标局收到申请文件的日期为准"，而不是以申请人提交申请文件的日期为准。除此之外，在商标注册、商标评审程序中有关当事人提交文件或者材料的日期，都以该条的规定为准，即以寄出的邮戳日或者直接递交日为准，在邮戳日不清或者没有邮戳的情况下，才以实际收到日为准。由于该条规定以寄出的邮戳日为当事人提交文件或材料的日期，使得所有的申请人，不论距离远近，都享有平等的受法律保护的机会，从而更好地维护了当事人的合法权益。

《商标法实施条例》第十一条对法律文书的送达方式、送达日期的确认等问题做出了明确的规定。该条规定："商标局或者商标评审委员会的各种文件，可以通过邮寄、直接递交或者其他方式送达当事人。当事人委托商标代理组织的，文件送达商标代理组织视为送达当事人。商标局或者商标评审委员会向当事人送达各种文件的日期，邮寄的，以当事人收到的邮戳日为准；邮戳日不清晰或者没有邮戳的，自文件发出之日起满 30 日，视为送达当事人；直接递交的，以递交日为准。文件无法邮寄或者无法直接送交的，可以通过公告方式送达当事人，自公告发布之日起满 30 日，该文件视为已经送达。"该条规定了商标局或者商标评审委员会可以以邮寄、直接递交、公告送达或者其他方式送达文件，规定了各种送达生效的日期，更加完善了商标注册和评审程序中法律文书送达的有关规定。

（三）增加了行使商标权利的限制性条款

根据《商标法》第十一条的规定，仅有本商品的通用名称、图形、型号，仅仅直接表示商品的质量、主要原料、功能、用途、重量、数量及其他特点，以及缺乏显著特征的标志，不得作为商标注册。但这些标志经过使用取得显著特征，并便于识别的，可以作为商标注册。如果经过使用，取得了显著特征，就可以作为商标注册；如果一个商标含有这些标志，只要该商标整体具有显著性，也可以作为商标注册。

（四）加大了对商标侵权行为的行政处罚力度

根据《商标法》第五十三条的规定，工商行政管理部门对侵犯注册商标专用权的行为可以处以罚款。与《商标法实施细则》相比较，《商标法实施条例》不再以侵权所获利润作为确定罚款数额的依据，而仅以非法经营额计算罚款金额；同时将对商标侵权行为的罚款额由《商标法实施细则》的非法经营额 50% 以下或者侵权所获利润 5 倍以下，大幅度地提高到非法经营额 3 倍以下，并规定在非法经营额无法计算时，罚款数额为 10 万元以下。《商标法实施条例》的这些规定，既便于执法机关在商标执法实践中进行操作，又加大了处罚力度，增加了商标侵权人的违法成本，有利于遏制商标侵权人的实施商标侵权行为的经济动机。

（五）增加了商标专用权转移的规定

商标专用权作为一项民事权利，和其他民事权利一样，存在由于权利人死亡、消亡发生权利移转的情况，存在由于法院的生效判决发生权利移转的情况。这些情况，与《商标法》中规定的商标专用权转让有相同之处，但并不完全相同。因此，《商标法实施条例》第二十六条规定：注册商标专用权因转让以外的其他事由发生移转的，接受该注册商标专用权移转的当事人应当凭有关证明文件或者法律文书到商标局办理商标专用权移转手续。

注册商标专用权人在同一种或者类似商品上注册的相同或者近似的商标，应当一并移转；未一并移转的，由商标局通知其限期改正；期满不改正的，视为放弃该移转注册商标的申请，商标局应当书面通知申请人。根据《商标法实施条例》的这条规定，如果发生上述权利移转情况，接受该商标的当事人可以凭有关证明文件或者法律文书到商标局办理注册商标专用权移转手续，而无须原商标注册人签章。

第二节 信用建设

诚信体系的建设一直是我国中小企业发展中至关重要的环节，信用建设又是诚信体系的核心要素。人无信不立，市场经济中，企业缺少信用体系将会步履艰难。联结生产商与中间商的关键要素便是诚信体系，同时也是维持社会正常运转、维系人与人之间关系饿基石。品牌塑造的最高阶便是打造最高价值的信用体系，形成消费者对品牌、对企业的绝对信任和偏好才能够最终获得消费者的用户忠诚，使企业在市场竞争中立于不败之地。

最终和真正支撑品牌的东西是信用，但要建立起一个品牌的良好信用基础，则是一个漫长的艰难过程。品牌信用需要长期的维护，信用建立起来了也会有一个长效性，消费者不会轻易舍弃早已忠诚的品牌。在品牌信用建设过程中，关键要处理好如下两个问题：一是要牢记信用建设的基本原则——"过去决定未来"，即只要有一次不良记录，就决定今后所有的行为都是不良的。基于这个原则，品牌拥有者对消费者每一个投诉，特别是任何不利于品牌建设的每一个细小失误，必须高度重视和认真处理。二是要对消费者的品牌消费心理进行认真分析。品牌营销的核心是围绕消费者心理进行营销，只有把握好消费者的消费心理，信用建设才不会迷失方向，才能有的放矢地开展工作。

一、品牌资产价值分析

近年来发达国家的广告与营销研究者主张以消费者的心理学理论为指导，分析品牌资产价值，进而构建著名品牌。

（一）品牌资产价值构成分析

分析研究品牌资产价值目前主要有两种观点：一种是从市场营销角度研究品牌价值，认为品牌价值主要由支撑品牌不同属性价值的组合构成，其变化将直接增加或减少公司的货币价值。因此，品牌价值主要由市场利润和市场份额确定。品牌的这种差异优势不可持续时，品牌也就没什么资产价值可言。另一种是从消费者心理学角度研究品牌价值，认为品牌资产价值是反映消费者根据自身需要对某一品牌的偏爱、态度和忠诚程度，特别是当消费者赋予一个品牌超越其产品功能的价值后，所形成的形象价值部分，是消费者对企业产品或服务的主观认知和无形评估。所以品牌资产价值需要品牌经营者不断维系，才能促使消费者实现增加其品牌资产价值的目标。从上述两种观点中我们不难看出：一个成功的品牌除了满足消费者对产品的功能性需求外，还具有不断地满足他们对产品某种心理需求（情感）的附加价值，只有这样才能形成消费者对品牌的忠诚。而这正是产品与品牌之间最大的差异，也是不同产品品牌之间的竞争力的核心所在。现代消费心理学研究表明消费者只愿为自己满意的品牌付出更多，也只有品牌能给消费者带来更多更高的附加价值。通过这种关系维系或循环互动才使得品牌能为消费者提供更多地满意与效用、更好的外观与感觉，品牌资产价值才会在不断演进中增值。

（二）品牌资产价值的战略意义

一个企业要创建成功品牌，必须从战略思想上对品牌资产价值的构成和消费者选择品牌的消费心理进行认真分析。以往品牌经营者多数是从营销学的角度进行分析，误认为创建品牌主要应从品牌传播上做文章，以致市场上许多品牌知名度很高，但在消费者心理上并没有产生多大影响，远未形成稳定的认牌消费群，这样的品牌自然也就经不住市场风云的变化。马斯洛的需求层次论能从另一角度提供有力的支持。马斯洛把消费者的需求划分为生理需要、安全需要、社会需要（亦称归属需要）、自尊需要和自我实现需要五个层次。随着商品经济飞速发展，生产力水平有了明显提高，市场逐渐由卖方市场向买方市场转变，消费者已不仅仅满足于温饱的需求，对消费品质提出了更高的要求。在这种情况下，那些具有可靠质量、优良性能、公道价格等特点的产品，会逐渐赢得良好的信誉，消费者逐渐对这些产品产生依赖，并逐渐把这种依赖转移到抽象的品牌上，从而购买的偏好便逐渐由产品本体转移到品牌上。现代企划鼻祖史蒂芬的一段话，明确定义了产品与品牌的差别：具有相同使用功能的产品会因品牌不同，带给消费者截然不同的心理感受，从而界定了不同类型的消费群体。很显然，当产品趋于同质化时，品牌将取代产品本身的使用功能，成为消费者购买产品的主要理由及保证手段，同时，产品之间的竞争就变成品牌之间的竞争。

二、品牌忠诚

一个品牌包括品牌知名度、品牌认识度、品牌联想和品牌忠诚度四个方面的要素。这四个要素的形成实际上是一个品牌经营水平逐步提高的过程：一个品牌首先有知名度；随着知名度的不断提升，开始产生品牌认知度；随着品牌认知的不断深入，开始产生品牌联想；随着品牌认知和品牌联想的产生而开始产生消费者对品牌的忠诚度。而一旦消费者对品牌有了忠诚，就不会轻易转换品牌。诚信体系的建设一直是我国中小企业发展中至关重要的环节，信用建设又是诚信体系的核心要素。人无信不立，市场经济中，企业缺少信用体系将会步履艰难。联结生产商与中间商的关键要素便是诚信体系，同时也是维持社会正常运转、维系人与人之间关系饿基石。品牌塑造的最高阶便是打造最高价值的信用体系，形成消费者对品牌、对企业的绝对信任和偏好才能够最终获得消费者的用户忠诚，使企业在市场竞争中立于不败之地。

看看国际上经营百年的著名品牌，可口可乐、麦当劳、IBM、宝洁等，之所以多年畅销不衰，被广大消费者接受，是因为这些国际著名品牌通过长期的面对市场和广大消费者的信用建设，产生了消费者对品牌的忠诚，真正支撑这些国际著名品牌的就是消费者对品牌的忠诚度。

品牌忠诚度是品牌经营的核心和最高境界。近年来，一些企业误把知名度看成品牌经营的核心，忽视了品牌忠诚度的培养才是品牌经营的真正的核心。消费者对品牌忠诚度的高度，从根本上决定了一个品牌价值的高低，从根本上决定了品牌经营水平的高低和实际效果。

（一）强化对"老顾客"的服务，培养消费者对品牌的忠诚

在名牌战略实施过程中，许多名牌企业都在犯一个类似的低级错误：对新顾客情有独钟，对老顾客无动于衷。其实，老顾客更需要企业的关怀。如果能对老顾客进行无微不至的关怀，将会有效地培养消费者品牌的忠诚，给品牌的发展带来巨大的潜力和空间。

首先，忠诚的顾客能给企业带来可观的经济效益。据美国哈佛商业杂志在世界上 30 多个国家所作的调查，企业 25%~85% 的利润来源于"回头客"。

另据有关资料统计，培养一个新顾客是留住一位老顾客成本的 5 倍。可见，忠诚的顾客不仅能为企业带来巨大的经济利益，而且能实现科学意义上的低成本运营。

其次，忠诚的顾客能给企业带来旺盛的"人气"。顾客的忠诚不仅体现在"非 x× 不买"的指向性上，也不仅体现在垂直的个体消费者重复购买、扩大购买、连锁购买上，更体现在横向的消费积极"显示"性、售后人际传播的积极倾向性上。消费者的积极显示，主观上满足了消费者个体的"偏好心理""自我表现心理"，客观上对其他消费者起了示范作用，极易引起其他消费者的模仿、攀比、从众等行为。而由于"满意"而生"忠诚"的消费者，在售后的人际传播中，自然会把自己的"满意"当作谈资与亲朋好友、同事邻居甚至陌生人一起"分享"。这种"口碑"式的人际传播无论在理论上还是

在实践上，都已被证明是一种极为有效的信息传播方式，对招徕新顾客、开拓新市场十分经济、有效。

再者，忠诚的顾客能为企业注入无限的生机与活力。当企业形成良好的形象并屹立于市场之上，当越来越多的消费者蜂拥而至，把大量的"货币选票"投给企业时，接下来企业员工的腰包日益膨胀，"向心力""凝聚力"有了，还有什么样的事情不能做成功呢！这也许就叫"马太效应"，但这一切来源于顾客对品牌的忠诚。

（二）建立消费者对品牌的忠诚是使品牌资产增值的核心

消费者对品牌的忠诚是指消费者对品牌的喜爱和信奉。在消费行为表现上，就是对该品牌产品的长时期的反复购买，即使面对竞争品牌在价格等方面存在较大的诱惑，也愿意为该品牌付出高价。人无信不立，市场经济中，企业缺少信用体系将会步履艰难。联结生产商与中间商的关键要素便是诚信体系，同时也是维持社会正常运转、维系人与人之间关系饿基石。品牌塑造的最高阶便是打造最高价值的信用体系，形成消费者对品牌、对企业的绝对信任和偏好才能够最终获得消费者的用户忠诚。

消费者对品牌的忠诚之所以是品牌资产增值的核心，是因为品牌忠诚者是品牌价值的来源，并由此为企业带来巨大的利润。一般来说，品牌忠诚者通常只占全部购买者的20%左右，但其购买量却往往高达销售总量的80%。市场调查表明，每减少5%的忠诚顾客流失，就能将利润稳住25%左右。品牌忠诚者可减少企业的营销成本，因为维持一个忠诚消费者的代价比吸引一个新的消费者低得多。在销售渠道方面，品牌忠诚消费者可产生关联交易力量，有助于吸引新的消费者，减少竞争压力，赢得竞争时间。因为品牌忠诚者不会去轻易寻求新品牌，也不会因新品牌的优势而转购新品牌。

可以说，消费者对一个品牌的忠诚度越高，以及一个品牌拥有的忠诚消费者越多，该品牌的价值就越大。因此，品牌忠诚营销的任务就是不断提高消费者的忠诚程度，在维系好已有忠诚顾客的同时，不断吸引新的消费者，不断扩大忠诚顾客群体。弗洛伊德认为，人的精神结构恰如一座冰山，其露出水面的1/8是意识部分，而淹没在水面以下的7/8是无意识部分。也就是说，无意识属于人的心理结构中更深的层次，是人的心理结构中最真实最本质的部分。他的弟子荣格认为，无意识有两个层次：个人无意识和集体无意识。所谓集体无意识，简单地说，就是一种代代相传的无数同类经验在某一种族全体成员心理上的沉淀物。品牌忠诚顾客的培养，实际就是一个通过对顾客有意识购买的培养，最终调动起顾客的无意识购买的过程。充分发掘人的无意识潜能，激发消费者不动脑筋的省心省力的认牌消费。

（三）信守承诺，强化信用建设

只有对广大消费者建立一种长期稳定的信用，才能让消费者心甘情愿付出比竞争对手高出数倍的价格。世界著名的品牌与识别顾问公司（EnterpriseIG）亚太区域的 CEO 墨非（Murphy）认为：你的客户就是你的品牌，品牌是一种感觉，是存在于人们心中的一种无形资产，而不是产品本身。消费者越来越倾向于购买产品的品牌附加值，而不是狭义的商品使用价值。品牌信用在今天已变得日益重要。人无信不立，市场经济中，企业缺少信用体系将会步履艰难。联结生产商与中间商的关键要素便是诚信体系，同时也是维持社会正常运转、维系人与人之间关系饿基石。品牌塑造的最高阶便是打造最高价值的信用体系，形成消费者对品牌、对企业的绝对信任和偏好才能够最终获得消费者的用户忠诚。建立著名品牌依赖的基础就是信用建设。

美国总统富兰克林在《给一个年轻商人的忠告》中有一句话："切记，信用就是金钱。"市场经济的核心是信用经济，以商业承诺为基石的品牌竞争力核心也是信用。市场竞争最终是信用的较量，缺乏信用是企业品牌成长面临的最大挑战。

（四）不断地建立与维持品牌忠诚

以往经营者关注消费者品牌忠诚主要是从追求鼓励重复购买行为的角度思考并通过先发制人的营销手段防止消费者更换品牌。最新市场营销研究与分析表明：消费者品牌忠诚度提高是成熟市场的标志之一，重复购买行为主要受市场渗透力和购买频率两个因素的影响。尽管目前这两个因素人们还很难加以控制，但近来越多的研究资料显示，它与经营者在品牌创建过程中不断迎合或装载消费者对品牌的心理预期有密切关联。这就是说，重复性购买行为要从增加消费者预期利益出发，通过有效的监控手段了解消费者心理预期变化特点，并通过有效的营销不断地维护与增加消费者的利益，最终建立品牌忠诚。

参考文献

[1] 黄劲松. 整合营销传播 [M]. 北京：清华大学出版社，2016.

[2] 孙英春. 跨文化传播学 [M]. 北京：清华大学出版社，2015.

[3] 单波，肖珺. 文化冲突与跨文化传播 [M]. 北京：社会科学文化出版社，2015.

[4] 刘胜. 品牌的力量见证企业的成长 [J]. 中国中小企业，2017（3）.

[5] 桂旭江. 弱小品牌成长的两种途径 [J]. 华夏酒报，2017（1）.

[6] 韩志辉.《冲向第一》——二线品牌高附加值成长模式 [J]. 品牌研究，2016（12）.

[7] 陈泽奎. 应时而做，顺势而为——解读《读者》为什么能成长为品牌杂志 [C]// 第三届中国期刊品牌建设与创新年会论文集，2016（12）.

[8] 赵雪莹. 品牌延伸的问题及对策 [J]. 商业经济，2017（5）.

[9] 长江商法微课堂. 品牌营销经典策划案例 [J]. 科学与科学技术管理，2016.

[10] 朱立. 品牌管理（第二版）[M]. 北京：高等教育出版社，2015.

[11] 褚峻. 企业品牌管理案例 [M]. 北京：中国人民大学出版社，2015.

[12] 费明胜，刘雁妮. 品牌管理 [M]. 北京：清华大学出版社，2014.

[13] 王唯一. 振兴中华老字号的实施策略 [J]，中国外资，2014，（2）：99~100

[14] 冯银虎，薛阳，孙贝尔. 我国民族企业跨文化营销模式选择研究 [J]. 西安财经学院学报，2013，（1）：45~52

[15] 李明合. 品牌传播创新与经典案例评析 [M]. 北京：北京大学出版社，2011：8

[16] 唐玉生. 品牌管理 [M]. 北京：机械工业出版社，2013.

[17] 余明阳，韩红星. 品牌学概论 [M]. 广州：华南理工大学出版社，2008.

[18] 长江商法微课堂. 品牌营销经典策划案例 [J]. 科学与科学技术管理，2016.

[19] 苗月新. 品牌管理理论与实务 [M]. 北京：清华大学出版社，2016.

[20] 莱恩·凯勒.战略品牌管理（第 4 版）[M].北京：中国人民大学出版社，2014.

[21] 郭伟.品牌管理——战略、方法、工具与执行 [M].北京：清华大学出版社，2016.

[22] 欧阳友权。文化品牌蓝皮书：中国文化品牌发展报告（2016）[M].北京：社会科学文献出版社，2016.

[23] 飞龙.品牌运作与管理 [M].北京：经济管理出版社，2012.

[24] 黄劲松.整合营销传播 [M].北京：清华大学出版社，2016.

[25] 孙英春.跨文化传播学 [M].北京：清华大学出版社，2015.

[26] 单波，肖瑶.文化冲突与跨文化传播 [M].北京：社会科学文化出版社，2015.

[27] 刘胜.品牌的力量见证企业的成长 [J].中国中小企业，2017（3）.

[28] 桂旭江.弱小品牌成长的两种途径 [J].华夏酒报，2017（1）.

[29] 韩志辉.《冲向第一》——二线品牌高附加值成长模式 [J].品牌研究，2016

[30] 陈泽奎.应时而做，顺势而为——解读《读者》为什么能成长为品牌杂志 [c]// 第三届中国期刊品牌建设与创新年会论文集，2016（12）.

[31] 赵雪莹.品牌延伸的问题及对策 [J].商业经济，2017（5）.

[32] 长江商法微课堂.品牌营销经典策划案例 [J].科学与科学技术管理，2016.

[33] 崔鑫生.论品牌危机的成因及对策 [J].内蒙古统计，2005（5）.

[34] 邹成荣，邹珊刚.论品牌价值的来源与构成 [J].商业研究，2005（9）.

[35] 刘红霞，杨杰.从英特公司的品牌评估模型看我国企业品牌价值评估 [J].会计之家，2005（8）.

[36] （美）里查德·J 赖利，罗伯特·A 希金斯，（中）杨帆.企业快速成长捷径 [M].北京：中国致公出版社，2004.

[37] （美）戴维·阿克，吕一林等译.创建强势品牌 [M].北京：中国劳动社会保障出版社，2005.

[38] 程晓，叶海滨.强企而强国 [M].广州：广东科技出版社，2005.

[39] 李艳.用好设计，创造成功 [J].台北：上奇咨询股份有限公司，2014.

[40] 韩进军，罗立.消费品牌传播 [M].北京：北京大学出版社，2007.

[41] 朱延智.品牌管理 [M].台北：五南出版，2013.

[42] 冼日明，郭慧仪.香港卓越品牌 [M].香港：明报出版社有限公司，2012.

[43] 杨滨灿，陈世晋，李培铭.品牌经营管理 [J].台北：国立空中大学，

2010.

[44] 黄克炜 . 品牌形象 [J]. 台北：财团法人连得工商发展基金会，2004.

[45] 丁瑞华 . 品牌行销与管理 [J]. 台北：普林斯顿国际有限公司，2014.

[46] 周博裕，李钧陶 . 未来经济新时代 [M]. 台北：天窗出版社有限公司，2015.

[47] 徐阳，刘瑛 . 品牌与 VI 设计 [M]. 上海：上海人民美术出版社，2006.

[48] 乔治·贝尔奇、迈克尔·贝尔奇 . 广告与促销 [M]. 张红霞，庞隽译 . 北京：中国人民大学出版社，2008.

[49] 张希同，邹伟，赵子慧，张希，刘蒙 . "你用微信吗，加你啊！"——看微信悄然改变你我生活 [N]. 南京日报，2013-8-28（A03）.

[50] 程小永 .2012 微信营销十大案例 [J]. 现代企业教育，2013，（3）：59~60.

[51] 刘琪 . 朝阳大悦城的微信营销：0 投入与 14 万粉丝 [J]. 商场现代化，2013，（14）：32~33.

[52] 李辉，王青。出版企业的微信营销策略分析 [J]. 科技与出版，2013，（12）：69~71.

[53] 吕清远 . 大数据时代下的微信营销价值 [J]. 现代经济信息，2013，（20）：279.

[54] 刘敬元 . 担忧微信支付安全性险企不敢冒进 [J]. 证券日报，2014-1-2（B02）.

[55] 解析微信营销的五种模式 [J]. 互联网周刊，2012，（17）：50~51.

[56] 逄增志，王献波 . 开启双向、互动、深度的微信营销 [N].21 世纪药店，2013-4-29（B02）.

[57] 孙晓玮，王立新 . 论微利时代鞋企微信营销的优势和必然性 [J]. 中国皮革，2013，（22）：27~30.

[58] 林岳 . 美容院微信营销路径 [J]. 医学美学美容（财智），2013，（6）：44~45.

[59] 戚蕾，张莉 . 企业微信营销 [J]. 企业研究，2013，（11）：50~52.

[60] 黄灿 . 浅谈房地产企业微信营销 [J].2013，（29）：182.

[61] 主立影 . 浅谈微信营销的优势及发展前景 [J]. 中国证券期货，2013，（9）：262~263.

[62] 张伟 . 乳企营销可尝试的新领域：微信营销 [J]. 乳品与人类，2012，（6）：29~31.

[63] 卢晓云 . 微博与微信营销价值比较研究 [J]. 现代视听，2013，（6）：13~17.

[64] 徐菁 . 微信营销：SoLoMo 营销的新类别 [J]. 青年记者，2013，（30）：

78~79.

[65] [美] 大卫·奥格威。一个广告人的自白 [M]. 北京：中信出版社，2008.

[66] [美] 戴维·阿克 . 创建强势品牌 [M]. 北京：中国劳动社会保障出版社，2005.

[67] [美] 戴维·阿克。管理品牌资产 [M]. 北京：机械工业出版社，2006.

[68] [美] 戴维·阿克 . 品牌组合战略 [M]. 北京：中国劳动社会保障出版社，2005.

[69] [美] 菲利普·科特勒 . 营销管理（第 11 版）[M]. 上海：上海人民出版社，2003.

[70] 张明立，任淑霞 . 品牌管理（第 2 版）[M]. 北京：清华大学出版社，北京交通大学出版社，2014.

[71] [美] 凯文·莱恩·凯勒 . 战略品牌管理（第 2 版）[M]. 北京：中国人民大学出版社，2006.

[72] 林采霖，品牌形象与 CIS 设计 [M]. 上海：上海交通大学出版社，2012.

[73] 席涛，戴文澜，胡茜 . 品牌形象设计 [M]. 北京：清华大学出版社，2013.

[74] [美] 斯科特·戴维斯 . 品牌驱动力 [M]. 北京：中国财政经济出版社，2007.

[75] [美] 斯科特·戴维斯 . 品牌资产管理 [M]. 北京：中国财政经济出版社，2006.

[76] [美] 汤姆·邓肯 . 广告与整合营销传播原理 [M]. 北京：机械工业出版社，2006.

[77] [瑞典] 詹·卡尔森（Jan Carlzon）. 关键时刻 [M]. 北京：中国人民大学出版社，2010.

[78] [英] 汤姆·布莱克特，鲍勃·博德 . 品牌联合 [M]. 北京：中国铁道出版社，2006.

[79] 周志民 . 品牌管理 [M]. 天津：南开大学出版社，2008.

祝合良 . 品牌创建与管理 [M]. 北京：首都经济贸易大学出版社，2007.

[80] 邓德隆 .2 小时品牌素养 [M]. 北京：机械工业出版社，2009.

[81] 符国群 .Interbrand 品牌评估法评价 [J]. 外国经济与管理，1999（11）：39-41.

[82] 黄静，王文超 . 品牌管理 [M]. 武汉：武汉大学出版社，2005.

[83] 梁东，连漪 . 品牌管理 [M]. 北京：高等教育出版社，2012.

[84] 刘红艳，王海忠 . 商业淡化的量化研究述评 [J]. 现代管理科学，2008（12）：54-56.

[85] 卢泰宏，高辉．品牌老化与品牌激活研究述评 [J]．外国经济与管理，2007
（2）：17-23.

[86] 王海忠．品牌管理 [M]．北京：清华大学出版社，2014.

[87] 余伟萍．品牌管理 [M]．北京：清华大学出版社，北京交通大学出版社，
2007.

[88] 张冰．品牌命名攻略 [M]．广州：南方日报出版社，2004.

[89] 张正，许喜林．品牌与产品的离合之道 [J]．市场观察，2003（10）：74-75.

[90] 周安华，苗晋平．公共关系——理论、实务与技巧 [M]．北京：中国人民
大学出版社，2004.

[91] 周志民．品牌管理 [M]．天津：南开大学出版社，2008.

[92] 祝合良．品牌创建与管理 [M]．北京：首都经济贸易大学出版社，2007.

[93] 梁东，连漪．品牌管理 [M]．北京：高等教育出版社，2012.

[94] 刘红艳，王海忠．商业淡化的量化研究述评 [J]．现代管理科学，2008
（12）：54-56.

[95] 卢泰宏，高辉．品牌老化与品牌激活研究述评 [J]．外国经济与管理，2007
（2）：17-23.

[96] 黄炎馄．内联升——讲诉 160 年的时尚故事 [J]．文化月刊，2013（11）：
22~24.

[97] 伯德·施密特．体验式营销 [M]．北京大学出版社，2007：56.

[98] 曹献丽，李峥嵘．浅谈购物环境对消费者心理的影响 [J]．黄冈师范学院学
报，1999，（12）：82~85.

[99] 胡婉．服装陈列与消费行为之间的关系 [J] 科教导刊，2010，（9）：84~86.

[100] 沈鹏熠．商店环境刺激对消费者信任及购买意愿的影响研究 - 情绪反应
的视角 [J]．统计与信息论坛，2011，（7）~91~97.

[101] 王双．快时尚服装品牌陈列研究 [D]．北京：北京服装学院，2012.

[102] 廖成林，刘吟．线下环境因素对消费者体验意愿的影响 [J]．商业研究，
2013，（6）：66~76.

[103] 熊谱涛．购物中心实体购物环境与消费情感关系研究 [D]．上海：东华大
学，2013.

[104] 郭微薇．基于微博营销的品牌传播路径 [J]．华中师范大学学报，2013，
（02）：120~123.

[105] 郑凤凤．新媒体背景下我国服装品牌传播策略 [J]．上海商业，2011，
（07）：26~27.

[106] 刘方．凡客诚品的微博营销战略浅析 [J]．新闻世界，2011，（07）：

138~139.

[107] 窦均林。企业利用微博进行品牌传播的策略分析 [J]. 桂林航天工业学院学报，2012，（04）：360~363.

[108] 薛建平 . 电子商务企业微博品牌传播效果研究 [J]. 软科学，2013，（12）：67~71.

[109] 肖飞 . 基于新媒体的服装品牌传播策略研究 [J]. 企业导报，2011，（20）：105~107.

[110] 杨速炎 . 微博营销：140 字的淘金魅力 [J]. 企业研究，2011，（03）：62~64.

[111] 郭倩 . 赢在微博 [M]. 北京：电子工业出版社，2013：97-111.

[112] 李开复 . 微博：改变一切 [M]. 上海：上海财经大学出版社，2011：25-36.

[113] 陈永东 . 企业微博营销：策略、方法与实践 [M]. 北京：机械工业出版社，2012：73-90.

[114] 廖宇 .B2C 网站官方微博品牌传播策略研究 [D]. 上海：华南理工大学，2013.